Peter Butschkow

LUSTIG.

80 Geschichten vom Drinnen und Draußen

Mit Illustrationen von Niko Härtel

Konkursbuch
Verlag Claudia Gehrke

Inhaltsverzeichnis

Wie alles begann

Im letzten Jahr war ich zum Geburtstag von Sönke eingeladen und trat mit einem fröhlichen »Hallo, allerseits!« bei ihm ein. Die ersten Gäste saßen oder standen schon mit ihren Aperitifs im Haus herum. Jan, ein sympathischer, bärtiger Friese, wie immer zünftig im Fischerhemd, saß am großen Tisch mit einem ebensolchen Bier und unterhielt sich mit seinem Nachbarn. Ihm gegenüber war ein Platz frei. Als ich mich hinsetzte, wurde er meiner gewahr und starrte mich wie paralysiert an. »Peter?«, fragte er mich völlig verdutzt. »Ich glaub es nicht.«

»Ja, ich bin Peter. Peter Glaub-ich-nicht«, antwortete ich launig.

»Hammer!«

»Was meinst du?«, fragte ich ihn leicht verwirrt.

»Ich denke du bist tot?«

»Davon wüsste ich«, sagte ich und hielt ihm meinen Arm hin. »Fass mal an, ich bin noch voll da.«

»Was die Leute so alles erzählen«, sagte er kopfschüttelnd und betastete glücklich meinen Arm von oben bis unten. »Tatsächlich, du lebst noch.«

»Auferstanden am Geburtstag? Mann, das muss ich mir unbedingt aufschreiben«, sagte ich entflammt, drückte dem Geburtstagskind hastig mein Geschenk in die Hand und verabschiedete mich.

»Du willst doch jetzt nicht etwa schon gehen?«, rief mir Sönke hinterher. »Es gibt Chili con Carne! Das magst du doch!«

»Ich soll angeblich tot sein!«, rief ich zurück. »Die Welt braucht dringend ein Lebenszeichen, ein Buch mit humorvollen Kurzgeschichten von mir! Ich muss, ich muss!«

»Na, du bist ja lustig!«, brüllte Sönke.

»Lustig? Danke, starker Titel!«, antwortete ich begeistert und startete meinen Wagen.

Alle lachten herzlich.
Drehbuch: Das Leben.
Darsteller: Alle.
Das Leben schreibt einfach die besten Geschichten.

Die Arbeit nicht erfunden

Für meine Eltern war ich einfach da. Ich war ihr Zweitgeborener und gehörte mit Fleisch und Blut in unsere Familie. Diese Selbstverständlichkeit brachte es mit sich, dass sie gar nicht mehr merkten, dass ich anwesend war. Ich saß also jeden Abend mit ihnen am Tisch, um eine gemeinsame, warme Mahlzeit einzunehmen, und hörte schweigend zu, was sie so alles redeten. Meine Mutter erzählte vom Seifenhändler, der seine Kundinnen politisch lenkte (»Die Russen kommen!«), mein Bruder von seinen Freunden (»Franz ist schwul.«) und mein Vater aus seinem Berufsleben (»Die Müller hat'n Verhältnis mit dem Klingbeil.«). Kein Mensch fragte mich, wie es in der Schule war, das interessierte keine Sau, am Ende des Schuljahres würden sie das ja sowieso in meinem Zeugnis lesen.

Als Familienoberhaupt stand meinem Vater auch die meiste Redezeit zur Verfügung, und die nutzte er ausgiebig, um sich zum Thema »Arbeit« auszulassen. Was ich sofort verstand: Er war der einzige Mensch auf der Welt, der wirklich arbeitete. Sein Bruder, der faule Hund, hatte die Arbeit nicht erfunden und sein Schwager, die Schlafmütze, wusste doch gar nicht, was Arbeit ist. Von seiner Schwester wollte er gar nicht reden, die war, als der liebe Gott die Arbeit verteilt hat, nämlich sofort auf die Toilette geflüchtet. Sämtliche Menschen, außer meinem Vater, drückten sich also vor der Arbeit. Was ich darüber hinaus noch am Abendbrottisch studieren konnte, war die verblüffende Selbstwahrnehmung der Menschen. Gut, ich war noch klein, hatte aber zwei wache Augen und die hatten längst erkannt, dass mein Vater sich wahrlich nicht kaputt machte. Er war Steuerberater und arbeitete die halbe Woche zu Hause, wo wir, wenn er Bilanzen machte, in der Wohnung mucksmäuschenstill sein mussten und meine Mutter ihm auf Filzpantoffeln ein Tellerchen mit Apfelscheibchen neben seine ADLER-Schreibmaschine schob und sich lautlos wieder zurückzog. An den anderen Tagen besuchte mein Vater immer seine Mandanten, die mir – als ich nach seinem Tode an seinem Grab stand – kondolierten und einhellig von ihm schwärmten: »So ein fröhlicher Mensch, er hatte immer Zeit für ein Schwätzchen mit Kaffee und Kuchen.«

Diese Seite meines Vaters kannten augenscheinlich nur externe Personen.

Im Laufe des Leichenschmauses drang noch an meine Ohren, dass Vaters Bruder nach dem dritten Korn lauthals kundtat, dass mein Vater wahrlich die Arbeit nicht erfunden hatte, und der Schwager bestätigte, dass mein Vater, bei aller Wertschätzung, doch überhaupt nicht gewusst habe, was Arbeit sei. Meine Tante, also Vaters Schwester, fügte noch hinzu, dass mein Vater, genau in dem Moment, als der liebe Gott die Arbeit verteilt hatte, schlitzohrig aufs Klo geflüchtet war. Ich konnte förmlich hören, wie mein Vater gegen den Sargdeckel hämmerte.

Das magische Etwas

Immer, wenn sie in meine Richtung schaute, saß ich kerzengrade auf meinem Stuhl und faltete die Hände auf dem Tisch. Das ging blitzschnell. Ich ahnte instinktiv, wann sie zu mir schauen würde. »Kuckt euch den Peter an«, sagte sie zur Klasse, »wie vorbildlich er in seinem Verhalten ist.« Alle starrten neidvoll, teils auch angewidert auf mich, diesen verdammten Heuchler. Kurz vorher hatte ich nämlich noch getuschelt, Männchen gekritzelt und meinem Vordermann heimlich die Schnürsenkel geöffnet. Am Ende zählt jedoch nur das Zeugnis und in dem stand regelmäßig zum Entzücken meiner Eltern schwarz auf weiß: »Peters Betragen war sehr gut.«

In meinem Kopf falteten sich im Unterricht in Wahrheit keine Hände, sondern betörende Phantasien, die ich mit acht Jahren überhaupt nicht einzuordnen wusste. Eindeutige Ursache war dieses weibliche Wesen da vorne vor der Tafel: meine Klassenlehrerin. Dass sie frisch geheiratet hatte, sozusagen vergeben war, sogar in einer pompösen Zeremonie in unserer katholischen Kirche abgesegnet, der wir, ihre gesamte Klasse, beiwohnten, war mir völlig egal. Ich hasste ihren Gatten, der genau so hässlich war wie sein Name (Rudszinski), den sie, vormals Fräulein Leu, nun gefügig annehmen musste. Sie gehörte mir, nur mir. Ihre pfirsichweiche Haut, ihre freche Nase, ihre blaugrünen Augen, ihre schwarzen Haare, ihre schlanken Hände, ihr wunderschöner, fülliger Körper mit den runden Brüsten und dieser einzigartig geformte Mund mit den weißen Zähnen, der mit seidigem Klang so wundervoll »Schaut euch nur den Peter an« sagen konnte. Im Sommer trug sie oft leichte, luftige Blusen, in denen es bei jeder Bewegung bebte. Bei ärmelfreien Oberteilen konnte ich an ihrer Achsel ein kleines, fleischiges Fältchen sehen. Bluse und Fältchen raubten mir fast den Verstand. Wenn sie mich im Deutschunterricht mal ansprach »Die nächste Passage liest nun Peter vor«, dann saß ich da, perfekt mit gefalteten Händen, und schaute völlig entrückt auf ihre Bluse und Fältchen und hatte Mühe, ihre sachliche Aufforderung bei mir oben im Zauber meiner Gefühle einzuspeisen.

Meistens half mir mein Sitznachbar mit einem Ellenbogenstoß in die Rippen.

Manchmal träumte ich, sie würde mich nach der Stunde auffordern, noch zu bleiben, mich – wenn alle anderen den Klassenraum verlassen hatten – zu sich nach vorne bitten und mir mitteilen, dass ihr aufgefallen sei, dass ich sie mit meinen Augen liebkose. Dann würde sie mich fragen, ob ich mal einen Blick unter ihre Bluse werfen möchte? Bei dem Gedanken bekam ich ganz weiche Knie und Herzrasen und eine Erektion (auch die konnte ich noch nicht einordnen). Dann nahm sie meine Hand und führte sie ganz langsam unter ihre

Bluse – danach wurde ich ohnmächtig. Es war einfach zu viel für mich. Nicht auszudenken, wenn ich nur versuchen würde, mir ihren Körper unterhalb ihres Bauchnabels vorzustellen. Dort vermutete ich ein göttliches Geheimnis, eine verwunschene Welt. All das waberte diffus durch meinen Kopf, fühlte sich überwältigend, aber zugleich auch ein bisschen schuldig an. Letzteres Gefühl ordnete ich als Folgeschaden meiner sonntäglichen, zwangsverordneten Kirchenbesuche ein, in denen mir aus den wenigen Momenten meiner Konzentration auf die monotonen Predigten und eintönigen Gesänge die Worte »Schuld und Sünde« besonders in Erinnerung geblieben waren.

Nach vier Jahren übernahm mein magisches Etwas eine neue Klasse. Ich brach innerlich zusammen, fühlte mich verloren, wie allein in der Wildnis ausgesetzt. Nun stand da vorne ein hagerer Typ mit Brille, ohne Bluse und Fältchen, dafür mit Halbglatze, riesigem Adamsapfel und Vorbiss. Es war grauenvoll. Meine Leistungen und Zensuren stürzten in den Abgrund. Ohne das magische Etwas war die Schule für mich ein Ort ödester Trostlosigkeit.

Fuck The Teacher

Als T. zum ersten Mal unsere Klasse betrat, musste er sich gefühlt haben wie ein Lamm unter Wölfen. Vierundzwanzig junge, wilde Tiere beschnupperten ihn und erkannten sofort, wie und wo sie ihn beißen konnten. Und dieser kreuzbrave, unschuldige Mann unterrichtete auch noch Religion. Ein Fach, das uns allen völlig wurscht war, andererseits für Interaktionen wie geschaffen. Wir malten während der Stunde unter dem Tisch Comics, spielten »Schiffe versenken«, einige pokerten sogar. Wenn T. fragte, was die Botschaft des Herrn sei, rief einer »Straße is' höher als'n Dreier!« und schon war Bombenstimmung in der Klasse. Respekt sieht anders aus. T. hatte von Anfang an keine Chance, nun erfuhr er am eigenen Leibe, was in der Bibel mit Hölle gemeint war. Er wurde mit Papierkugeln beworfen und mit selbstgebastelten Katapulten beschossen, man klaute ihm seinen Terminkalender und den teuren Füllhalter. Im Schutze des Rudels wurden sogar die Feiglinge mutig, T. bekam es von allen Seiten. Während er zitternd vor Wut durch die Klasse irrte, um seine Sachen wiederzubekommen und dabei »Na wartet! Gott sieht alles!« rief, legte ihm einer den wassergetränkten Tafelschwamm auf seinen Stuhl. Ein Klassiker der Niedertracht. Und er tat uns den Gefallen und setzte sich tatsächlich drauf. Die Klasse tobte vor Freude. Später hörten wir, dass T. einen Herzinfarkt bekommen hatte. Richtig erreichte uns sein Schicksal nicht, er war halt ein Lehrer. Man unterwarf sich ihm oder er unterwarf sich uns. Auge um Auge, Zahn um Zahn.

(Oh-oh. Heute, über sechzig Jahre später, fürchte ich mich vor dem Aufnahmeantrag im Himmel.)

Ein weiteres Opfer war unsere Musiklehrerin. Das Fach »Musik« war wie eine Freistunde, in der wir einfach nur Spaß haben wollten. Beim Singen des Kanons »Bruder Jakob, Bruder Jakob, schläfst du noch, schläfst du noch – hörst du nicht die Glocken, hörst nicht die Glocken?« sang ich immer »Wäschst du meine Socken?« oder »Hast du Gonokokken?«. Was Einfallsreichtum betraf, war ich schon damals ziemlich gut dabei, erfuhr dafür aber nie auch nur die geringste Belobigung. Roland, mein Tischnachbar, sang absichtlich immer einen halben Ton daneben. Jahre später, als er Sänger in einer Rockband wurde, wurde mir klar, dass er in Wirklichkeit gar nicht anders konnte. In Kunst lief es ähnlich. Papier, Pinsel und Farben dienten zu allem Möglichen, nur nicht zum Malen. Man konnte herrlichen Scheiß damit machen, ganz besonders mit den wassergefüllten Konservendosen und den Pinseln. Hier entdeckte ich zum ersten Mal mein Talent zum Schlagzeug spielen und zerhackte einige dicke Pinsel.

Dass am Ende des Unterrichtes jeder irgendetwas wildes Buntes aufs Papier gebracht hatte, war eine beachtliche Leistung unserer Kunstlehrerin, die unsere feuchten Werke anschließend stolz einsammelte und in unserem Klassenraum fein säuberlich nebeneinander an die Wand pinnte. Ich glaube, sie hätte als Leistungsnachweis fürs Kollegium auch unsere vollgerotzten Taschentücher ausgestellt.

Ach, und dann die Geschichte mit P. Er war einer der uns betreuenden Lehrer auf einer Klassenreise in ein Schulheim im Harz und als Lehrkraft noch nicht lange dabei. Im Übermut seiner pädagogischen Ideale nahm er an, es täte uns Stadtkindern sicher gut, ganz betonbefreit in der großen, weiten Natur zu spielen. Er vergab blaue und rote Bänder, die wir uns um den Oberarm binden mussten, und teilte uns in zwei Gruppen ein: Die Blauen mussten einen in einen Baum gehängten Lappen verteidigen, die Roten versuchen, ihn zu erobern. Beide Gruppen sollten aber ausschwärmen, nur er würde als Spielleiter die Stellung unter dem Baum halten.

Kinderspiel. Aber wir waren keine Kinder mehr. P. hatte wohl zu viel Cowboy- und Indianerfilme gesehen? Also verteilten wir uns alle weisungsgemäß im Wald, während P. vor dem Baum saß und annahm, um ihn herum machten alle auf Winnetou. Die Blaubebänderten und die Rotbebänderten hatten sich aber längst im Schatten der kühlen Bäume verbrüdert und frönten ihrer Lieblingsbeschäftigung: Karten spielen. Die ganz Fortgeschrittenen tranken sogar schon Bier oder rauchten eine Zigarette und mussten nur aufpassen, dass sie nicht zu laut husteten. Ab und zu schickten wir einen Späher aus, der mit der beruhigenden Nachricht zurückkam, P. säße immer noch, seit Stunden, angespannt und blass auf einer Decke unter'm Baum, bewachte einen schlaffen Lappen und spielte langsam mit dem Risiko, in die Psychiatrie verbracht zu werden. Wir haben nie herausbekommen, wer ihm gesteckt hatte, was da im Wald vor sich ging. P. ließ uns jedenfalls zur Strafe am nächsten Tag nicht aus dem Heim. Da es draußen regnete, hätte er uns keinen größeren Gefallen tun können. Drinnen war es warm und trocken und wir konnten in Ruhe Karten spielen.

An mir persönlich, den er für einen der Rädelsführer hielt, rächte sich P., indem er, getragen von einem schlimmen Verdacht, an einem frühen Vormittag in der ersten Pause dreist zu meinen Eltern in unsere Wohnung fuhr, um ihnen sein Mitgefühl für ihr hartes Schicksal auszusprechen. Nein, nicht für diesen Sohn, sondern für ihre schwer zu ertragende Fülle an lebensbedrohenden Krankheiten. Meine überraschten, kerngesunden Eltern bestärkten seine Vermutung, dass ich mir ihre finsteren Befunde nur ausgedacht hatte, damit sie nicht wegen meiner Renitenz in Sachen Hausaufgaben in der Schule vorstellig werden mussten. Die Benotung von Phantasie, ich erwähnte es schon, kam diesen verstaubten Pädagogen damals nicht mal im Traum in den Sinn. Heute hingegen wird diesem natürlichen, kindlichen Bedürfnis endlich mit der App »Fuck The Teacher« Rechnung getragen.

Voll daneben

Die armen Eltern, sie haben ihr Kind noch gar nicht gesehen und sollen ihm schon einen Namen geben, einen, der ein Leben lang zu ihm passt. Die Entscheidungsfindung ist unter Eltern zumeist ein langer, häufig kontroverser Prozess. Haben sie sich endlich entschieden, betritt das Resultat die Öffentlichkeit. Ein Härtetest! Die elterliche Wahl löst nämlich bei den Außenstehenden verlässlich einen wilden Shitstorm aus. »Wie soll euer Kind heißen?«, kreischt die Tante entsetzt. »Jette? Jette wie die blöde Jette Joop?« »Alternativ hatten wir Melanie.« »Melaaanie?? Wie die Zicke aus meinem Golfclub? Nicht euer Ernst? Und wenn's ein Junge wird?« »Da dachten wir an Oskar.« »Oh nein! Wie unser fetter Elektriker?« »Wir hatten auch noch Kasper erwogen.« »Tri-tra-trullala? Kasperle ist wieder da?« So könnte das noch stundenlang weitergehen, kein Name stößt bei den anderen auf Zustimmung, keiner. »Grete« stinkt nach Fisch, »Bruno« nach Bär, »Max« nach defektem Flugzeug, »Marlene« ist altmodisch, »Pia« klingt wie Bier, »Basti« schwul. Gebt auf, liebe Eltern, nennt euer Kind einfach wie ihr wollt, auf keinen Fall aber »Amanda«, wie die Tante vorschlug. So hieß nämlich die aufgespritzte Trainerin aus meinem Bodystudio.

Der Kuss

Die Kunst des Küssens hatte er keineswegs vom ersten Augenblick an beherrscht, sie war ja auch ganz schwer zu vermitteln, keine Volkshochschule lehrte die Kunst des Küssens. Beim Aufklärungsunterricht in der Schule malte der Aufklärer vorrangig Penisse und Scheiden an die Tafel, auch lustige Spermien, vom Kuss jedoch, dem Schrittmacher der Lust, war nie die Rede. Nun, so muss man fairerweise konstatieren, ein Kuss ist kein Organ, also außer im Bild von zwei aufeinander gepressten Lippen grafisch nicht wirklich darzustellen. Den Kuss musste man einfach in der Praxis probieren, und wenn man das Glück hatte, an ein Mädchen zu kommen, die schon wusste, dass man vom Küssen nicht schwanger wurde, dann machte das Training durchaus Spaß. Bis dahin kannte er aber nur die schmatzenden Küsse seiner Mutter und die seiner Tante, welche sie ihm mit ihrem rosettenförmig gespitzten Mund auf die Wange stempelte. Vor diesen Küssen ekelte er sich.

Ihm erschien anfangs der Weg seines Mundes zum Mund eines Mädchens grenzenlos weit, und das Wissen, dass ihr eindeutig bewusst war, dass er jetzt mit der Absicht auf sie zusteuerte, sie zu küssen, empfand er in seiner durchschaubaren Zielstrebigkeit als lächerlich. Außerdem war noch lange nicht klar, ob sie sich überhaupt küssen lassen wollte.

Diese Unsicherheit machte ihm am meisten zu schaffen. Wie peinlich, wenn sie den Kopf einfach wegzog und er mit seinen sehnsüchtigen Lippen ins Leere stieß? Andererseits wollte er diesen magischen Moment auf keinen Fall mit der nüchternen Frage »Darf ich dich küssen?« entzaubern. Es gibt Augenblicke, wo Worte sich vom Projekt ablösen sollten, wo nur noch die Handlung zählt. Aber wie zum Teufel schaffte man es, diese schier endlose Strecke bis zum Ziel kurzweilig zu überbrücken? Im Kino brachten die beiden Verliebten immer ihre Körper und Köpfe in die ideale Position, drehten sich passgerecht ineinander hinein, um sich dann hingebungsvoll mit geschlossenen Augen zu küssen. Manchmal war er sich nicht ganz sicher, ob ihre Münder auch korrekt aufeinanderlagen oder ob sie sich nicht eher das Kinn oder die Nasenlöcher küssten, wie auch immer, er empfand solche Szenen, speziell in Western, nicht nur peinlich, sondern geradezu gefährlich, weil der Cowboy im feindlichen Indianerland seine Augen besser offen und nicht geschlossen halten sollte.

Irgendwann kam auch für ihn dann der magische Moment. Seine Eltern luden Bekannte zum Abendessen ein, die sie schon Jahre nicht mehr getroffen hatten. In diesen Jahren war aus ihrer kleinen Tochter inzwischen ein sechzehnjähriges Mädchen geworden und die saß nun plötzlich ihm gegenüber am Esstisch. Er war wie paralysiert, stocherte mit der Gabel linkisch in seinem Salat herum, starrte immer wieder verstohlen auf ihren traumhaften

Mund und stellte sich vor, was das für ein unfassbares Gefühl sein müsste, dieses Kunstwerk zu küssen. Nur mal ganz kurz berühren, einfach so. Sie hingegen wirkte, als würde sie absolut nichts von seiner bebenden Sehnsucht bemerken. Sogar seine Eltern bekamen mit, dass er einen ungewöhnlich roten Kopf hatte, sahen den Grund dafür aber eher in erhöhter Sonneneinwirkung und plauderten entspannt mit Manuelas Eltern, was er nur als ein konstantes Grundrauschen wahrnahm.

Plötzlich hüstelte seine Mutter und sagte augenzwinkernd: »Kinder, geht doch mal ein bisschen raus, frische Luft schnappen. Nicht wahr, Frau Bergemann? Mal an die frische Luft, das tut doch immer gut.«

»Aber selbstredend. Kinder, geht doch mal ein bisschen raus auf den Balkon, frische Luft schnappen!«, flötete Frau Bergemann.

»Nun aber raus an die frische Luft!«, ermunterte Herr Bergemann lachend, »das kühlt den Kopf!«

Er fiel fast in Ohnmacht. Mit Manuela und ihrem herrlichen Mund allein nach draußen? In der Zwischenzeit war es schon dunkel und – obwohl es Ende Oktober war – immer noch ziemlich lau. Er stand auf, stieß dabei noch den Stuhl um, und folgte steifbeinig Manuela, die bereits forsch aufgestanden war und leichten Schrittes zum Balkon ging.

Hilfe!

»Aber bleibt ja anständig!«, feixte seine Mutter. »Hübsch brav bleiben, Kinder!«, rief keckernd sein Vater und Herr Bergemann setzte launig hinzu: »Dass ihr uns keine Schande macht!« Alle wieherten vor Lachen.

Er war davon überzeugt, dass sie sich unter dem Tisch gegenseitig vergnügt mit den Füßen anstießen. Dann stand er mit weichen Knien und Manuela allein in der Dunkelheit in der frischen Luft auf dem Balkon und schaute auf die erstaunlich stille Stadt. Er hörte sie atmen und spürte, dass er jetzt irgendetwas tun musste. Er entschied sich dafür, erst mal etwas zu sagen. Das war nie ganz falsch.

»Sind Wolken heute«, sagte er und fand, das war gut gesagt.

Manuela schaute schweigend zum Himmel und antwortete nur: »Stimmt.«

Damit konnte er arbeiten. Er räusperte sich und sagte: »Rächen wärmo griechen.«

Manuela starrte ihn an. »Wie bitte?«, fragte sie. Es klang ein wenig wie: Hast-du-sie-noch-alle? »Griechen?«, fragte sie nach, »was machen Griechen?«

»Nein, höhö, keine Griechen. Rächen wärmo griechen«, wiederholte er kichernd, »sagt mein Vater immer.«

»Gibt's dafür 'ne Übersetzung?.«

»Ist Sächsisch und heißt auf Hochdeutsch: ›Regen werden wir kriegen.‹« Er lachte, klang aber irgendwie aufgesetzt.

Manuela atmete schwerer und schaute ihn stumm an. In ihren Augen sah er zwei riesige Fragezeichen stehen.

Er grinste schief und wiederholte: »Heißt: Re-gen wer-den wir krie-gen! Hm?«

Alle seine Kumpels hatten ihm bestätigt, dass er prima Dialekte imitieren konnte, das hatte er von seinem Vater, für dieses Talent verfügte er also hinlänglich über Bestätigungen, aber Manuela schien in der Wahrnehmung solcher außerordentlicher Begabungen eher weniger begabt. Doch er war noch nicht am Ende. »Rächen wärmo griechen, bedeutet aber auch? Hm? Ja – Regenwürmer kriechen!« Er lachte schrill auf und starrte Manuela erwartungsvoll an. »Regenwürmer kriechen, Rächen wärmo griechen … hahaha.«

Im stumpfen Blick von Manuela zeigte sich ein erstes Signal von Ekel. Mit tonloser Stimme fragte sie gedehnt: »Reeegenwürmer? Reeegenwürmer kriechen?«

»Regenwürmer, die kriechen – im Rächen …«, würgte er noch ein letztes Mal heraus und beendete dann mit einem finalen Seufzer seinen völlig misslungenen Versuch, ein witziger Unterhalter zu sein. Er entschloss sich, diese Aktion einfach zu vergessen und neu anzufangen. Also schaute er wieder hoch zum Himmel und dann wieder auf den Boden und dann wieder zum Himmel und dann wieder auf den Boden und dann über den Balkon – und dann bellte ein Hund! Niemals zuvor hatte er sich über dieses Geräusch so gefreut wie in diesem Augenblick. Endlich hatte er einen Anknüpfungspunkt.

»Ein Hund«, sagte er.

»Er bellt«, bestätigte Manuela.

»Ich mag Hunde«, sagte er, um die aufkommende thematische Vielfalt mit dem Geständnis einer persönlichen Vorliebe zu vervollkommnen.

»Ach?«, sagte Manuela. Sie klang jetzt leicht gelangweilt. Das war nicht gut.

Er knetete seine schweißnassen Hände und kämpfte mit seinem bekannten Problem, wie er die endlos weite Strecke zur oralen Seligkeit am geschicktesten überbrücken konnte. Es war ihm klar, wenn er nicht langsam in die Gänge käme, wäre die Chance vertan. Ihre Eltern rechneten ja fest damit, dass sie langsam aus der frischen Luft in die Wohnung zurückkehren würden. Also haute er tapfer einen Satz raus, der, wie sich danach herausstellen sollte, die entscheidende Bewegung in das Ganze brachte:

»Bellen kann ich auch.«

Er ging fest davon aus, dass sie jetzt von ihm verlangen würde, das zu beweisen. Kein Problem für ihn, Hunde konnte er gut, besonders kleine, Katzen nicht ganz so gut. Aber weit gefehlt. Manuela zuckte nur mit einer Augenbraue und sagte: »Was kannst du denn sonst noch?«

Wumm! Was kannst du denn sonst noch? Jetzt gab es kein Zurück mehr. Mann, diese Manuela, was für ein freches Luder, dachte er. Sie will es nicht anders, dann soll sie es auch bekommen. War sich aber noch nicht ganz sicher, ob sie wirklich meinte, was er verstanden hatte., also antwortete er sicherheitshalber: »Zum Beispiel Fußballspielen.«

Stille. Völlige Stille. Dann fragte sie trocken: »Das ist alles?«

So, dachte er. Jetzt reicht's aber, echt. Wo sind wir denn? Ob das alles ist? Hör mal, Baby, nun ist die Schonzeit aber vorbei. Er spannte sich innerlich und ging dann voll in den Angriff: »Ähm … was meinst du?«

Sie grinste ihn frech an und wiederholte: »Ich fragte, ob das alles ist, was du kannst?«

Er spürte nun überdeutlich, sie wollte es einfach nicht anders. Er hatte ihr Alternativen angeboten, aber nein, sie ließ nicht locker. Er schaute kurz zum Himmel, kurz auf seine Schuhe und ging sie dann brutal an:

»Du stellst ja Fragen.«

Er war noch mit der Frage beschäftigt, wie sie mit diesem Satz umgehen würde – da drehte sie sich blitzschnell um und gab ihm einen Kuss. Ihre wundervollen Lippen hatten die seinen berührt! In seinem Kopf drehte sich alles, ihm wurde schwindelig und er drohte umzufallen. Mit den letzten Resten seiner Wahrnehmungsfähigkeit erkannte er, dass sie ganz offensiv den Anfang gemacht hatte und dass er jetzt darauf reagieren musste. Und er tat es – presste blitzartig seinen Mund auf ihre heißen, feuchten Lippen, ungefähr so, wie es die Kerle in den Cowboyfilmen in solchen Momenten auch immer taten. Er erkannte sich gar nicht mehr wieder. Er küsste einfach ein Mädchen auf den Mund. Und was für einen. Die Welt stand gebannt still. Aber wie ging es weiter? Seine Kusstechnik ähnelte eher einem Wiederbelebungsversuch, irgendwie sah das in den Kinofilmen anders aus. Er grübelte noch, welche entscheidenden Punkte verbessert werden mussten, da spürte er Manuelas warme Zunge. Erst bekam er einen Heidenschreck, weil er annahm, sie hätte die Kontrolle über ihre Körperfunktionen verloren, fand dann aber so großen Gefallen an diesem warmen, weichen, ungemein wendigen Fleischkissen, das ihm tief in sein Innerstes fuhr, dass er sich sogleich fragte, warum er auf diese grandiose Idee mit der Zunge nicht selber gekommen war. In diesem paradiesischen Moment hörten sie Schritte aus der Wohnung und lösten sich blitzschnell voneinander.

»Na, ihr Süßen!? Nun kommt mal wieder rein, sonst bekommt ihr noch 'ne Sauerstoffvergiftung«, hörte er plötzlich die schrille Stimme seiner Mutter.

Daran merkte er, dass sie drinnen inzwischen nach der Speisung zum Hochprozentigen gewechselt waren und auffallend gute Laune hatten. Sie gingen beide zurück in die Wohnung, setzten sich wieder an den Tisch und wussten nicht recht, wo sie hinschauen sollten, während Herr Bergemann einen schmutzigen Witz nach dem anderen raushaute und alle fast schrien vor Lachen. Er betrachtete indessen Manuelas wunderschönen Mund, den er eben noch so einzigartig köstlich geschmeckt hatte, der immer noch so nah und jetzt so unerreichbar weit entfernt war.

Wenig später verabschiedeten sich die Bergemanns. Er gab Manuela ganz brav die Hand und sagte: »Tschüss, Manuela.« Er traute sich nicht, zu ihr »Sehen wir uns mal wieder? Möchte dich unentwegt dumm und dusselig knutschen« zu sagen, weil alle mit großen Ohren zuhörten. Seine Mutter seufzte seltsam verzückt »Selige Jugend«, was er ziemlich doof fand, und sein Vater sagte »Auf Wiedersehen und kommt gut nach Hause. War doch ein herrlicher Besuch.« Dabei schielte er zu ihm rüber und alle lachten. Er bekam wieder einen ganz roten Kopf und wunderte sich, dass Herr Bergemann mit der Fahne noch Auto fuhr, sein Vater aber meinte, dass könne der ab, der führe in diesem Zustand sicherheitshalber immer mit offenen Fenstern, deswegen sei seine Frau auch so oft erkältet. Er schrieb dann Manuela noch heiße Briefe, die jedoch ihre Gegenwart nicht annähernd ersetzen konnten. In ihren Antwortschreiben erzählte sie von ihrer Schule und ihren Problemen in Latein. Er hatte zugegebenermaßen etwas mehr Herz und weniger schulische Sorgen erwartet, aber offenbar hatte dieser Moment auf dem Balkon sie nicht so nachhaltig aufgewühlt wie ihn. Gesehen hatte er Manuela nie wieder, aber die Erinnerung an ihren magischen Kuss in sich ewig bewahrt.

Bla-bla

»Der Brandenburger kommt mit drei Sätzen durchs Leben«, sagt Florian, »der erste lautet: ›Du sagst es.‹ Der zweite: ›Da ist was los.‹ Der dritte: ›Da kann man nix machen.‹« Wunderbar. Das erinnert mich an den von mir einst verehrten Kabarettisten Hanns Dieter Hüsch, der mal gesagt hatte: »Der Niederrheiner weiß nix, kann aber überall mitreden.« Eine Grundausstattung an Plattitüden erschien mir im Leben immer wichtig, um in den Niederungen alltäglichen Gequatsches einen Eindruck von höflichem Interesse zu bewirken. Aufmerksame Beobachter würden schon an meinem leicht glasigen Blick und wie ich mich am Kinn kratze, bemerken, dass ihre Worte meine Ohrengänge nur belüften, aber nicht den geringsten Kontakt zu meinem Hirn bekommen. Bestimmte Inhalte müssen nämlich in mir eine Kontrollstelle passieren, in der entschieden wird, ob sie für mich interessant oder unwichtig sind. Dieser Punkt liegt bei mir im Innenohr, genau an der Abzweigung, wo das Schild mit den beiden Richtungspfeilen »Zum Hirn« und »Ausgang« draufsteht. Letztere werden quasi einfach nur durchgewunken. Typische Ausgangsthemen sind für mich Krankheit und Gebrechen, Kirche, Pferde, Hefekulturen, Corona, Politiker, Nachbarn, Baumärkte, Stricknadeln, Aktienkurse, Rasenmäher, Hochbeete und Humor in Buchhandlungen. »Zum Hirn« lasse ich hingegen freudig Anya Taylor-Joy, Katzen, Hunde, meine Söhne, Bierbraukunst, Topfkratzer, Zeichenkunst, Buntspechte, Kosmos, Geschichte, Musik, karierte Hemden, Frieden, Bäume, Freunde und Kartoffelsuppe mit Würstchen. Da kann man nix machen.

Abseits

Warum gerade ich? Erkannte man in mir den Großstädter, den 14-jährigen Jungen aus Berlin, in den Ferien zu Besuch bei seinen Verwandten in Osterode/Harz, den Fußballsachverstand eines Jünglings, der mit den Spielregeln vertraut war? Warum drückte man gerade mir zu Beginn des Spieles dieser beiden dörflichen Fußballmannschaften unterster Liga mit der Aufforderung »Du machst den Linienrichter« eine abgewetzte gelbe Fahne in die Hand? Oder hatte man mich verwechselt? Gab es noch so ein spackes, einheimisches Kerlchen mit dünnen Beinen und langem Hals wie mich? Oder war es eine Geste des örtlichen Sportvereins gegenüber seinen Besuchern von außerhalb?

Irgendjemand applaudierte sogar, als ich mich in meinen kurzen Hosen verdattert zu den Zuschauern umdrehte, die schlaffe Fahne in meiner Rechten, mir mit der Linken verlegen den Kopf kratzend. Ich war plötzlich Linienrichter in einem richtigen Fußballspiel, auf einem richtigen Fußballplatz, mit richtigen Fußballspielern in richtigen Trikots, in einer richtigen Sportanlage, mitten im Harz – mit mindestens fünf Dutzend Zuschauern. Der Wahnsinn! Weil mich meine Gastfamilie mütterlicherseits langweilte, war ich an diesem frühen Sonntagnachmittag nach dem Mittagessen nach Abwechslung dürstend alleine zu diesem Spiel gegangen. Kein Zeuge aus meiner Verwandtschaft war da, der diesen denkwürdigen Augenblick fotografisch festhalten konnte. Wie schade, wie schade. Mit diesem Dokument hätte ich in Berlin unter meinen Kumpels schwer gepunktet. Keiner von denen trug jemals eine echte Linienrichterfahne in der Hand. Bisher hatte ich jede freie Minute mit ihnen in unserer Straße in Berlin-Tempelhof Fußball gebolzt, auf den Ball eingetreten, als wäre er an allem schuld, »Gib ab! Gib ab!«, »Zu mir! Zu mir!« oder »Foul! Foul!« gebrüllt, bei jedem erzielten Tor gejohlt, bei jedem kassierten Tor geflucht, das geschundene Leder wütend gegen die Mauer des gegenüberliegenden Krankenhauses gehämmert, manchmal sogar im großen Bogen drüber geschossen. Unsere Regeln besagten, wer ihn geschossen hat, muss ihn auch wieder holen. Auf der anderen Seite lauerten aber kräftige Pfleger, die den Ball auf keinen Fall vor uns finden durften, denn sie beschlagnahmten ihn und gaben ihn erst wieder heraus, wenn wir hoch und heilig schworen, nie wieder gegen ihre Krankenhausmauer zu schießen. Angeblich hatten sich Patienten beschwert, weil das Geballer ihren Genesungsprozess verlängerte. Natürlich versprachen wir alles und hielten nichts, was dem Verhältnis zu den Pflegekräften nicht förderlich war.

Wegen der speziellen Gegebenheiten – des Bürgersteiges und der riesigen Linden – spielten wir auf unserer Straße Fußball nach unseren eigenen Regeln, in denen die Mauer als Spielfeldbegrenzung und die Bäume als Torpfosten voll integriert waren und sich klaglos fügten. Unser »Elfmeter« war ein »Fünfmeter«, Einwürfe durfte man auch von unten machen, Autofahrer hatten zu warten, bis ein Spielzug beendet war, und wer mehr als drei Mal foulte, musste eine Brause bezahlen. Fußball war das schönste Spiel der Welt und niemals wieder habe ich am Abend so selig grinsend, erschöpft und glücklich im Bett gelegen wie nach einem Sieg in unserem Straßenfußball. Es war wie leidenschaftlicher, erfüllter Sex. Aber der war mir in diesem Alter noch völlig unbekannt.

Nun lief ich an einem Sonntagnachmittag als Bürger der Selbstständigen Einheit Westberlin auf einem dörflichen Fußballplatz in einem westdeutschen Harzstädtchen mit einer gelben Fahne und dünnen Beinen an der Seitenlinie eines Fußballfeldes entlang und beobachtete gespannt das Spielgeschehen. Was ich genau mit der Fahne machen und wann ich mit ihr wedeln sollte – echt keine Ahnung. Egal. Immer wenn sich das Spielgeschehen in meine Seitenhälfte in Richtung Tor verlagerte, rannte ich einfach munter mit, ging es zurück in die andere Richtung, folgte ich dem Pulk bis zur Mittellinie und wartete, bis alle wieder zurückkamen. Ein ewiges Hin und Her. Mal hörte ich den Schiedsrichter pfeifen, dann gab es Freistoß, manchmal auch eine Ermahnung, aber sonst war die Stimmung auf dem Platz gut, allein schon, weil die Heimmannschaft in Führung lag.

Langsam gewann ich Selbstvertrauen und fing an, Spaß an meiner Aufgabe zu haben. Irgendwann packte es mich plötzlich, ich dachte, Mensch, tu doch mal was und trag nicht nur diesen gelben Lappen spazieren, wozu ist er schließlich da? Also riss ich ihn übermütig auf Höhe des Strafraums spontan hoch und wedelte ausgelassen. Einfach so. Im selben Moment erklang ein schriller Pfiff, der Schiedsrichter unterbrach das Spiel. Nach kurzer Schockstarre stürzte ein Rudel wütender Spieler wie Stiere auf mich zu, sie umringten, bedrängten, beschimpften, schubsten mich und zerrten an mir herum. Es war ein einziges Getümmel. Ich war wie gelähmt und verwirrt, verstand nur »Blinder!«, »Tomaten auf den Augen?«, »Kauf dir ne Brille!«, jemand sagte sogar »Städter« zu mir. Der Schiri musste seine ganze Autorität und zwei gelbe Karten aufbringen, um die Situation zu beruhigen. Danach ging das Spiel weiter, ich aber hatte keine Lust mehr. Trug ich hier doch selbstlos und gutmütig in meinen Ferien im Harzer Outback für fremde Fußballer eine alberne Fahne spazieren und musste mich dann noch beschimpfen und beleidigen lassen. Nicht mit mir, ihr Dorflöcher. Ich ließ die Fahne abrupt am Spielfeldrand ins Gras fallen und trollte mich zum Ausgang. Dort war ein kleiner Getränkestand aufgebaut. Der Typ hinter'm Tresen hob den Daumen und raunte mir beim Vorbeigehen »Das war klar Abseits« zu. Was, verdammt noch mal, war »Abseits«?

Nancy

Immer wenn er Nancy, die bildhübsche Schwester seines Freundes Ingo, sah, wurde er nervös. Sie hatten sich in der Clique schon öfters gesehen und gut miteinander geredet, aber bei ihm war da noch mehr, ganz viel mehr. Manchmal fast zu viel, er merkte es bei ihren Begegnungen an seinen weichen Beinen. Und dann bekam er seine Chance. Ingo hatte seine Teilnahme am geplanten Ausflug in den Grunewald absagen müssen und meinte zu ihm: »Dann fahr doch mit Nancy alleine.« Er tat noch so, als wäre er ob Ingos Abwesenheit untröstlich, in Wirklichkeit machte sein Herz Riesensprünge.

Am nächsten Tag sind Nancy und er dann mit dem Fahrrad in den Grunewald geradelt und haben Picknick gemacht. Ihm wurde in dieser Situation schon wieder so heiß, wie immer, wenn er sich mit ihr unterhielt. Aber jetzt, beide alleine im verwunschenen Wald auf einer Decke unter einer knorrigen Eiche, war der Augenblick für echte Gefühle, große Fragen und freimütige Bekenntnisse. Er begann gleich damit, Nancy anzuvertrauen, dass er glaubte, er hätte hässliche Füße. Noch nie zuvor hatte er diesen, seinen tiefsitzenden Komplex, jemandem offenbart. Dieses empathische Mädchen spürte das und war tief bewegt. Sie durchbrach sanft seinen letzten Widerstand, danach schauten sich intensiv seine beiden Füße an und er war heilfroh, dass er sie sich am Abend zuvor gewaschen hatte. Nancy fand an seinen Füßen nichts auszusetzen. Nein, auch, dass sein zweiter Zeh am rechten Fuß etwas länger war als der große Onkel, nein wirklich, überhaupt kein Problem für Nancy. Sie fand das sogar »süß«. Offensichtlich mochte sie seine Füße sehr und machte sich sogar einen Spaß daraus, ihn spielerisch an den Zehen zu ziehen. Jedes Mal, wenn es knackte, jauchzte sie laut. Bei aller Liebe, dachte Speck, so schön waren seine Füße wiederum nun auch nicht, dass sie wegen eines kleinen Knochengeräusches gleich so abdrehte. Ihre eindeutige Absicht, eine ausgewiesene Schwachstelle seines Körpers in der Einmaligkeit dieser Szene in eine exorbitante Attraktivität umzuwandeln, war lieb gemeint, kam ihm aber aufgesetzt therapeutisch vor. Flugs zog er sich wieder seine Socken an, um ihr Spiel mit seinen Zehen zu beenden. Dann legten sie sich auf den Rücken, berührten ihre Hände und schauten in den Himmel. Die Wolken über ihnen quollen zu Formen, die für ihn alle etwas mit Nancy zu tun hatten. Er war unsagbar aufgewühlt und glücklich. Eine Weile lagen sie stumm und genossen die Zeit. Plötzlich seufzte Nancy ganz tief und fragte ihn mit leiser Stimme, ob sie ihm etwas sagen könne, was sie noch nie, noch keinem jemals gesagt hat? Sein Herz klopfte dermaßen, dass er annahm, es spränge ihm gleich aus dem Körper.

»Du kannst mir alles sagen«, hauchte er. »Vertraue mir völlig, lass dich einfach fallen.«

Das war großes Kino. Nancy stöhnte leise, drehte dann ihren Kopf zu ihm und schaute ihn mit ihren großen, braunen Augen an, sodass ihm ganz schwindelig wurde. Sie würde sich schämen, flüsterte sie. Sag's mir, bitte sag's mir, drängte er sie und war unerträglich gespannt, welches großartigen, sündigen Gedankens sie sich schämen würde. Sie atmete schwer. Sie könne ihm alles sagen, wiederholte er, um ihr Mut zu machen, sich von einem schweren Ballast zu befreien.

»Sag es mir, bitte«, flüsterte er noch mal nachdrücklich.

»Ich … ich … o Gott, …«, quälte sie sich, »egal, ich sag das jetzt einfach: Ich habe seit einer Woche …«, sie rückte mit knallrotem Kopf ganz dicht an sein Ohr, »… keinen Stuhlgang mehr und mache mir ganz furchtbare Sorgen.«

Stille.

Sie hatte seit einer Woche keinen Stuhlgang mehr? Er brauchte einen Moment, um einzuordnen, was er da gerade vernommen hatte. Dann spürte er einen akuten Erregungsabfall und fühlte sich, als wäre er von einer rosa Wolke direkt ins Klo gefallen. Es half nichts, dass er sich sagte, auch aus dem Hintern von Marylin Monroe kamen gewiss keine Zimtplätzchen, bei aller Liebe, Nancy hatte sich für sein Verständnis mit der Offenbarung ihrer intimsten Kümmernis zu weit über den Wolkenrand gelehnt. Er war noch lange nicht so weit, sich mit ihrem Stoffwechsel zu beschäftigen. Natürlich bewies sie mit ihrer Beichte, dass sie Vertrauen zu ihm hatte, aber seine Stimmung war – mit Verlaub – im Arsch.

Die wabernden Wolken über ihm nahmen nun die Form von Nancys Darm an. Er konnte nichts dagegen tun. Der ganze Himmel war voll davon. Er schaute lieber nicht mehr nach oben.

»Versuchs doch mal mit rohem Sauerkraut oder trink eiskalte Milch«, riet er ihr. Bei ihm würde es danach innerlich brodeln.

»Du Glücklicher«, sagte Nancy seufzend und strich sich über ihren Bauch, der ihm jetzt, wo sie es ihm anvertraut hatte, auch unangenehm geschwollen erschien.

Er mochte sich nicht vorstellen, wie es da drunter aussah. Sie versprach ihm ganz fest, es nach seinem Rezept zu versuchen, und wirkte erleichtert, dass sie sich das von der Seele geredet hatte. Er tat so, als freute er sich riesig für sie. Danach radelten sie nach Hause und als sie sich an einer Kreuzung trennten, schaute er ihr sinnierend hinterher und wünschte ihr von ganzem Herzen, dass das Treten ihrer Verdauung förderlich sein würde. Was Nancy betraf, war er nun massiv ernüchtert, für die Zukunft quasi emotional verstopft. Er bekam, immer wenn er sie sah, das Bild von ihrem prallvollen Darm nicht mehr aus dem Kopf. Aber gewusst hätte er schon gerne, ob seine Sauerkraut-Milch-Therapie ihr geholfen hatte. Einfach nur aus medizinischem Interesse.

Schlafmütze

Meine Eltern fuhren jedes Jahr zu Silvester zum »Karpfen Blau«-Essen und launigem Zusammensein zu Freunden. An diesen Abenden sah ich meinen plötzlich kreuzbraven Vater mit einer dicken, roten Nase, einem Bommelhut auf dem Kopf und weißen Beinen in kurzen Hosen. Daran hatte ich ganz schön zu knabbern. Um diesem karnevalistischen Exzess beiwohnen zu dürfen, musste ich mich immer am 31.12. nach dem Mittagessen zum Schlafen hinlegen, damit ich bis zum Jahreswechsel durchhielt. Die Maßnahme erschien mir völlig widernatürlich, aber als Zehnjähriger war ich im Erziehungsverständnis meiner Eltern weisungsgebunden. Also lag ich am helllichten Tag in meinem Bett und versuchte zu schlafen. Da ich mich in meiner Vorfreude auf den besonderen Abend natürlich überhaupt nicht entspannen konnte, konzentrierte ich mich auf den magischen Moment des Übergangs vom Wachsein zum Schlaf. Wie funktionierte das? Ich wollte dabei sein, wenn Morpheus mir die Hand reichte. Während ich nach ihm Ausschau hielt, bin ich immer eingeschlafen. Dieser Prozess fasziniert mich bis heute. Ich lasse auch nicht darin nach, herauszufinden, wie viel genetisch programmierter Mindestschlaf mir in die Wiege gelegt wurde. Oftmals habe ich von Promis gelesen, wie viel Schlaf sie benötigen, und war beeindruckt, mit wie wenig sie auskamen. Manche brauchten gar keinen Schlaf, manche fühlten sich mit vier Stunden Schlaf, manche mit sechs, aber einige auch erst mit acht Stunden und noch mehr ausgeschlafen. Ich gehöre ganz eindeutig der letzteren Gruppe an. Politiker, speziell in Koalitionsverhandlungen, brauchen scheinbar gar keinen Schlaf, dafür schlafen sie dann im Bundestag. Nun ist der Schlaf wohl der beste Freund aller ganzheitlichen Mediziner, in unserer leistungs- und erfolgsorientierten Gesellschaft allerdings ein Zeichen für Schwäche. So gesehen bin ich ein absoluter Versager und leiste mir sogar – noch schlimmer – so oft wie möglich ein Mittagsschläfchen. Der Dialog »Wo is'n Papa?« »Der hat sich der süßen Schwere ergeben«, ist in unsere Familiengeschichte eingegangen. Ich verpenne also fast die halbe Zeit meines Lebens. Jeder Versuch von mir, mich in die erlauchte Riege der heroischen Minimalschläfer einzureihen, scheiterte verlässlich. Als Beispiel möchte ich meinen Besuch beim Kölner Karneval erwähnen. Von Gründonnerstag bis Aschermittwoch voll durch, ganz vorne dabei, Kölsch bis der Arzt kommt, das war in diesen närrischen Tagen im Kreis einiger konditionsstarker Freunde mal mein erklärtes Ziel. Schon am Freitagabend konnte ich mich kaum noch auf den Beinen halten und am Samstag verwarnte mich die Polizei, weil ich mich in ein Möbelhaus geschlichen hatte, um mich in der Schlafzimmerabteilung in ein Doppelbett zu werfen und in einen komatösen Tiefschlaf zu fallen.

Nur in meinen Zeiten als frischgebackener Vater kam ich mit wenig Schlaf aus, stand zu allen möglichen Zeiten nachts auf, um mein kleines Söhnchen auf dem Arm schaukelnd und Liedchen trällernd durch die Wohnung zu tragen, damit er wieder einschläft. Als unser Kinderarzt von mir die Ursache für meine fahlen Wangen und schwarzen Augenränder vernahm, sagte er nur: »Die Nacht ist zum Schlafen da und nicht Las Vegas.« Übrigens, meine Söhne reden heute auch schon immer freudig von der »süßen Schwere«. Der Apfel fällt halt nicht weit aus dem Himmelbett.

Wo ist Roy?

»Wo ist Roy?«, brüllt er. Woher soll ich wissen wo Roy ist? Ich habe nicht die geringste Ahnung und warum brüllt er so, es ist doch schon alles viel zu laut. »Wo verdammt, ist Roy?« Ein Höllenlärm. Geht das nicht wirklich ein bisschen leiser, will ich gerade fragen, da höre ich eine überschlagende Stimme: »Fuck, das war nicht alles, die kommen wieder! Die kommen wieder! Das war nicht alles! Sicher du die rechte Flanke!« Ich denke, was soll ich sichern? Warum ich? Jemand schreit: »Verdammt, wann kommen die F16? Wenn man die Jungs mal braucht, liegen sie bei Mutti!« »Wo ist Roy?« »Siehst du den Schatten auf 43 Grad?« »Ich sehe dich, Bastard, komm nur, komm.« Hört mal Leute, immer einer nach dem anderen, was ist das für ein aufgeregtes Durcheinander, geht das nicht echt ein bisschen leiser, mein Kopf dröhnt schon. »Auf neun Uhr nähert sich ein Pick-Up! Seht ihr den?« Ich sehe nix, bin völlig überfordert, das ganze Gebrüll strengt mich wahnsinnig an. »Hast noch'n Magazin für mich?« Bitte? Ich hab jetzt keine Lust, um diese Zeit für ihn nach Magazinen zu suchen, wenn er lesen will, soll er sich eins kaufen. Mir ist das alles jetzt viel zu viel. »Roy hat's erwischt! Fuck, Roy hat's erwischt!«, schreit einer. »Bringt ihn runter, bringt ihn runter!!«, ein anderer. »Was machen wir in diesem verfickten Libanon?«, brüllt jemand. Mein Kopf hämmert. Was weiß ich? Warum seid ihr nicht nach Mallorca? Diese Hektik, dieses ständige Geballere und Gequatsche, ich bin unglaublich genervt. »Scheiße, die zweite Welle, Sie kommen!« »Herzlich willkommen, ihr Bastarde!« Ein Maschinengewehr hämmert. Jemand sagt in dem Lärm: »Komm ins Bett!« Hä? Wohin soll ich kommen? Ins Bett? Woher kommt denn jetzt die Stimme einer Frau? Hört sich verdammt an wie Stefanie. Was macht denn die hier in dem Kampfgetümmel? »Wie geht's Roy?«, brülle ich. »Hey … nicht so laut, ich bin doch nicht taub«, vernehme ich sie wieder – und dann Stille, erlösende Stille. Stefanie hat den Fernseher ausgeschaltet. »Komm ins Bett«, wiederholt sie leise. »Verdammt, ich bin doch echt eingeschlafen«, brabbele ich verstört und erhebe mich stöhnend und steif vom Sofa. »Erzähl mir was Neues«, sagt sie und geht zurück ins Schlafzimmer. Ich folge ihr. Eine diffuse Sorge um Roy begleitet mich.

Das war knapp

Der Satz meiner Eltern zum Sonntag hieß: »Wir fahren heute nach Staaken zu Tante Hertha und Onkel Paul.« Verlockender konnten ihre Worte nicht klingen. Unsere Wohnung wurde frei! Ich, der ich noch bei meinen Eltern lebte, war sechzehn und bis über beide Ohren in Monika verliebt. Ständig trieben wir uns auf Parkbänken, in S-Bahnen oder Bussen herum, um uns nahe zu sein. Knutschten und streichelten uns mit hochroten Köpfen und träumten von einer Höhle, einer Laube, einer Scheune, in der wir uns ungestört und unbeobachtet lieben konnten – und da war sie, die Gelegenheit: Danke, Tante Hertha, danke, Onkel Paul.

Kaum waren meine Eltern auf dem Weg zu ihnen, teilte ich Monika per Telefon diese frohe Kunde mit und sie machte sich sofort auf den Weg. Zehn Minuten, mehr brauchte sie normalerweise nicht, denn sie wohnte nur ein paar Querstraßen weiter. An diesem Sonntag schaffte sie es in fünf. Ich ließ sie über den »Dienstboteneingang« hinein. Ja, unsere Berliner Altbauwohnung hatte zwei Eingänge, den in 10 a für die – wie es damals hieß – »Herrschaften«, und den in 10 b für das Personal. So baute man in Berlin Wohnungen um die Jahrhundertwende. Mein Zimmer war klein, eigentlich als Kleiderkammer konzipiert, und hatte gerade mal Platz für einen Schrank, Tisch und das Wichtigste: ein Klappbett. Wir zerrten schwer atmend an Knöpfen, Bändern und

Verschlüssen, bis wir endlich nackt mit hämmernden Herzen im ausgeklappten Bett lagen. Kein Körperteil, das wir nicht streichelten und liebkosten und ihm die süßesten Düfte entlockten. Gerade als ich vor Erregung zitternd in ihr Paradies eindringen wollte, drang aus weiter Ferne eine Stimme in mein Ohr, die mich irgendwie an meinen Vater erinnerte. Ein böser Spuk, gewiss, denn der saß ja zu diesem Zeitpunkt bei Tante Hertha und Onkel Paul und trank Kaffee und aß Käsekuchen. Auch Monika schien etwas gehört zu haben, wir lauschten beide angespannt nach draußen und hörten: »Hast du den Schlüssel?«

Mein Vater saß also nicht in Staaken im Garten, trank Kaffee und aß Käsekuchen, sondern stand drüben vor unserem zweiten Eingang vor der Tür und fragte meine Mutter nach dem Wohnungsschlüssel. Irgendwas musste mit dem Besuch bei Tante Hertha und Onkel Paul schiefgelaufen sein.

Den Wettbewerb »Welches nackte Pärchen räumt in flagranti in einer Minute spurlos ein kleines Zimmer?« hätten wir gewonnen. Ich hatte die Wohnungstür gerade mit Samtpfötchen leise knackend hinter mir ins Schloss gezogen, da öffnete mein Vater drüben auf der anderen Seite der Wohnung zeitgleich die Tür und sagte: »Schade, dass Hertha und Paul nicht zu Hause waren.« Uff – das war knapp. Wie gut, dass meine Mutter immer ihre Schlüssel verkramte. Exakt diese Zeit hatten wir gebraucht, um das Feld zu räumen. Unvorstellbar, wenn sie uns erwischt hätten. Meine Mutter war fest davon überzeugt, dass ich in meinem Alter mit Mädchen nur Fußballspielen wollte. Da standen wir nun also am frühen Sonntagmittag im dritten Stock unseres Mietshauses nackt und schamrot auf dem Treppenabsatz vor unserer Wohnungstür im Treppenhaus 10 b. Ich trug Monikas Höschen, ihren BH und hatte ihren Lippenstift im Gesicht, sie trug mein Hemd, meine Socken und einen Schuh von mir. Dafür hatte ich noch ihre Pumps. Fliehende greifen halt nach allem, was sie kriegen können. In diesem Moment öffnete sich die Wohnungstür gegenüber und unsere Nachbarin trat heraus. Was für eine verrückte Begegnung.

Sie starrte uns von oben bis unten an. »Frohen Sonntag, Frau Zabel«, sagte ich leise. Was Besseres fiel mir in diesem Moment nicht ein. Sie zwinkerte uns zu und sagte nur: »Ganz schön heiß heute, oder?« Dann ging sie die Treppe hinunter. Ich wusste schon immer, dass sie Humor hatte – dass sie verschwiegen war, sollte ich zum Glück auch noch erfahren.

Das weiße Sofa

Es wäre nicht zu viel der Ehre, wenn man Herrn und Frau Hagedorn für ihre einzigartige Leistung ausgezeichnet hätte, dass sie es geschafft hatten, ihr Lieblingsmöbel, ein schneeweißes Ledersofa, in den Jahren der Aufzucht ihrer zwei putzmunteren Söhne vor deren Zerstörungsdrang zu schützen. Natürlich hatten sie den beiden immer wieder und wieder mit Höchststrafen gedroht, falls dem weißen Sofa auch nur der kleinste Fleck oder Kratzer zugefügt werden würde. Das zeigte Wirkung. Tatsächlich genoss das Sofa Sonderstatus und stand in seiner makellosen Ästhetik, auch als Denkmal gelungener Erziehung, rechts und links bewacht von zwei dekorativen Yucca-Palmen mitten im Wohnzimmer der Hagedorns. Gäste erhielten persönlich von Frau Hagedorn diskrete Hinweise, wie sie sich diesem Heiligtum zu nähern hatten. Sogar Herr Hagedorn durfte es nicht wagen, noch nicht mal daran denken, sich, wenn er aus seiner Hobbywerkstatt kam, mit einer schmutzigen Hose auf dieses Schmuckstück zu setzen. Für jeden Neuling, der sich allgemein für Wohnkultur interessierte, hielt Frau Hagedorn ein längeres Referat über den Wert und die Pflege edler Möbel, über italienisches Möbel-Design, über die ausufernde Verbreitung der Geschmacklosigkeit in der Gesellschaft im Besonderen und erläuterte auf Wunsch auch die lückenlose Chronologie ihrer Entscheidungsfindung zum Erwerb des weißen Sitzleders.

Tatsächlich war es dem jüngsten Sohn mal passiert, dass ihm ein Stück Schokolade in die Sofaritze gefallen war, was er nicht bemerkte. Wohl aber Mutter Hagedorn. Sie brauchte Wochen, um ihm das zu verzeihen. Die Zeit dazwischen litten alle unter ihrer instabilen Laune.

Bei aller erzieherischen Härte besaß Frau Hagedorn auch eine Riesenportion Mutterliebe. Sonderwünsche ihrer beiden Söhne mochte sie nur schweren Herzens ablehnen, und so stand sie deren Begehren, einige ihrer besten Freunde zu ihnen nach Hause einladen zu dürfen, wohlwollend gegenüber. In all den Jahren mit ihren beiden Zöglingen hatte sie sich im dörflichen Kreis den Ruhm erworben, eine Mutter zu sein, die bei Kindergeburtstagen einen enormen Einfallsreichtum entfaltete. Aber mit diesem Anspruch war sie nicht alleine. Unter den Müttern fand ständig ein stiller Wettbewerb um die kreativste Ausrichtung eines Kindergeburtstages statt. Die Inszenierungen sollte alles bisher Dagewesene in den Schatten stellen, die elterliche Konkurrenz beschämen, die kleinen Gäste bis ins hohe Alter von diesem Fest schwärmen lassen und ihnen noch auf dem Sterbebett ein süßes Lächeln der Erinnerung ins blutleere Gesicht zaubern. Längst hatten findige Geschäftsleute eine Marktlücke entdeckt und boten im Netz Event-Packungen für exakt solche Gelegenheiten an. Komplette Ausstattungen für Piratengeburtstage, Zaubergeburtstage, Horrorgeburtstage, Weltraumgeburtstage, Märchengeburtstage, also alles, womit man eine aufgekratzte Meute von Kindern zum Toben und Kreischen bringen konnte. Ganz zur Freude der glücklichen Eltern, die allen kleinen Gästen zum Abschied noch eine kleine Süßigkeit mit auf den Heimweg gaben, um sich dann völlig erschöpft, aber glücklich in die Arme zu fallen. Frau Hagedorn hatte bei so einer Veranstaltung schwer gepunktet, als sie den Kleinen mit Helium gefüllte Luftballons in die Hand drückte, denen sie handgeschriebene Karten mit einer Botschaft an die Welt anhängen und sie im Garten fliegen lassen konnten. Frau Hagedorn begleitete diese Aktion jauchzend: »Fliegt, fliegt zur Sonne Afrikas!« oder »Für die lieben Eisbären in Alaska!«. Scheinbar ging sie davon aus, dass Sonnen und Eisbären lesen konnten. Je nach Wetterlage verteilten sich die bunten Ballons mal zügig, mal träge am Himmel und entzogen sich letztlich alle als stecknadelgroße Punkte den Blicken der begeisterten Kinderschar. Man traute diesen Flugobjekten durchaus eine interkontinentale Reise zu. Ein Luftballon hatte es dann doch nicht ganz bis Afrika geschafft und landete im Garten eines jungen Bauern, gleich zwei Dörfer weiter. Als der wegen der Zettelbotschaft »Ich will ein Kind von dir« und der Adressenangabe neugierig bei den Eltern der sechsjährigen Emma anrief, bekam er Besuch von der Polizei. Zum Glück klärte sich alles als ein übermütiger Streich eines internetverdorbenen Kleinkindes auf.

Die Metamorphose ihrer Kleinen zu Erwachsenen nehmen liebende Mütter grundsätzlich eher unwillig wahr. In dieser verzögerten Wahrnehmung verstand Frau Hagedorn eines Tages den Wunsch ihrer pubertierenden Söhne, bei ihnen zu Hause eine Party zu feiern, offenbar noch als etwas mit Sackhüpfen und bunten Ballons, und es verstörte sie doch ein wenig, als sich am Abend des Ereignistages eine Schlange hochgewachsener, haariger, junger Männer durch ihre Haustür schob und in tiefer Stimmlage freundlich »Tach, Frau Hagedorn!« brummte. Sie hatte da wohl eine Entwicklungsstufe verschlafen. Mein Gott, es geht alles so schnell, dachte sie. Hagedorns verließen gegen 20 Uhr das Haus, um Freunde zu besuchen und bei denen zu übernachten, um ihren Kindern bei ihrer Festlichkeit nicht im Wege zu stehen. »Schließlich waren wir selber ja auch mal jung«, hatte Frau Hagedorn augenzwinkernd bemerkt und zum Abschied mit dem Satz »Habt ein wenig ein Auge auf das weiße Sofa«, das sie vorsichtshalber mit einem Absperrband vor der Nutzung Unbefugter gesichert hatte, ihren beiden Söhnen die Verantwortung für das kostbare Möbel übertragen. Herr Hagedorn hatte in seiner knappen Art noch kurz mit erhobenem Zeigefinger »Und keinen Unsinn« hinzugefügt. Das »Keine Sorge, wir passen auf« ihrer Söhne ließ sie mit einem »Na, dann viel Spaß!« beruhigt das Haus verlassen

Die ersten Ankommenden überprüften zuerst das Vorhandensein ausreichender alkoholischer Stimmungsbeschleuniger und nahmen dann Besitz vom Anwesen mit all seinen Einrichtungselementen, speziell solcher, die Bequemlichkeit versprachen. Allergrößte Begeisterung bereitete ihnen unzweifelhaft das weiße Ledersofa, welches sich hinter dem rotweißen Band respektheischend ihrer Nutzung entzog. Sie umkreisten es im Laufe des Abends wie ein Wolfsrudel das Reh und mit steigendem Promillepegel brachen sich in der Meute mehr und mehr die altersbedingen Gelüste nach Zerstörung bürgerlicher Symbole und deren Diktaten Bahn. Dafür schien das piekfeine Sofa in seiner spießigen Empfindsamkeit das ideale Opfer. Alle anfänglichen Versuche der Hagedornsöhne, das drohende Unheil abzuwenden, verloren mit jedem ihrer Drinks an Kraft, letztlich nahmen auch sie ihren naturgegebenen Platz im Kreis ihrer artgerechten Freunde ein, wobei ihnen ja noch die Option offenstand, sich später vor ihren Eltern gegenseitig zu bezichtigen, so, wie sie es bisher immer getan hatten, wenn es bei negativen Vorfällen um Fragen von Schuld und Sühne ging.

Gegen Mitternacht durchtrennte ein mutiger Kumpel mit der Haushaltsschere in einer launigen Zeremonie symbolisch das lächerliche Absperrband und gab damit das Möbel für die Partygesellschaft frei. Grölend lümmelten sich die Gäste wie beutegeile Vandalen auf dem Schmuckstück herum und probierten die verrücktesten Sitzpositionen aus. Dabei beschmutzten sie das

Teil mit Ketchup, Senf, Asche, Cola und Bier, bohrten mit ihren Zigaretten Löcher hinein, schrieben mit Kugelschreibern Parolen drauf und »verfugten« – wie sie es nannten – die Sofaritzen mit Reste von Fritten und Bouletten. Besonders viel Spaß hatten sie bei dem Versuch zu testen, wie viel Menschen so ein Sitzmöbel zu tragen vermochte. Bei zwölf Personen brachen dem Sofa die Füße weg. Mann, war da eine Stimmung. Irgendeiner hatte es dann in früher Stunde geschafft, sich über das inzwischen restlos versaute Prachtstück großflächig zu erbrechen. Dieses Objekt Sofa hätte auf der Documenta in Kassel in der Kunstwelt für Furore gesorgt.

Erfahrene Eltern hatten später Frau Hagedorn gefragt, ob sie nicht gewusst habe, dass man Jugendlichen für eine Party niemals das eigene Haus zur Verfügung stellen dürfe, und schon mal gar nicht ein hochempfindliches weißes Sofa? Ja, dass das eine Provokation sei, der sich kein körperlich und geistig gesunder junger Mensch entziehen könne und die Täter sogar vom Bundesgerichtshof freigesprochen werden würden, weil die freiheitliche und individuelle Entwicklung eines jungen Menschen, der gradewegs seinen Weg in die Gesellschaft suchte, um alsbald zu ihrem demokratischen Mitglied zu reifen, von primärer Bedeutung sei. Kurz gesagt, die gesunde Sozialisierung einer Persönlichkeit hatte absolute Priorität vor dem Schutz eines leblosen Sitzmöbels.

Der Anblick des Wohnzimmers, der sich am nächsten Vormittag den Hagedorns nach ihrer Rückkehr bot, war nicht zu beschreiben. Angesichts des Fiaskos, explizit ihres geliebten Sofas, erstarb in Frau Hagedorn jede Lebensfreude. Sie war wie paralysiert. Ihre Söhne, die wegen ihres massiven Alkoholkonsums auf »Nicht schuldig« plädiert hatten, verwiesen wiederum auf die unkontrollierbaren Umstände und das Gesetz der Masse und machten ihrer Mutter zudem den Vorwurf, dass ohne ihr provozierendes Absperrband alles anders verlaufen wäre. Für einige Zeit herrschte im Hause Hagedorn finstere Stimmung. Die änderte sich merklich, als eines Tages bei ihnen ein Möbelwagen vorfuhr und ein nagelneues, schneeweißes Sofa entladen wurde. Das alte war natürlich nicht mehr zu retten gewesen und auf dem Sperrmüll gelandet. Angesichts dieses neuen Möbels, dessen Weiß Frau Hagedorn sogar noch eine Spur reiner als das des alten erschien, verbesserte sich ihre Stimmung rapide. Die wiederum erfuhr eine kurze Störung, als ihre beiden Söhne mit der Bitte an sie herantraten, nun, nach so langer Zeit der Reue und Buße, noch mal ein paar Freunde einladen zu dürfen, auch um den Ruf ihrer Familie wiederherzustellen, die langsam ob ihrer lange währenden Ungastlichkeit in die Kritik geraten war. Nach kurzer Schnappatmung fing sich Frau Hagedorn wieder. Die nackte Angst um ihr neues Sofa rang wie immer mit der Liebe zu ihren Söhnen, am Ende gewann, wie zu erwarten, ihr großes Mutterherz und ihre Fähigkeit zur

Vergebung. Also gewährte sie die Bitte, jedoch nur unter der Bedingung, dass das weiße Sofa an dem Abend in Sicherheit, heißt auf den Dachboden, verbracht werden musste. Die Söhne waren sofort einverstanden. Am Vormittag des Tages, an dem die Party stattfinden würde, trugen sie das Sofa ins Dachgeschoss, hüllten es sorgfältig in zwei Decken und erfüllten damit die mütterlichen Bedingungen. Hagedorns machten sich am frühen Abend vor dem Eintreffen der Gäste mit einem guten Gefühl wieder auf den Weg zu ihren Freunden, nicht ohne ihren beiden Söhnen noch ein »Ihr wisst ja? Schön brav sein!« zu hinterlassen.

Kurze Zeit später rollte die Meute an. Wie immer kochte die Stimmung hoch und dieser und jener, der sich noch an die letzte, grandiose Party erinnern konnte, erkundigte sich nebenbei, wo denn eigentlich das weiße Schmuckstück vom letzten Mal hingekommen sei? Die Brüder erzählten von seinem traurigen Schicksal, aber auch ihrer Erleichterung, dass ihre Mutter mit dem Kauf eines neuen Sofas wieder ihre Lebensfreude zurückerlangt hatte. Das Objekt stünde nun wohl verwahrt im Dachgeschoss und für den heutigen Abend leider nicht zur Verfügung. Diese Information sprach sich unter den Gästen schnell herum und sorgte für Freude. Der Abend nahm nun ordentlich Fahrt auf, die Lautsprecher dröhnten, die Mädels kreischten, die Kerle stießen ihre Brunftlaute aus, alle tanzten wie losgelassen und der Rest lümmelte irgendwo auf den Teppichen und in den Ecken herum, quatschte oder grölte einfach mit. Auch die beiden Hagedornbrüder waren verdammt gut drauf und verschmolzen völlig im Rudel der fröhlich Enthemmten. Eine echt gelungene Party.

Wer von den beiden Brüdern zuerst der Szene gewahr wurde, darüber stritten sie sich später vor dem elterlichen Tribunal, aber Tatsache war, dass sie angesichts dieser Szene in Schockstarre verfallen waren: Vier ihrer völlig besoffenen Freunde wuchteten schwitzend und johlend ein schneeweißes Sofa die Treppe herunter.

Der Tanzkurs

Auch meine Eltern hatten ihre Vorstellungen, was im Leben gut für mich ist. Für meinen Vater gehörte dazu der Wunsch, dass ich seinem alten Ruderverein »Sturmvogel« beitrete und – anstatt am Wochenende auf der Straße rumzugammeln – mich in die Riemen werfe und mit durchtrainierten Sportskameraden im schlanken Achter die Berliner Seen durchschneide. Ich würde dann, davon ging er aus, weniger den »dummen Gedanken« verfallen. Diesen Wunsch lehnte ich erfolgreich ab. Meine Mutter attackierte mich hartnäckig mit der Bitte, doch in eine Tanzschule zu gehen. Dort würden mir Manieren und Stil beigebracht werden, außerdem könnte ich mit den erworbenen Fähigkeiten später im Leben in Gesellschaften besten Eindruck hinterlassen. »Wer tanzen kann, dem liegt die Welt zu Füßen!«. (Einem Freund von mir prophezeite man das Gleiche, wenn er das Klavierspielen lernen würde. Er hat es befolgt und wurde dann später auch ein erfolgreicher Schuhverkäufer.)

Sollte heißen, meine komplette Zukunft hing angeblich vom Wiener Walzer ab?

Schon das Wort TanzSCHULE stellte mir die Haare hoch, abgesehen von der grausigen Vorstellung, im steifen Zwirn zu irgendwelchen schüchternen Mädchen zu stolpern und die oberblöde Frage zu stottern: »Darf ich bitten?« Nein, auch diesem Wunsch musste ich resolut einen Korb geben.

Manchmal dachte ich schon darüber nach, was aus mir geworden wäre, wenn ich das Leben im Tangoschritt durchtanzt hätte? Um wenigstens einen Teil dieser Frage zu beantworten, erlag ich unlängst dem quälenden Wunsch meiner Lebenspartnerin und besuchte einen Tanzkurs. Aber nur unter der Voraussetzung, das musste sie mir schwören, dass das nicht im Freundeskreis durchsickerte. Ich wollte mir auf keinen Fall im Alter meinen mühevoll erworbenen Ruf ruinieren: »Alt-Rocker beim Wiener Walzer ertappt!«

Wenn man die Art und Weise, wie Menschen sich mittels ihres Körpers im Takt der Musik bewegen, in die Tierwelt übertrüge, dann möchte ich sagen, die Herde der in diesem Kurs anwesenden – zu meinem Entzücken überwiegend gleichaltrigen – Tanzschüler/innen bestand aus Wasserbüffeln, Elefanten – und einer Antilope. Das war die Tanzlehrerin. Ich selbst würde mich als Giraffe bezeichnen, schon wegen meiner Größe. Ich finde, bei großen Menschen sieht grundsätzlich alles immer etwas staksiger, plumper aus. Wohl versuchte ich diesem Eindruck durch neckische kleine Zwischenschritte entgegenzuwirken, bemüht, die starren Schrittvorgaben in meinem persönlichen, freien Sinne zu interpretieren, was aber nicht nur von meiner missgünstigen Tanzpartnerin mit der Frage »Was soll'n das?« hinterfragt, sondern auch von der Tanzlehrerin laut über Mikrofon mit der Bemerkung »Der Herr dort hat wohl einen Grashüpfer verschluckt?« in den Schmutz gezogen wurde.

Ab da war mir schon klar, warum ich mich immer so vehement gegen Tanzschule gewehrt habe: Tanzschule hatte tatsächlich viel mit Lernen zu tun, hier war kein Raum für individuelle, schöpferische Beinarbeit, ich sollte mir einfach all diese Schritte einprägen, immer und immer wiederholen, zu Hause üben und üben, erst dann würde ich die Fähigkeit erlangen, mit meiner Tanzpartnerin in verschmolzener Harmonie wie zwei Watte-bällchen über die Tanzfläche zu gleiten. Leider muss ich in meiner Freizeit noch anderen Nebensächlichkeiten nachkommen, wie zum Beispiel Arbeit oder Kindererziehung. Ein Teil meiner befreundeten Kursteilnehmer, die, die dem Lehrerberuf nachgehen, machte natürlich stramm weiter, ich hingegen strich die Segel. Morgen schaue ich mal im Telefonbuch nach der Nummer vom Ruderclub »Sturmvogel«. Vielleicht nehmen die noch ältere Herren auf? Ich würde auch erst mal im Vereinshaus in der Küche anfangen.

Die Todesanzeige

Nach ein paar Tagen hatte ich mich schon ganz gut in mein Praktikum in der Druckerei hineingefunden und zog gerade einen Setzkasten aus dem Regal, da hörte ich, wie Herr Fotsch an die Scheibe seiner Meisterloge klopfte und mir durch Winken bedeutete, ich möge bitte mal kommen.

»Peter Butschkow«, sagte Herr Fotsch mit erhabener Stimme, »heute erledigst du deinen ersten Auftrag!«

»Wer? Ich?«, fragte ich verdattert.

»Es ist Zeit, das Erlernte in die Praxis umzusetzen, du kannst nicht früh genug damit anfangen. In Kabine 2 sitzt eine Kundin, eine gewisse Frau Pankratz, deren Gatte verstorben ist. Nun möchte sie gerne eine stilvolle Karte, also eine Todesanzeige gestaltet haben. Das ist doch genau dein Metier, nicht wahr?« Er hüstelte. »Also, verstehe mich nicht falsch, ich meine, du willst ja nicht Bestattungsunternehmer werden, aber als zukünftiger Grafik-Designer solltest du mal Praxis üben, etwas gestalten, ein Kundengespräch führen, immer vorausgesetzt, dass du mal Kunden hast.« Er grinste hämisch. »Hier, die nimm bitte mit«, bat er und reichte ihm eine Mappe, »da sind Muster von den schönsten Todesanzeigen drin, die wir in den letzten Jahren gestaltet und gedruckt haben. Eine gute Hilfe, der Kunde kann sich da ein wenig orientieren, auch textlich. Nun geh, die Witwe wartet.«

Die schönsten Todesanzeigen? Von solchen Aufgaben redete an der Akademie kein Schwein. Fachbereich Friedhof? Heute gestalten wir eine Sterbeurkunde? Ich fühlte mich voll ins kalte Grab geworfen. Erst ein paar Tage im Arbeitsleben, und schon so einen Auftrag – mit Kundengespräch! Das war auch eine enorm emotionale Herausforderung für mich, der ich alles, was mit Tod und dem ganzen Theater darum herum zu tun hatte, hasste. Und nun musste ich mich einer fremden Witwe stellen, sie sogar in Sachen Trauergrafik fachlich beraten. Ich konnte der doch jeden Scheiß erzählen, keiner aus der Setzerei überwachte das. Schon beachtlich, wie viel Verantwortung die mir, dem Anfänger, übertrugen. In der Kabine 2 hatte Frau Wiedehopf der Kundin bereits einen Stuhl angeboten und wischte den Tisch ab. Mit angeleckter Fingerspitze pickte sie noch schnell einen Krümel von der Tischplatte. Igitt, dachte ich. »Falls Sie noch etwas mögen, nur Bescheid sagen«, flötete sie und nagelte auf ihren hohen Absätzen zur Tür hinaus.

»Vielen Dank, Frau Wiedehopf!«

Die Kundin saß schon in einem schwarzen Kostüm am Tisch, ihr rosiges Gesicht stand im gänzlichen Gegensatz zu ihrem Gewand. Auf ihren straff nach hinten gekämmten, blondierten Haaren, die sich auf ihren Hinterkopf zu einem geschickt verschlungenen Dutt bündelten, thronte ein schwarzes Hütchen.

»Peter Butschkow«, stellte ich mich vor, dann zeigte ich auf das Sortiment Kekse und die Getränke in der

Mitte des Tisches und sagte souverän: »Bitte bedienen Sie sich doch.« Das war großes Kino.

»Danke, ganz vielen Dank, sehr freundlich, vielleicht später«, antwortete die Kundin höflich und reichte mir ihre Hand, die in einem schwarzen Handschuh steckte. »Mein Name ist Pankratz, Cosima Pankratz.«

»Butschkow, Peter Butschkow. Wie ich hörte, es geht um eine Todesanzeige?«

Frau Pankratz griff in ihre Handtasche, holte ein weißes Stofftaschentuch mit gehäkelten Spitzenrändern heraus und schnäuzte sich die Nase. »Mein Mann ist verstorben«, seufzte sie leise und behielt das Taschentuch zusammengeknüllt in der Hand.

»Mein Beileid. Sicher ein großer Verlust.« Ich legte in meine Stimme alles Mitgefühl, das ich in so einer Situation aufbringen konnte, die mir eigentlich fremd war. Solchen Momenten hatte ich bislang eher passiv beigewohnt. Was redete ich da? Ich konnte doch gar nicht beurteilen, ob ihr Mann ein großer Verlust war. Vielleicht war er ein ganz schlimmer Finger? Vielleicht gab es mehr Menschen, die seinen Abgang begrüßten als dass sie ihn bedauerten? Vielleicht löste seine Ankunft im Jenseits allgemeines Entsetzen aus? Und ich, Peter, faselte hier von einem großen Verlust.

»Oh, ich danke Ihnen, junger Mann. Wir waren vierzehn Jahre verheiratet, das ist eine lange Zeit. Mein Mann war zwanzig Jahre älter, es war seine fünfte Ehe, wissen Sie?«

Diese fremde Frau breitete vor mir intime Informationen aus? Gut, ein bisschen was wissen musste ich ja von dem Verstorbenen schon, aber ich war schon etwas geschockt. Fünfmal geheiratet? Dieser Sexomane hatte die Ehefrauen wie Unterwäsche gewechselt und er sollte das jetzt alles auf einer Todesanzeige einigermaßen seriös zusammenbringen? Dabei fiel mir ein alter Satz meines Vaters ein, der mal gesagt hatte, dass auf dem Finanzamt und auf Beerdigungen am meisten gelogen wurde.

»Es soll einfach eine schöne Todesanzeige sein«, wiederholte Frau Pankratz leise und schnäuzte sich wieder ihre schon leicht entzündete Nase.

Eine »schöne« Todesanzeige? Was ist an Todesanzeigen denn schön, bitteschön? Ich wartete höflich, bis sie sich die Nase geputzt hatte. Soll diese Schnieferei denn jetzt die ganze Zeit weitergehen? »Was haben Sie sich denn so Schönes vorgestellt?«, fragte ich, um die Sache behutsam voranzubringen.

»Was soll ich sagen, eine schöne Karte, meines Mannes würdig, einfach eine schöne Karte, wissen Sie? Sie sind doch der Fachmann.«

Schöner Fachmann, dachte ich. Liebste Witwe, ich bin in diesem Laden erst seit einer Woche und habe mich in meinem Leben noch nie mit schönen Todesanzeigen beschäftigt, so sieht's mal aus. Meine einzige konkrete Erfahrung in Sachen Sterblichkeit war der Tod meiner Oma, als meine Eltern den Nachlass regelten und mit dem säuselnden Bestatter zusammenhockten. Ich habe nur apathisch daneben gesessen und gestaunt, was nach dem Tod eines Menschen so alles geregelt werden musste. Vom Sargmodell bis zum letzten Hemd, alles wurde bis ins kleinste Detail besprochen. Und dann diese Papiere, Papiere, Papiere, das Leben eines Menschen, zwischen Geburtsurkunde und Sterbeurkunde, lückenlos und vorschriftsmäßig beurkundet. Vater hatte ständig »Mann, das kostet« gestöhnt und hier und da versucht zu feilschen. Am Ende legte der Bestatter noch einen großen Kranz und für Oma ein paar weiße Handschuhe drauf und Vater ließ es gut sein. An den Text der Todesanzeige kann ich mich leider nicht mehr genau erinnern, irgendwas mit »untröstlich« und »von uns gegangen«, das weiß ich noch. Hilft mir jetzt aber konkret nicht weiter, also formulierte ich einfach mal: »Na, da machen wir was ganz Schönes.«

»Sehr schön«, sagte Frau Pankratz sanft.

»Ihr seliger Gatte war von Beruf?« Diese Frage hatte ich einfach so aus dem Ärmel geschüttelt. Sie gefiel mir. Erst hatte ich kurz erwogen, »schöner Gatte« zu sagen, das war mir aber dann aber doch eine Spur zu dick aufgetragen.

»Mein Mann war Urologe …«

»Nein? Urologe? Wie interessant.«

»… und beliebt bei allen Patienten, bei allen, wirklich beliebt, wissen Sie? Sein Wartezimmer war voll, rappelvoll.«

Dieser, für den Patienten eher unerfreuliche Zustand war mir nur zu gut bekannt. Als Kassenpatient hockte ich bei dem Hausarzt auch über Stunden in so einem rappelvollen Wartezimmer und wartete, bis ich mit anderen Kranken zusammen an der Reihe war. Der Doktor fertigte aus rationellen Gründen immer sechs Leute zugleich ab. Ich träumte davon, eines Tages mal als Privatpatient ganz alleine von einer gütigen Arzthelferin in das Behandlungszimmer geführt zu werden, um dort in einem gemütlichen Sessel dem Doktor gegenüber zu sitzen, der sich mit großer Freundlichkeit und Empathie geduldig anhörte, wo es zwickte oder schmerzte, währenddessen ich von der Helferin mit Leckereien verwöhnt wurde. Das wäre Kundenfreundlichkeit à la Kabine 1 in dieser Druckerei. Der Ort, wo die teureren Süßigkeiten standen und die wichtigeren Kunden empfangen wurden. Ich schob nun die Mappe zu Frau Pankratz herüber: »Wenn Sie mal schauen wollen? Wir haben da mal was vorbereitet, hier sind diverse Muster, vielleicht ist etwas Schönes für Sie dabei?«

»Oh, gerne.« Frau Pankratz blätterte und tippte auf eine Anzeige: »Die? So was in der Art vielleicht?«

Ich nickte wohlgefällig. »Sehr gut. Ein fetter schwarzer Rand ist immer eine gute Wahl, gibt dem Ganzen optischen Halt, schafft einen stabilen Rahmen. Gut, wenn alles weiß, wo es hingehört, sage ich immer.«

»Nicht wahr, das passt ganz gut, denke ich auch. Sie müssen wissen, mein Mann war äußerlich ein korpulenter Mensch, in seinem Innersten jedoch eine sensible Natur. Außen Bär, innen Elfe.« Frau Pankratz Augen fingen an zu schimmern.

»Aha, ich verstehe. Sie meinen kräftig und zugleich fein? Da schlage ich doch vor, wir kombinieren den fetten Rahmen mit einer zarten Linie. Ist das ein gemäßer Ansatz? Fette Linie, starker Mensch – feine Linie, sensible Seele. Diese Variante wird gern gewählt.«

Was redete ich da für einen Scheiß? »Wird gern gewählt«, diese Verkaufsphrase hatte ich rausgehauen, weil ich sie von der Mutter eines Freundes kannte, die in einem Modegeschäft arbeitete. »Wird gern gewählt«, so erklärte sie mir mal, fördere eine positive Kaufentscheidung, weil der Kunde sich damit in einer Verwandtschaft des guten Geschmacks geborgen und in seiner Entscheidung bestärkt fühlte. Sie variiere zwischen »Wird gern gewählt« oder »Wird gern genommen«, alternativ auch »Eine ausgezeichnete Wahl«. In hartnäckigen Fällen flüstere sie auch schon mal: »Das Kleid habe ich mir selber zurückgelegt.« Das knacke jede Kaufblockade.

»Entzückend. Kann man da mal was sehen?«, fragte Frau Pankratz.

»Blättern Sie nur weiter, es gibt garantiert einige schöne Beispiele davon.« Das Adjektiv »schön« hatte ich inzwischen unwiderruflich ins Herz geschlossen.

»Ach, ja – hier.« Frau Pankratz hatte ein paar Seiten weiter diesbezüglich etwas Schönes entdeckt. »Na, das sieht doch schön aus.«

»Nicht wahr?«, bestätigte ich. »Macht sich immer gut, eine gute Wahl, hat Stil.«

»Stil? Oh, der passte zu meinem Mann, einen eigenen Stil hatte er, oh ja, den hatte er. Er schätzte Opern, aber auch deftige Hausmannskost. Schatz, mach doch mal wieder deinen Pichelsteiner Topf, sagte er immer und dann hat er reingehauen, das sage ich Ihnen.« Frau Pankratz blickte melancholisch zum Fenster und seufzte leise: »Oh ja, er war so ein guter Esser.«

Ich sah für einen Moment das Bild vor mir, wie die Bärenelfe schmatzend, kopfüber vor ihrem dampfenden Eintopf saß. »Na fein! Dann haben wir ja schon mal den Rahmen – und textlich? Da sind ja auch einige interessante Anschauungsbeispiele, wenn Sie mal schauen wollen.« Nun lief es bei mir rund. Ich spürte es.

Frau Pankratz blätterte interessiert weitere Seiten durch. »Vielleicht – ich frag das einfach mal nur – ist optisch irgendetwas für einen Urologen dabei?«

»Für einen Urologen?« Ich glaubte, nicht richtig gehört zu haben. »Nun, äh … das ist freilich schon sehr speziell«, bemerkte ich, zog mit einem freundlichen »Sie erlauben?« die Mappe an mich und blätterte darin herum. »Also auf den ersten Blick … hm, eher Handwerker, Kaufleute normale Leute. Akademiker eher weniger, also sehe ich jetzt nicht … aber wir haben ja noch die Möglichkeit, ein passendes Schmuckelement einzubauen. Da gibt es eine große Auswahl. Außer dem klassischen Kreuz in allen Variationen wurde auch gern ein Palmenwedel oder eine Harfe genommen, wie ich hier sehe. Hm, schauen wir einfach mal, möglicherweise gibt es auch etwas mit … äh … Organisches?« Ich lächelte leicht verschmitzt.

Frau Pankratz schaute mich verdutzt an.

»Ich meine, Ihr Gatte war doch ein lebenszugewandter, gewiss humorvoller Mensch.«

»Aber selbstredend. Und was für einen großartigen Humor er hatte, das sage ich Ihnen.«

»Na, schauen Sie.«

»Er hat sooo gerne gelacht. Seine Patienten liebten seinen Humor. ›Mit dem Restalkohol in Ihrem Blut können wir ja ein Betriebsausflug machen‹, hat er mal zu einem Patienten gesagt – unvergesslich. Und privat in Gesellschaft glänzte er mit Ärztewitzen, die Leute brüllten vor Lachen. Humor gibt's in keiner Apotheke, sagte mein Mann immer.«

»Großartig. Nun, ich wollte nur zum Ausdruck bringen, dass wir die akademische Potenz Ihres Gatten mit kleinen Zierelementen unterstützen können.«

»Ich verstehe, junger Mann. Ich vertraue Ihrer Fachkompetenz völlig.«

Ich war jetzt nicht mehr aufzuhalten: »Es gäbe alternativ auch florale Elemente. Die Rose zum Beispiel?« Ich zeigte auf ein Muster mit zwei verschlungenen Rosen. »Dornen, fürwahr doch ein religiöses Symbol. Bezüglich Ihres Gatten könnte ich mir auch einen Äskulapstab vorstellen, müsste nur schauen, ob wir so etwas in der Art in der Setzerei haben?«

»Ganz entzückend, aber vielleicht finden Sie auch noch etwas anderes? Was meinen Sie?«, fragte sie schniefend.

»Sicher doch.« Ich blätterte weiter. »Hier sehe hier leider im Moment weiter gar nichts.« Jetzt ist aber gut, dachte ich. Wohin driftet das denn jetzt? Vielleicht verschlungene Samenstränge? Zwei verknotete Gummihandschuhe? Oder vielleicht eine von Harnröhren umrankte Blase?

»Gott, dann nehmen wir doch einen Palmenwedel«, sagte Frau Pankratz brüsk entschlossen.

»Also der Palmenwedel soll es sein? Gerne. Ich schlage vor, wir nehmen zwei. Rechts und links angeordnet, sich zur Mitte hinneigend, quasi miteinander korrespondierend, sich sanft zuwedelnd … ich meine zuneigend. Was meinen Sie?«

»Entzückend, ganz entzückend, das machen wir.«

»Schön. Und nun zum Text. Was haben Sie sich denn da vorgestellt?«

»Genau. Da habe ich mir doch …«, Frau Pankratz fing an, in ihrer Handtasche zu kramen, »… ein paar Stichpunkte aufgeschrieben.«

»Das ist schön«, sagte ich und stellte mir vor, was meine Freunde auf der Kunstakademie wohl sagen würden, wenn sie sähen, wie ich hier mit der Witwe eines akademischen Scheidungsprofis über Todesanzeigen brütete. Ihren Spott spürte ich in allen Knochen.

Sie zog einen leicht zerknitterten Zettel aus der Tasche und entfaltete ihn. »Hab mir noch ein paar Stichpunkte notiert, zum Beispiel ›Geschenk‹ oder ›Himmel‹, so was.«

»Was für'n Geschenk?«

»Sein Dasein, unsere gemeinsamen Jahre, meine ich.«

»Ach, klar, natürlich, verstehe. Und Himmel, sehr gut, sehr gut.«

»Nun ja, mein Gatte hat schon geglaubt, dass da noch was Anderes ist, das wir nicht greifen können, nichts Materielles, also das hat er schon, war aber kein Kirchgänger, wenn Sie wissen, was ich meine? Die harten Bänke sind nicht gut für die Prostata, so sagte er immer. Aber zu Weihnachten, ja – schon mal, aber grundsätzlich mied er die Öffentlichkeit, um den ständigen Fragen der Leute aus dem Wege zu gehen. Alle Menschen haben auf der Stelle ein Wehwehchen, wenn sie einen Arzt sehen, sagte er immer. Herr Doktor hier, Herr Doktor da, er wollte einfach auch mal ein Privatleben haben und nicht auf der Straße oder in der Kirchenbank Harnröhrenkatharr diagnostizieren. Sind Sie denn gläubig, junger Mann? Wenn ich fragen darf?«

»Och, meine Eltern waren da nicht so hinterher, eigentlich auch nur bei Beerdigungen oder Trauungen in der Kirche. Mein Vater ging Sonntagvormittag mit mir lieber zum Fußball. Von daher …«

»Haben Sie mit der Kirche eher nix am Hut?«

»Sozusagen.« Ich lächelte schief, dann räusperte ich mich und sagte entschlossen: »Wie finden Sie denn: ›Ein großer Geist sagt Lebewohl‹ «?

»Geist sagt Lebewohl?«, wiederholte Frau Pankratz nachdenklich. »Ein großer Geist …? Hm, klingt nicht schlecht, aber ich hätte doch noch gerne die Liebe drin, wenn das geht?«

»Geht alles. Dann vielleicht, wie finden Sie: »Ein liebender Geist sagt Lebewohl«?

»Ja, doch … das klingt doch sehr schön.« Frau Pankratz schien langsam von allen großen Geistern verlassen.

»Nur mal so als Anregung, wollen wir dann nicht schreiben: Ein geliebter Mensch und großer Esser sagt Lebewohl? Was meinen Sie?«

Frau Pankratz war unsicher. »Und wo ist jetzt sein Geist, sein großer Geist?«

»Okay, den großen Esser lassen wir raus. Dann also: Ein geliebter Mensch sagt uns Lebewohl, sein heiliger Geist bleibt unvergessen.«

»Heiliger Geist?« Frau Pankratz stutzte. »Sein großer Geist, sagten wir doch, oder?«

»Oh, Pardon. Sein großer Geist bleibt unvergessen.«

»Sehr schön.« Frau Pankratz strich ihren Rock glatt. »Das klingt schön.«

»Dann hätten wir das in trockenen Tüchern«, schnaufte ich, »das klingt wirklich sehr, sehr schön. Lassen Sie uns das dann so machen.« Ich wollte diesen von allen großen Geistern verlassenen Schwachsinn endlich hinter mich bringen und glich mit Frau Pankratz noch mal den Text und die nötigen Daten ab. Wie wir erarbeitet hatten, entschied sie sich für zwei Palmenwedel, umrahmt von einer fetten äußeren und feinen inneren Linie. Mittig gesetzt dann der Text in halbfetter Bodoni, 20 Punkt:

»Dr. Siegfried Pankratz. Ein geliebter Mensch sagt uns Lebewohl. Sein großer Geist bleibt unvergessen.«

Schließend die üblichen Angaben, wann und wo die Beerdigung stattfand und danach noch belegte Brote und Kaffee und Kuchen, wobei Frau Pankratz von mir noch wissen wollte, ob ich persönlich eher Bienenstich oder Butterkuchen bevorzugen würde. Ich entschied mich eindeutig für Butterkuchen, gab aber dringend zu beachten, dass der nur schmecken würde, wenn er schön feucht wäre. Als Fließtext schlug ich eine kursive, magere Garamond vor. Für das Papier empfahl ich einen matten, leichten Karton, 250 Gramm, und den Termin sollte Frau Pankratz mit der Setzereileitung telefonisch abklären. Nun spähte die Sekretärin noch mal durch die Tür und fragte: »Darf ich noch etwas bringen?«

»Danke, Frau Wiedehopf, wir sind eben fertig geworden, danke.«

»Oh? Sie sind schon pfertig?« Sie schaute zu Frau Pankratz. »Und zupfrieden?«

»Sehr schön«, anwortete Frau Pankratz.

»Na, pfabelhaft«, sagte Frau Wiedehopf.

»Alles bestens«, antwortete ich und fragte mich, was die Wiedehopf hier noch rumquatschen musste.

»So soll es doch sein. Ich sage immer, auch eine Todesanzeige muss was hermachen, ist die Visitenkarte des Verblichenen, da muss jedes Wort nachhallen. Wir alle wollen doch in Würde gehen, nicht wahr?«

»Apropos gehen«, ich erhob mich und reichte Frau Pankratz die Hand. »Darf ich mich verabschieden? Termin war ja klar.«

»Auf Wiederschauen«, sagte Frau Pankratz, stand auf und rückte sich ihr Kostüm und das Hütchen zurecht. »Ich muss jetzt auch.«

Ich begleitete sie zur Ausgangstür und verabschiedete sie freundlich. Mein erstes Kundengespräch über die Gestaltung einer Todesanzeige war damit erfolgreich beendet. Bis in Ewigkeit, Amen.

Die Hose

Ja, es stimmt. Ich hatte mal eine Hose. Grau, unten ausgestellt, also mit »Schlag« (»Twisthose« nannte man dieses Fußfesselröckchen damals), Größe weiß ich nicht mehr, aber sie passte mir 1,94 cm großem, dürren Riesen perfekt, stieß unten sauber auf die Schuhe. Ja, es stimmt, ich studierte auf der Staatlichen Akademie für Grafik, Druck und Werbung am Berliner Einsteinufer und hatte einen Kommilitonen namens Hannes Wader. Ja, ich mochte ihn gerne. Ja, es stimmt, er war genau so lang und dürre wie ich. Ja, es stimmt, die Szene spielte sich in der Mensa ab.

Ab jetzt aber gibt es kleine Differenzen in den Darstellungen von Hannes und mir. Er schildert den Vorgang so, dass ich ihm diese besagte Hose zum Tragen angeboten habe. Warum um Himmels Willen hätte ich das tun sollen? Mir war es völlig wurscht, was meine Kollegen am Leibe trugen, bei mir erschöpfte sich mein Interesse an Mode mit dem eigenen Körper. Ich war doch kein Konfektionsvertreter, der durch die Akademie lief und seinen Kollegen seine Klamotten aufschwatzte. »Hast Lust auf meine Hose, Hannes?« Hömma!

Die Wahrheit ist, Hannes, die arme Kirchenmaus, hatte seinen ersten Auftritt auf der Burg Waldeck und benötigte für diesen epochalen Moment eine ordentliche Hose, weil er offenbar nur eine hatte (und die garantiert auch völlig verschlissen war). Möglich, dass wir in der Mensa drüber sprachen und ich ihm aus meinem großen Herzen sofort meine graue Hose angeboten habe. Möglich auch, dass er mich direkt ansprach, ob ich ihm für diesen Gig eine Hose leihen könnte – niemals aber habe ich ihm anlassunabhängig einfach so mein Höschen angeboten. Ich möchte bitte nicht als kunstakademischer Glööckler in die Geschichte eingehen. Das ist die Wahrheit, Euer Ehren.

Kurz und gut, meine Hose hat sicher einen großen Teil dazu beigetragen, dass Hannes' Debüt auf der Burg Waldeck so ein großer Erfolg war und er damit sogar in der TWEN, dem Kultblatt der damaligen Zeit, abgebildet wurde. Grandios! Davon habe ich allerdings erst heute erfahren.

Anfang der achtziger Jahre dann bin ich in Hamburg in die Fabrik, um ihn, den Hannes, nach zwanzig Jahren mal wiederzusehen. Da stand er auf der Bühne, »mein« alter Hannes, gereift zu einem großartigen, einzigartigen Barden. Ich war stolz auf ihn und dass ich darauf verweisen konnte, ihn noch als mittellosen Kunststudenten gekannt zu haben. Das wollte ich ihm dann doch gerne persönlich sagen, drang bis in seine Garderobe vor und – da trat er aus der Tür! – Hannes, der große Wader. Er sah mich, schaute nachdenklich und sagte grübelnd: »Bist du nicht der, der Bu-Bu-Bu…?« »Ja«, antwortete ich, »Butschkow!«

»Mann! Du kriegst ja noch 'ne Hose von mir!«

Bob Ross

Er war ein schlanker, mittelgroßer Typ und trug eine Frisur wie Marsha Hunt. Sein Name war Bob Ross und er war Maler. Kunstmaler. Man kann seine Tutorials, also seine Filme, in denen er demonstrierte, wie man aus einer weißen Leinwand ein naturalistisches Kunstwerk macht, heute noch im Netz bewundern. Da er Englisch sprach, verstanden ihn eher nur die angelsächsischen Zuschauer, was aber auch völlig egal war, denn der Klang seiner warmen, ruhigen Stimme bewog jeden, egal welchen Geschlechts, die Angst vor einer weißen Leinwand für immer abzustreifen. Dafür brauchte es nur eine Palette, Farben, Pinsel, Spachtel – und ein »Here we go!« Bob, ein Großmeister der Landschaftsmalerei, begann sein Werk, getreu eines malerischen Grundgesetzes, zuerst von oben – und zwar mit dem Himmel. Dafür benutzte er einen Breitpinsel, solchen, wie ihn die Maler zum Streichen von Haustüren benutzen, erklärte fröhlich »Now a little bit blue for the sky« und schmierte horizontal ein Blau auf die erschrockene Leinwand, die eher ein verzagtes Herangehen erwartete und mit so einem massiven Angriff nicht gerechnet hatte. Sodann drückte er einen fetten Strang Weiß aus der Tube auf die Palette, salbte sich einen dicken Klecks davon auf einen Spachtel und begann nun mit leichter Hand das Blau mit dem Weiß aufzulockern und daraus zarte Wolkengebilde zu formen. Alles sah spielerisch leicht aus, jede

Aktion saß perfekt. Mit dem feuchten Breitpinsel fuhr er anschließend quer über seine gemalten Flächen und verlieh ihnen dadurch noch mehr wolkige Leichtigkeit. Eine verblüffende, enorm wirkungsvolle Technik. Danach klatschte er den Pinsel an die untere Verstrebung seiner Staffelei ab, als wolle er ihn wegen irgendeiner subtilen Nachlässigkeit züchtigen

Die Kameraperspektive zeigte Bob in seinem blütenweißen, makellosen Hemd nur bis zum Gürtel, man konnte also nur vermuten, wie vollgekleckert er untenrum aussah. »Here we go« – schon entstanden aus anfänglich plumpen Zacken und Kanten, die er vorher hemmungslos mitten in den zarten, verletzlichen Himmel geschmiert hatte, plötzlich grandiose Bergmassive. Wahnsinn! Und wieder trug er in diese Idylle mit dem Spachtel quer einen fetten Streifen Dunkelblau auf. Wäre da nicht dieses tiefste Vertrauen in seine versierte Maltechnik, man hätte sich die Haare gerauft und geschrien: »Oh my god! Was tust du da, Unseliger? Du zerstörst ja die ganze Landschaft!« Aber der grobe Balken entwickelte sich rasch zu einem kristallklaren Bergsee, wie alles aus der magischen Hand des Meisters. Bob wusste genau, was er tat, aber er war noch nicht fertig. Mit einem »totally crazy« tupfte er nun mit einem Fächerpinsel virtuos Fichten und Kiefern um das Seeufer, die er sich anschließend naturgetreu auf der Seeoberfläche spiegeln ließ. Grandios! Ein paar Felsen obendrein, etwas Wiesen – und fertig war das Nationalparkpanorama, die

Rocky Mountains im strahlenden Sonnenschein. Figürliches, etwa schnüffelnde Grizzlys, Elche oder schleichende Indigene, sah man auf Bobs Bildern eher nicht. Manche Leute nennen solche Werke auch despektierlich »Kaufhauskunst«, wären selber aber niemals in der Lage, mit Hilfe eines einfachen Pinsels und Spachtels solche beeindruckenden Landschaftsbilder zu zaubern. Bob Ross hat es vermutlich geschafft, weltweit Millionen Menschen mit seiner frappierenden Technik den Mut und die Lust zum Malen zu vermitteln. Eine Nachbarin lud letztens zu einer privaten Vernissage, Thema »Windräder vor Abendhimmel«. Ganz fabelhaft. Nach Bob Ross' Tod tobte ein hässlicher Streit um die Urheberrechte. Dazu hätte er nur mit warmer Stimme »Totally crazy« gesagt.

Der Nacktbadestrand

Der Nacktbadestrand lag in einer traumhaften Bucht, die hinten von steilen Klippen umringt war. Wir parkten unsere Keksdose oben an der Klippe und konnten von dort, wenn wir uns nach vorne beugten, einen Teil des Strandes unter uns sehen. Wir erreichten ihn allein über einen kleinen Pfad, der sich durch die Felsen schlängelte und am Ende durch ein Feld großer Felsbrocken zum Strand hin öffnete. Unten angekommen suchten wir uns einen Platz, breiteten unsere Handtücher aus und setzten uns erst mal hin, um die Gegebenheiten ausführlich in Augenschein zu nehmen. Sehr übersichtlich verteilt lagen etliche nackte Sonnenanbeterinnen und Sonnenanbeter um uns herum und sonnten sich.

»Fast ausschließlich Frauen«, stellte Moon fest.

»Ja, sehr schön. Hab leider keinen Skizzenblock dabei.«

Moon schaute sich um. »Eine kleine Bar würde dieser Bucht ganz guttun, hier is' ja echt nix.«

»Ich hab Wasser mit.«

»Hm … Wasser? Wasser haben wir reichlich, wir können sogar drin schwimmen.« Moon knurrte, ergab sich aber den Verhältnissen. Dann entkleideten wir uns und streckten uns auf den Handtüchern aus. In der Mitte der Bucht lag ein mächtiger Felsen malerisch nahe am Strand, er war durch kniehohes Wasser gut zu erreichen. Man hatte den Eindruck, er war dort von einem Riesen dekorativ extra abgelegt worden. Mit ein wenig Geschick konnte man leicht hochklettern, sich oben auf ihn legen und sich somit vor allen Strandbesuchern präsentieren. Alle, die aufs Meer schauten, kamen an diesem Felsen nicht vorbei. Exakt diesen exponierten Platz hatte ein Typ für sich als Bühne in Beschlag genommen.

Ich stieß Moon an. »Kuck ma, der Heini da.«

Moon hob seinen Oberkörper. »Wo? Ach, ich sehe. Hey … lässig, wie aufgeklappt er daliegt. Sollen wir denn nun alle sein Gehänge bewundern? Is' ja widerlich.«

»Scheinbar ist es hart da oben, kucke – er wechselt ständig seine Position.«

»Als Aktmodell ist er nicht zu gebrauchen. Viel zu unruhig.«

Steine sind ja berüchtigt für ihre Unnachgiebigkeit, folglich tat dem Typen bei seiner Inszenierung nach kurzer Zeit immer irgendetwas weh. Auch die anderen Sonnenanbeter waren bereits auf ihn aufmerksam geworden und tuschelten. Ich schaute ihm ganz konzentriert zu. »Vielleicht spielt er ›Rate mal, was soll das sein?‹ Gerade sieht er aus wie dieses berühmte Denkmal, hilf mir, der … ›Der Denker‹, von … von …?«

»Rodin.«

»Rodin, genau. Das hält er garantiert nicht lange durch. Da, siehste – da! – er rutscht schon wieder woanders hin.«

»Jetzt, diese aufrechte Sitzhaltung sagt mir jetzt aber gar nichts. Dir?«

Ich nahm mir für eine Interpretation etwas Zeit. »Das Denkmal von Abraham Lincoln?«

»Oder Kaiser Karl bei der Krönung?«

Ich kicherte. »Da, jetzt wechselt er schon wieder. Hi-hi, so schlaff zur Seite gekippt ... hm ..., erinnert mich an den Tod des Marat, wie er aus der Badewanne hängt, ich meine, auf dem Ölbild von Jacques-Louis David. Kennste?«

»Erinnere mich, ja. Kunstgeschichte kommt ja auf der Akademie immer nach'm Mittagessen. Punktgenau, wenn der Lohenfeld in dem dunklen Projektionsraum seine Dias mit den Malereien zeigt, beginnt bei mir der Verdauungsprozess. Blut unten, Kopf leer. Ich falle dann immer in einen süßen, tiefen Schlaf. Also von Kunstgeschichte bekomme ich nichts mit.«

»Kenn' ich. Erinnere mich noch, wie der Ferdinand so schnarchte, dass Lohenfeld das Licht angemacht hat. Da lag fast das komplette Semester mit den Köpfen auf den Tischen und knackte.«

»Grandioser Anblick.« Moon lachte.

Die darstellerische Phantasie des Akteurs erschöpfte sich langsam, somit verloren wir auch das Interesse an seiner Vorführung und wandten uns der Begutachtung der anderen Anwesenden zu: Leptosome, Pykniker und Athleten, das ganze Programm. Lange Oberkörper, kurze Beine, kurze Oberkörper, lange Beine, dicke Oberkörper, dünne Beine, schmale Oberkörper, dicke Beine. O-Beine, X-Beine, I-Beine, breite Oberschenkel, schmale Oberschenkel, fette Hüften, schmale Hüften, dicke Hintern, flache

Hintern, kleine Hintern. Ein kurioses Durcheinander von Knochen, Fettgewebe, Muskeln und enorm viel Wasser. Ein Eldorado für Maler und Zeichner.

»Enorme Vielfalt an Körpern. Wahre Kunstwerke«, bemerkte ich.

Moon hatte in dem Augenblick etwas Neues entdeckt. »Du, kuck mal. Hockt da hinter dem großen Felsen nicht ein Spanner?«

Ich drehte mich in die Richtung um. »Tatsächlich«, sagte ich geschockt. »Der Typ versteckt sich nicht mal richtig. Du – und da!«, ich zeigte weiter daneben. »Da ist noch einer. Irgendwie krank, oder? Haben die noch nie 'ne nackte Frau gesehen?«

»Nackt ist hier wohl gleichbedeutend mit Sünde. Weißt schon, Adam und Eva, das verdorbene Pärchen.«

Ich musste lachen. »Hör mal, bis zu meinem Studium hab ich offiziell auch keine nackten Frauen gesehen. Nackte Menschen überhaupt höchstens im Schwimmbad, natürlich keine Frauen. Nur erwachsene Männer, die sich unter der Dusche wie mit Löschschaum komplett einschäumten, als hätten sie Feuer gefangen, und sich ihre schlackernden, klatschenden Schwänze wuschen. Also, ein ästhetischer Anblick war das nicht. Frauen kannte ich nackt nur aus Pornoheften, wenn ich denn mal eins zu Gesicht bekam. Unser Tabakwarenhändler verkaufte die unter'm Tresen. Im Schwimmbad haben wir natürlich immer versucht, einen Blick in die Umkleidekabinen der Mädchen zu erhaschen, war aber nicht so gut, wenn man dabei erwischt wurde. Gab richtig Ärger und Schwimmbadverbot.«

»Dabei war das doch nur Neugier, Junge. Endlich mal real das Magische zu sehen, das uns von den Mädchen unterscheidet. Wie sah es genau aus? Was war da so besonders dran? Und wenn man es gesehen hatte, nichts wie weg, bevor man erwischt wurde. Den Typen hier scheint aber alles egal zu sein, haben nicht das geringste schlechte Gewissen, in ihren Augen ist es scheinbar völlig normal, angesichts einer nackten Frau ihren Dödel rauszuholen. Ist das nicht eigentlich 'ne strafbare Handlung? Ich kenne ja die Gesetze hier nicht. Vielleicht gibt es hier aber ein Gesetz, in dem es heißt: Voyeurismus angesichts entblößter, ausländischer Inselbesucherinnen ist Bestandteil der insularen Folklore?«

»Das Stören wixender Insulaner ist bei Strafe verboten?«

Moon lachte, dann zeigte er hoch zum Klippenrand über ihnen. »Du kuck mal, da oben! Da stehen sie sogar mit Feldstechern, na kuck dir das doch mal an. Ich fasse es nicht.«

»Wahnsinn! Na, hier is' ja was los. Dafür scheinen mir die Frauen hier aber noch entspannt, oder?«

Moon nickte. »In der Menge fühlen sie sich wohl weniger gefährdet. Alleine sollten sie hier aber nicht liegen, denke ich. Könnte gefährlich werden.«

»Unheimlich, diese Kerle. Mann, ich hab noch nie eine Frau hinter einem Felsen hocken und sich angesichts nackter Männer an der Muschi rumspielen sehen. Du?«

»Jetzt, wo du mich drauf ansprichst, nie – hey, da, schau mal.« Moon stieß mich an. »Da, oha – die hat wohl die Schnauze voll?«

Eine kräftige Rothaarige, welche die ganze Zeit neben ihrer Freundin auf einer Decke gelegen hatte, war aufgestanden, hatte sich ihre Strandtasche gegriffen und ging zielgerecht in Richtung der großen Steine, hinter denen die Typen standen. Selbst der heiße, schwarze Sand hielt sie nicht auf.

»Jetzt wird's lustig«, sagte ich.

Die Rothaarige, offensichtlich eine Deutsche, steuerte auf den dicken Typen hinter dem rechten Stein zu und rief: »Hey, du da!«

Dessen Gesichtsausdruck wechselte angesichts der nackten, unverkennbar auf ihn zusteuernden Frau vom debilen Grinsen in Verstörung. Mitten in seiner aufsteigenden Erregung ging plötzlich dieses Weib unverhohlen zum Angriff über. Damit hatte er überhaupt nicht gerechnet. Er hielt inne, verringerte mehr und mehr die Schlagzahl seines Reibungsvorganges, bis er ihn gänzlich einstellte und wie erstarrt stehenblieb.

Die Rothaarige hatte sich jetzt vor ihm aufgebaut und schnauzte ihn an: »Was tust du da? Hör mal, was tust du denn da?«

Der Dicke verstand nix, erkannte aber an der Mimik der Rothaarigen und am Klang ihrer Worte, dass sie schlecht gelaunt war. »No comprendo«, stammelte er.

»Hör mal, Nocomprendo, hast du nicht alle Tassen im Schrank? Wo sind wir denn hier? Stehst völlig enthemmt in aller Öffentlichkeit und holst dir einen runter? Wir sind doch hier nicht deine Wixvorlagen! Sach mal, geht's noch?«

Der Kerl versuchte etwas zu sagen, heraus kam wieder nur ein schlaffes: »No comprendo.«

»Hast du keine Frau zu Hause, du fette Samenschleuder?« Die Rothaarige war richtig in Fahrt.

Der Dicke kam langsam zu sich und man sah ihm an, wie er darüber nachdachte, wie er aus dieser Nummer, wenn möglich mit einem letzten Krümel Stolz, heil wieder rauskommen konnte. Er entschied sich für Gegenwehr, was ein großer Fehler war. »Puta madre!«, greinte er und stopfte währenddessen unbeholfen sein schockverschlafftes Glied zurück in seine Hose.

»Puta madre? Puta madre nennst du mich, du Schwanzlurch? Ich weiß genau, was das heißt!« Im nächsten Moment klatschte sie ihm ihre Strandtasche um die Ohren. Das hatte insofern schwerwiegende Folgen, weil offensichtlich Bücher drin lagen, welche die Rothaarige im Urlaub lesen wollte. Der Dicke wankte und ging zu Boden. Daraufhin standen alle Frauen von ihren Decken auf und applaudierten. Der Unselige rappelte sich wieder hoch, schüttelte sich und zog sich schwankend zurück. Gegen ein ganzes Rudel aufgeputschter Frauen sah er für sich keine Chance, denn mit männlicher Unterstützung konnte er nicht rechnen, der andere Spanner hatte sich nämlich bereits aus natürlichem Fluchtreflex in Sicherheit gebracht. Eine fürsorgliche Stimme hatte ihm geraten, leg dich nicht mit strandtaschenbewaffneten Amazonen an.

Die Rothaarige ging zurück zu ihrer Decke und legte sich wieder hin.

»Chapeau«, sagte Moon.

Ich kicherte. »Starke Aktion«, sagte ich, »herrlich.«

»Genau die richtige Antwort auf diese Primaten.«

»Mit der Rothaarigen möchte ich aber auch keinen Ärger haben«, sagte ich, ließ mich zurückfallen und streckte alle Viere von mir. Wir dösten nun schweigend vor uns hin und ließen unsere Gedanken im Rhythmus der an das Ufer rollenden Wellen wohlig dahinplätschern.

»Hey?« Moon schreckte aus dem Schlaf hoch und tippte mir auf die Schulter. »Hör mal, die Sonne steht schon tief, ich glaube wir müssen uns bald auf den Weg machen.«

»Puh! Ich war völlig weg.« Ich rieb mir die Augen, richtete mich auf.

»Ziemlich leer geworden. Die Amazonen sind auch schon gegangen. Wir haben ganz schön lange geknackt.«

»Bin auch'n bisschen verbrannt, glaub ich.«

Moon schaute mich an. »Dein Zinken ist ganz schön rot, Kasperle. Trulla, trulla, trullala …«

»Sehr witzig. Komm, lass uns abhauen.«

Unter fremden Freunden

Es war einer dieser gebrauchten Samstage, mir war noch etwas schlecht vom Tag zuvor, ich war quasi in der Reha und bereute, dass ich gestern Nacht wieder mal einfach nicht nach Hause gehen wollte. Aber, wie es so schön heißt: »Never stop a running night.«

Wie fühlte sich eigentlich Matz, der hatte die Kneipe doch auch erst gegen drei Uhr morgens verlassen?

»Matz?«

»Ich hab noch Kopf, Mann. Was rufst du mich am frühen Morgen an?«

»Es ist 14 Uhr, Alter. «

Matz ging's also auch nicht besser. Das tröstete mich. Wir bestätigten uns wieder und wieder gegenseitig unser mäßiges Befinden und verorteten unseren Kopf auf der Skala des Schmerzes im oberen Bereich. Das zog sich eine Weile so hin, bis wir uns darauf einigen konnten, dass gemeinsames Leiden immer noch besser sei als alleine vor sich hinzudämmern, und wir uns gegen Abend treffen wollten. Bis dahin sollten unsere Organe noch Zeit bekommen, sich neu zu laden. Kurz nach zwanzig Uhr trafen wir uns am Bülow-Bogen und stellten fest, dass wir uns ganz gut erholt hatten, es aber fürs Kino zu spät war.

»Woll'n wir ein bisschen rumlatschen?«, fragte Matz.

»Bisschen Sport, warum nicht«, antwortete ich.

Also latschten wir im lauen Sommerabend durch die Straßen von Berlin-Kreuzberg. An einer Straßenkreuzung, wir wollten uns gerade über die Richtung einigen, bemerkten wir drei Personen, zwei Frauen, einen Mann, die, ersichtlich anders als wir, im Topzustand einem erfüllten und geplanten Samstagabend entgegenzustreben schienen. Die eine trug einen Blumenstrauß, er einen länglichen, in Geschenkpapier eingewickelten Karton, an dem eine goldene 30 baumelte. Das konnte eindeutig nur eine Flasche, vermutlich mit einem alkoholischen Getränk, sein. Alle Indizien deuteten darauf hin, dass diese drei Glücklichen einer Einladung zu einem Geburtstagsfest folgten. Matz schaute mich listig grinsend an. Irgendeine Idee schien ihn geweckt zu haben, er wusste nur noch nicht, dass ich sie im selben Moment auch hatte.

»Du, hör mal …«, sagte er.

»Geile Idee«, antwortete ich.

»Also, dann! Herzlichen Glückwunsch zum Geburtstag«, sagte er feixend.

Wir folgten den Dreien stasimäßig im unauffälligen Abstand. Matz pflückte an einem verwilderten Grundstück noch ein paar Stängel weißblühenden gewöhnlichen Giersch, zupfte ein paar Blätter zurecht und sagte: »Aegopodium podagraria.«

»Mit Urin vom Hund«, sagte ich.

»Ätzgurke.«

Ein paar Straßen weiter erspähten wir die drei Gäste vor einem Haus, sie drückten auf einen Klingelknopf und gingen einen kurzen Moment später hinein. Um nicht den Anschluss zu verlieren, beschleunigten wir unser Tempo, erreichten kurz nach ihnen die Haustür und drückten wahllos auf irgendeinen Namen.

»Hallo?«, schnarrte eine Stimme.

»Ein Paket für Sie«, sprach Matz in die Wechselsprechanlage.

»Um die Zeit?«, schnarrte die Stimme.

»Sonderauslieferung«, antwortete Matz.

Der Türöffner summte, wir huschten rein und lauschten den Schritten und Stimmen von oben. Unsere Observierten mussten jetzt ungefähr in der dritten Etage sein. Unsere Stimmung war prächtig, schließlich hatten wir den verkorksten Samstag doch tatsächlich in ein Abenteuer verwandelt und waren nun auf dem besten Weg, neue Freunde kennenzulernen und uns ausgiebig zu verköstigen. Und zwar umsonst. Im zweiten Stock öffnete plötzlich ein missmutiger alter Opa seine Tür und blaffte uns an: »Habt ihr bei mir geklingelt?«

»Wir?«, fragte Matz empört. »Wie kommen Sie denn darauf?«

»Volk!«, kläffte der Alte und schlug die Tür zu.

In der dritten Etage lauschten wir oben an den Türen – und verorteten die Feier in der linken Wohnung, aus der auch eindeutig Musik und Menschengebrabbel zu uns drang. Wie Schauspieler vor ihrem Auftritt atmeten wir noch kurz durch, spannten unsere Körper – und drückten auf die Wohnungsklingel. Einen kurzen Moment später öffnete uns ein blond gelockter Engel im bodenlangen Blümchenkleid die Tür. Sie konnte grade noch ein leicht verwirrtes »Jaa, äääh … hallo …!?« herausbringen, da drückte Matz ihr schon seinen struppigen Giersch in die Hand, umarmte und küsste sie, bemerkte dabei blitzschnell über ihr im Flur an der Decke eine Girlande mit den riesigen, goldenen Buchstaben »MARIA« und flötete: »Mensch, Maria, sach ma! Herzlichen Glückwunsch! Wie schön, danke für die Einladung! Mann, is ja schon richtig was los!« Er legte sogar noch ein schleimiges »Siehst super aus, heute!« obendrauf. Der blonde Engel war sichtlich völlig verwirrt und stammelte: »Ja, schön, ja Danke, ääh … wie schön, dass ihr da seid … kommt rein, kommt rein, eure Jacken könnt ihr da …«

»Danke, du, danke. Lieb, ganz lieb.«

Bingo – wir waren drin! Matz fragte noch: »Ist Micha schon hier?« Mann, das war schlau. In dieser Generation hießen nämlich fast alle Männer Micha, und siehe da, es klappte: »Ja, Micha ist hinten bei der Musikanlage.« Ein Meisterstück meines Freundes Matz, denn seine clevere Frage förderte die Vertrauensbildung und nahm deutlich etwas Misstrauen aus dem Gesicht der Blonden. Der Rest ihres Gesichtes signalisierte uns, wie sehr sie auf ihrer biologischen Festplatte stöberte, wo und wann sie uns schon mal gesehen hatte, bzw. welchem Bekanntenkreis sie uns zuordnen konnte.

Ja, wer waren wir? Wir waren die Freunde von Freunden, die jemand eingeladen haben musste, ohne sie davon in Kenntnis zu setzen. Die waren wir. Darüber würde sie noch ein paar Wörtchen reden wollen, doch in keinem Fall jetzt und schon gar nicht mit uns, weil ihr das arg peinlich wäre. Und so hängten wir unsere Jacken über Berge anderer Jacken an die Garderobe und schoben uns durch diese völlig fremde, rappelvolle Wohnung und ebensolche Menschen in Richtung Küche vor, immer darauf bedacht, jedem ein persönliches »Hallo, Alter!« oder ein saloppes »Naaabend!« entgegenzurufen. In unserem Heckwasser spürten wir unausgesprochene Fragen brodeln, aber noch äußerte sie keiner. Die Küche, das Epizentrum eines jeden Wohnungsfestes, lag hinter einem riesigen Wohnzimmer, in dem Grüppchen um ein großes, üppiges Buffet standen. Anhand der Bekleidung und der Gesprächsfetzen, die wir mithörten, handelte es sich hier offenbar vorrangig um Studenten*innen, die irgendetwas werden wollten. Der Anteil von Pädagogen schien dominant zu sein, denn es ging um entsprechende Themenkomplexe. Dieser Menschenschlag hat allerdings eine geschulte Nase für Schummler. Wir mussten auf der Hut sein.

Auf einem großen Tisch waren diverse Platten mit Wurst und Käse und Schüsseln mit Nudel-, Feld- oder

Kartoffelsalat, unsere leeren Mägen verlangten aber nach warmer Kost, also bewegten wir uns zielstrebig weiter in Richtung Küche. Zu unserem Erstaunen war sie menschenleer, dafür aber der Kühlschrank und die Speisekammer voll. Ich machte mich sogleich an die Arbeit, schlug uns erst mal ein paar Eier in die Pfanne und bereitete uns mit dem Vorderschinken aus dem Kühlschrank einen Strammen Max, im zweiten Gang servierte ich Putenbrustfilets mit Kroketten und buntem Gemüse, alles aus der Tiefkühltruhe, versteht sich. Matz war für den Nachtisch zuständig und kredenzte Schokopudding mit Vanillesoße, obendrauf zwei lecker Kugeln Erdbeereis. Aus einem Berg aufgestapelter Bierkästen bedienten wir uns freimütig. Wir hatten absolut alle Hemmungen verloren und fühlten uns wie zu Hause. Ab und zu schaute mal jemand neugierig in die Küche und wünschte uns höflich einen guten Appetit. Für jeden hatten wir ein »Danke, Alter.« Vermutlich dachten sie auch, wir wären von irgendeiner Catering-Firma und würden etwas vorbereiten. Jedenfalls bedrängte uns keiner mit Fragen.

Langsam aber wurde uns bewusst, dass wir an dieser Stelle in einer Sackgasse am hintersten Ende einer Wohnung, in einer Falle steckten, Bei Panik, Feuer oder Offenlegung unserer unberechtigten Anwesenheit wäre uns jeder Fluchtweg versperrt gewesen. Nur ein Sprung aus dem dritten Stock stand uns als letzte Option offen, doch mit den dicken Bäuchen würden wir gar nicht durchs Fenster passen. Unsere Völlerei und Schlemmerei hatte uns allerdings nicht den Instinkt für Gefahr gelähmt, wir gewannen in der Tat langsam den Eindruck, dass sich in der Wohnung etwas gegen uns zusammenbraute. Augenscheinlich hatte sich dort die Kette der Fragen geschlossen und man war zu dem Ergebnis gelangt, dass uns niemand kannte. Niemand! Wir waren also zwei fremde, lupenreine Schmarotzer! Ich sah uns schon vor ihr Tribunal geschleift, zur Rede gestellt, verurteilt und durch ein Spalier peitschender und spuckender Gäste die Treppe runtergestoßen. Womöglich hätten sie uns vorher noch die Mägen ausgepumpt. In diese fast schon greifbare Hochspannung, just in diesem Moment versammelte die Gastgeberin alle Anwesenden im größten Zimmer der Wohnung, um unter der Begleitung eines gitarrespielenden Bob Dylan-Doubles ein selbstkomponiertes und getextetes Lied zum Besten zu geben. Das war genau der Moment für uns, unauffällig Abschied zu nehmen. Es gelang uns, in geduckter Haltung im Rücken der Zuhörer zur Diele zu gelangen, unsere Jacken zu greifen und die Wohnung ganz zügig zu verlassen. Im zweiten Stock fiel Matz noch eine der Pfirsichdosen aus seiner Jacke, sie rumpelte die Stufen runter und knallte direkt gegen die Wohnungstür des grantigen Opas. Seine Wohnungstür ging einen Spalt auf und er bellte:

»Habt ihr geklopft?«

»Ihr Paket liegt zur Abholung bereit«, beschied ihm Matz.

Wir hasteten die Treppen runter und rannten aus dem Haus. Erst ein paar Querstraßen weiter blieben wir kurzatmig stehen und klatschten uns ab.

»Starke Nummer«, keuchte Matz.

»Aus dem Giersch kann Maria doch einen Salat machen«, meinte ich. Wir mussten beide sehr lachen.

Monate später sprach mich in einer Kneipe ein Typ an. Er würde mich irgendwie kennen, wir müssten uns schon mal gesehen haben, ob ich nicht unlängst auf der Fete von Marias dreißigstem Geburtstag gewesen sei? Unmöglich, sagte ich, ich war schon Jahre nicht mehr auf einem Geburtstagsfest. »Ich heiße Micha«, sagte er. Oha, dachte ich.

Aschermittwoch

Vor langer Zeit, ich lebte einige Jahre im Rheinland und hatte gerade den Kölner Karneval hinter mir. Vier Tage und Nächte lang schlug ich mich durch das närrische Treiben und nun war da wieder die Realität.

Aber auch die Telefonnummer dieser traumhaften, leicht berauschten Frau, die sich am letzten Abend in der rappelvollen Kölschkneipe an der Bar schnurrend an meine Schulter geschmiegt und mir mit dem Kugelschreiber ihre Telefonnummer auf meinen Unterarm gekritzelt hatte.

»Aber ruf mich bitte an, ja?«, hatte sie traurig geseufzt, als ich ihr ganz schweren Herzens erklärte, dass ich weiterziehen musste, weil mich meine Kumpels in einem Losverfahren zu meinem Leidwesen zu ihrem Fahrer erkoren hatten und ich sie einfach nicht sitzen lassen wollte. Aber ich hatte ja ihre Nummer, den Schlüssel zum Paradies, mit dem ich unserer entflammten Liebe Tür und Tor öffnen und alles Versäumte nachholen würde. Vielleicht wäre es auch was für die Ewigkeit? Ich war bereit. Aschermittwoch, ich konnte es kaum erwarten. Mein Herz schlug. Ich wählte ihre Nummer.

Das Freizeichen erklang, dann erklang ihre wundervolle Stimme – ich erkannte sie sofort wieder: »Ja, bitte?«

»Marion?«

»Ja. Und wer ist da?«

»Ich bin's«, hauchte ich.

»Wer?«

»Ich bin's, Peter«, flötete ich in den Hörer.

Stille.

Sie klang merkwürdig kühl. »Welcher Peter?«

»Mensch, Marion. Der große Schlanke mit dem dunklen Lockenkopf von gestern Abend, du weißt doch, du hattest mir doch extra deine Telefonnummer ...«

»Tut mir leid, ich wechsle nicht meinen Stromanbieter. Tüüüt...tüüüt...tüüüt...«

Verdammt, wie können Frauen so brutal sein?

Auftritt Butschkow

19:30 Uhr. Ich schleiche mich zur Bühne. Von unten raunt und raschelt es leise. Verdammt, die Bühnenbretter knarzen. Ich schiebe vorsichtig den schweren, roten Vorhang etwas zur Seite und äuge raus. Die ersten Zuschauer sind da, die Sitzreihen füllen sich. Dort unten sitzen nun fremde Menschen und warten auf mich – nur auf mich! Ein irres Gefühl, genauso magisch, wie es Schauspieler und Künstler immer schilderten. Das ist also das legendäre Lampenfieber, denke ich und ziehe mich wieder in meine Garderobe zurück. Ein befreundeter Veranstalter hat mir diesen Auftritt vermittelt, er selbst kontrolliert aber am Eingang die Eintrittskarten, kann mir leider nicht beistehen. Ich bin also alleine, starre mich im Spiegel an und kippe mir einen Grappa rein. Das hilft. Kurz darauf röten sich meine Wangen. Steht mir gut. Angeblich sollen ja alle Künstler vor ihrem Auftritt Alkohol trinken. Heinz Erhard, die Komikerlegende der Nachkriegsjahre, zog sich vor seinem Auftritt immer einen »Dodo« rein, einen doppelten Doppelkorn. Sagt man.

19:45 Uhr. Ich schleich noch mal zur Bühne und lausche. Die Geräusche haben zugenommen, der Saal ist fast voll. Ein verstohlener Blick noch zur Bestätigung, dann gehe ich wieder in die Garderobe und trinke noch einen Grappa, diesmal einen Doppelten, quasi einen

Dogra. Meine Wangen glühen und mein Herz klopft. Zugleich beginnt sich in mir eine angenehme Leichtigkeit breitzumachen. Ich begrüße sie. Nun fokussiere ich mich auf den Auftritt und freue mich mehr auf ihn, als ich mich vor ihm fürchte. Danke, Grappa. Immer wieder schaue ich auf mein Manuskript und formuliere meine Einleitungsworte: »Schöööönen guten Abend, meine Damen und Herren, ich begrüße sie zu meiner Cartoon-Show! Toll, dass sie gekommen sind!« Was soll man sonst sagen?

19:49 Uhr. Ich gebe mir noch einen Grappa. Er macht so schön locker. Mit meinem Veranstalterfreund habe ich abgemacht, dass er um Punkt 20 Uhr die Saalbeleuchtung löscht und die Tür schließt. Ich gehe langsam vor zur Bühne und halte die Fernbedienung für die Anlage in der rechten Hand. Hoffentlich riecht keiner meine Fahne. Wie der Gladiator in die Arena werde ich unter den Klängen eines schmissigen Musiktitels nach vorne stürmen. So soll es sein. Ich warte hinter dem Vorhang darauf, dass die Saalbeleuchtung ausgeht und mich die Scheinwerferkegel erleuchten.

20 Uhr. Es ist soweit. Ich zerteile entschlossen den Vorhang, drücke den Knopf der Fernbedienung und trete nach vorne auf die Bühne, dorthin, wo mein Pult mit der Flasche Wasser steht und mein Publikum auf mich wartet. Musik ertönt keine, dafür erscheint hinter

mir auf der riesigen Leinwand, wo eben noch »Peter Butschkows CARTOONSHOW« stand und auf die ich meine Zeichnungen projizieren werde, der erste Cartoon. So war das nicht gedacht. Ich hab wohl irgendeinen Tastenbefehl übersprungen. Dann halt ohne Musik. Das Publikum klatscht trotzdem. Ich sage wie geplant: »Hey, super, dass Sie alle da sind! Das wird ein lustiger Abend.« Als ich das Publikum sah, habe ich mich spontan für das »Sie« entschieden. Menschen ab sechzig duze ich ungerne. Ich bin doch nicht IKEA.

In diesem Saal genieße ich technische Unterstützung. Das kugelige Mikrofon vom Headset hängt mir wie eine Backenwarze im Gesicht, ich möchte es wie ein lästiges Insekt wegwischen, zwinge mich aber, mit ihm 90 Minuten zu leben, quatsche munter drauf los und binde dann – ein profundes Mittel zur Auflockerung – das Publikum interaktiv mit ein. »Alle von hier?«, frage ich salopp und schaue mich dabei keck im Publikum um. Die Hälfte hebt tatsächlich die Arme. Wie in der Schule. Aha, die andere Hälfte ist also nicht »von hier«. Ein stämmiger Kerl in der mittleren Reihe hebt die Hand. Ich markiere ihn lässig wie Donald Trump mit meinem Zeigefinger und frage: »Aus Hinterzarten?« »Nee, Jelsenkirchen!«, antwortet er. »Oh Gott, ist zufällig ein Arzt anwesend?«, rufe ich und kassiere reichlich Lacher. Da ich mal vor langer Zeit unter Rheinländern gelebt habe, weiß ich, was ich mir erlauben kann. Ich werde immer ruhiger und souveräner, bin jetzt auf Reiseflughöhe. Mir fällt auf, dass die da unten sich mehr vor mir fürchten als ich mich vor ihnen. Wer eine Backenwarze hat, hat die Macht.

Irgendwann drücke ich einen falschen Knopf. Aus! Es wird dunkel auf der Leinwand. Der Super-GAU. Ich habe nicht die geringste Ahnung von Technik, aber es hilft alles nichts. Keiner ist da, der mir helfen kann, keiner. Der Haustechniker ist, wie sein Name schon sagt, nach Hause gegangen. Ich muss also persönlich runter von der Bühne, das magische Band zwischen Star und Fans durchbrechen und einer von ihnen werden. Unser Peter mit der Grappafahne. Ich drängle mich durchs Publikum zum Beamer. Hoffentlich will jetzt nicht jemand in dieser peinlichen Situation ein Selfie mit mir. Ich mag das nicht.

»Na, da schaun wir mal« und »Gleich geht's heiter weiter«, sage ich und rüttele hilflos an Steckern und Kabeln. Irgendwas muss ich doch machen. Rechts sitzt eine Frau in einem Pullover mit Blumenmuster. »Passen Sie schön auf, dass Sie nicht bestäubt werden«, sage ich. Sex läuft immer. Das Publikum lacht laut. Sie bekommt einen roten Kopf und ich hab meine Ablenkung. In der Not braucht man Opfer.

Ich hab keine Ahnung, wie ich das hinbekommen habe, aber es funktioniert plötzlich, das Bild ist wieder da. »Hosianna!« rufe ich und eile zurück auf die Bühne, dabei stoße ich an den Tisch und das Wasserglas fällt um. »Schirme raus, es regnet!«, brülle ich. Nichts kann mich mehr aus der Bahn werfen. Der dritte Grappa hat in mir Fahrt aufgenommen. Manche Cartoons lösen beim Publikum brüllendes Gelächter aus, manche weniger. Komischerweise sind letztere genau meine persönlichen Lieblinge. Ich werde die Menschen nie verstehen. Eine Frau, sie sitzt weiter hinten, kreischt schmerzhaft vor Lachen, explizit bei den frivolen Cartoons. Ich spreche sie persönlich an: »Hallooo? Bitte benehmen Sie sich.« Sie lacht jetzt noch eine Oktave schriller, sodass ich Angst um mein Wasserglas habe. »Wussten Sie, dass Untenrum nachweislich am besten ankommt?«, frage ich sie. Sie kriegt sich gar nicht mehr ein vor Lachen.

Es gibt auch das Gegenteil. Es sitzt in der dritten Reihe rechts und verzieht keine Miene: ein blasser Mann. Ich vermute Lehrer. Was ich auch zeige oder sage, nichts amüsiert ihn, gar nichts. Sein Gesicht wirkt wie erstarrt. Vielleicht ist er tot? Nein, er kratzt sich. Ich habe auch meinen Stolz, werde ihm am Ende sein Eintrittsgeld zurückerstatten.

Nun läuft es. Ich bin so in Fahrt, dass ich die verzweifelten Signale des Veranstalters aus dem Rückraum erst spät bemerke. Ich soll wie verabredet Pause machen. Pausen sind immer wie ein Strömungsabriss, danach fängt man wieder ganz von vorne an. Ich will auch nicht zurück in die einsame Garderobe und wieder Grappa trinken. Also frage ich das Publikum, ob es eine Pause machen möchte. Nein, sie wollen bei mir bleiben.

»Ich liebe euch!«, rufe ich. Ja, wir sind in den letzten vierzig Minuten zusammengewachsen. Ich hab sie im Griff. Der Gelsenkirchner bölkt, die Lachmöwe kreischt und der Lehrer starrt. Am Ende will ich meinen neuen Freunden noch ein bisschen was aus meiner Kindheit erzählen, doch der fuchtelnde Veranstalter signalisiert mir: »Hör endlich auf, du bist schon eine halbe Stunde über die Zeit.« Einen Butschkow in seinem Lauf hält weder Ochs noch Esel auf.

Der Abschied fällt mir schwer. Ich verkaufe ihnen am Ausgang noch ein paar Bücher und Kalender von mir, erhalte Komplimente, beantworte Fragen nach der Quelle meines Einfallsreichtums und signiere alles, was man mir hinhält. »Darf ich Sie umarmen?«, fragt mich der blutarme Lehrer und meint, er habe selten so einen amüsanten Abend erlebt. Ich bin sprachlos und ergebe mich widerstandlos seiner Zuneigung.

Die Sache mit der Jacke

Mit keinem Ereignis aus meinem Leben kann ich mehr punkten als damit, dass ich mit meiner Band, den Team Beats Berlin, am 15. September 1965 im Vorprogramm des Auftritts der Rolling Stones in der Berliner Waldbühne gespielt habe. Mit uns von der Partie damals noch die Rockets, die Rivets und Didi und die ABC-Boys. Ich weiß noch, wie ich kurz vor Beginn auf der dunklen Bühne zu meinem Schlagzeug gehuscht bin, um noch mal den Klang meiner Snaredrum zu checken. Ich war nervös und wollte natürlich vor so einem riesigen Publikum auch ein bisschen angeben. Einen kurzen Schlag machte ich nur und erhielt daraufhin aus 20.000 rockdurstigen Kehlen ein gigantisches »Rooooaaaaarrrr!«. Nie wieder habe ich mit so wenig Einsatz einen so maximalen Erfolg erzielt. Zitternd bin ich wieder zurückgehuscht. 57 Jahre (!) später waren die Stones wieder in Berlin, genau in dieser Waldbühne, aber dieses Mal lief alles sehr fröhlich und friedlich ab.

1965 aber, bei ihrem ersten Auftritt, hatten die Zuschauer komplett die Waldbühne verwüstet. »Eine Million Schaden« titelten die Berliner Gazetten. In der Redaktion der Jugendzeitung, für die ich damals arbeitete, zerbrach man sich den Kopf über diese verstörende Gewaltbereitschaft einer neuen Jugendkultur, sah die Ursachen in der Gesellschaft und ihren regionalen und globalen Spannungen und Krisen, zog eine Verbindung zum Vietnamkrieg und dem Ost-West-Konflikt im Besonderen. Auch die Berliner Mauer und die schlechte Laune der missmutigen Berliner Busschaffner mussten als Ursache für diesen Gewaltexzess herhalten.

Ich musste grinsen. Hätten sie mich mal gefragt, ich hätte ihnen für den Fall »Waldbühne« eine simple Erklärung geben können, denn ich stand ja Backstage, hatte einen guten Überblick auf das Geschehen und war Zeuge, wie plötzlich aus heiteren Himmel ein Typ – später nannte man solche Leute »Flitzer« – quer über die Bühne schoss, hinterrücks Mick Jagger seine Jacke, die er gerade über seinem Kopf geschwenkt hatte, aus den Händen riss und mit seiner Beute kopfüber wie in einen Pool in die wogende Zuschauermenge sprang. Dort stürzten sich die Fans wie Piranhas auf das Jäckchen und zerfetzten es in hundert Teile. Und Mick musste das hilflos mit ansehen. Vermutlich hatte er sich tags zuvor in der Carneby Street in dieses Teil verkuckt, es vor allen Spiegeln ausprobiert und es nach dem »You're looking good, honey« seiner Freundin gekauft. Vielleicht hatte sie es auch bezahlt und ihm geschenkt? Eine Liebesgabe also? Oh, Mann. Wie auch immer, Tatsache ist, dass sich Mick nicht nur heftig erschrocken hatte und heilfroh war, dass er in diesem Moment nicht in der Jacke steckte, sondern diese Performance eines wagemutigen Fans überhaupt und gar nicht gut fand. Er war stinkesauer und sann nach Rache, man sah es in seinem Gesicht. Als sie den letzten Titel gespielt hatten, ging das Licht aus und alle Steine rollten von der Bühne. 20.000 begeisterte Menschen tobten und formulierten den obligatorischen Wunsch nach Zugabe. Dieses kollektive, brüllende Verlangen erreichte die vergötterten Musiker von der feuchten Insel allerdings längst in ihren trockenen Taxen, die sie mit ihrer Entourage zurück ins Hotel brachten. Vermutlich ergötzten sich alle bei der Vorstellung, dass eine gewaltige Menschenmasse nach ihren schrie und schluchzte, in der Annahme, gleich würden wieder die Lichter und die Verstärker angehen und für sie noch einmal »Satisfaction« gespielt werden. Vermutlich trällerte der rachetrunkene Mick zeitgleich fröhlich »You Can't Always Get What You Want«?

Was dann folgte, ist die Geschichte von Enttäuschung, Wut und Zerstörung, ausgelöst durch den Raub eines Bekleidungsstückes. So profan kann die Ursache für einen Gewaltausbruch dieser Größenordnung sein. Aber das ist ja das klassische Muster aller Kriege.

Paris?

Vor ein paar Tagen bekam ich eine Nachricht von einem lieben alten Freund aus jungen Tagen. Wir hatten einst Jahre lang zusammen Musik gemacht, in Berlin, außerhalb von Berlin, niemals aber über die Grenzen unserer Republik hinaus. Zwar hat unserer Manager – ja, wir hatten einen umtriebigen Manager, um den uns unsere Konkurrenten in der Szene schwer beneideten – ständig versucht, mit allen Tricks in die Presse zu kommen, und gelogen, dass sich die Lettern bogen, unter anderem von einer angeblichen Anfrage des Managers der Beatles, Brian Epstein, bezüglich eines Auftritts unserer Band in London, New York und Rio de Janeiro. Es war alles frei erfunden. Nun schrieb mir dieser Freund also über WhatsApp: »Ich könnte mir heute nicht mehr vorstellen – wie damals, als wir in Paris waren –, noch mal auf den Eiffelturm zu gehen. Komme ja nicht mal mehr drei Stockwerke hoch.«

Bitte, was? Mir wurde ganz anders. Nicht etwa, weil ich mich selber fragte, ob ich heute noch mal auf den Eiffelturm gehen könnte, sondern ganz generell: Wann waren wir mit der Band mal in Paris? In Berlin gab es eine PARIS BAR, aber die hatte am Eingang höchstens drei Stufen. Kurzum, so sehr ich auch meinen Kopf anstrengte, in alten, verstaubten Zellen wühlte, ich fand keine Bilder mit der Band in Paris. Da war nichts, gar nichts. Aber alle Älteren kennen das, manche sogar schon aus der Schule: Man wird vergesslicher. Dieser oder jener Name fällt einem nicht mehr ein, Orte, Zeiten, Musiktitel, Musiker, Schauspieler, verdammt, wie hieß der, der, mit dem, dem, der bei, bei …? Nun muss nicht alles gleich ein bedrohliches Signal sein, aber Sorgen machte ich mir schon. Warum habe ich vergessen, dass ich mal auf dem Eiffelturm war? So was macht man ja auch nicht alle Tage so nebenbei. Womöglich war ich auch mal auf dem World Trade Center oder mit der Band auf dem Roten Platz in Moskau? Oh Gott. Ich konsultierte einen weiteren Überlebenden aus unserer Band, der aber konnte sich zu meiner Erleichterung, nach längerem Nachdenken, auch nicht daran erinnern, dass wir mal in Paris waren. Also antwortete ich meinem Eiffelturmbesteigerfreund: »Hä? Wann waren wir denn mal in Paris?« Als Antwort erhielt ich: »Na, jetzt geht's ja los.« Er schwor, er war damals in Paris und ist zu Fuß den Eiffelturm hoch und zwar mit unserem Manager. Zum Glück hatte ich in den Bandzeiten jeden Artikel eingeklebt, in dem was über die bombastischen Auftritte unserer Gruppe stand: »Teambeats bringen den Schülerball zum Kochen!« »Teambeats rocken den Schützenhof!« Und dann, ich traute meinen Augen nicht, fand ich einen großen Artikel mit Foto von mir vor dem Flughafen Tempelhof. Überschrift: »Peter Butschkow in Paris!«. Und weiter: »Nach der Landung in Orly wurde der Bandleader der Teambeats von zwei bildhübschen Französinnen begrüßt …« Also, ich würde mich heute sogar noch an eine einzige bildhübsche Französin erinnern, meine ich. Tut mir leid, ich kannte weder, noch liebte ich jemals eine Französin, was ich immer sehr schade fand, weil den französischen Frauen der Ruf vorausging, leidenschaftlich liebesfähig zu sein.

Mein alter Freund ließ aber nicht locker. »Bin ich denn jetzt ganz blöd?«, lautete seine Selbstanfrage. Wir waren beide spürbar schwer verunsichert, aber umso mehr ich in dem Artikel las, desto mehr erinnerte ich mich wieder: Es war alles komplett frei erfunden. Die Wahrheit: Der Manager (»Ist doch wurscht, fragt kein Mensch danach, Hauptsache die Band ist in der Presse.«) wollte mit mir, dem Bandleader, nach Paris, um beim ORF unsere neue Platte vorzustellen – aber ich hatte Angst vor'm Fliegen und wollte auch keinen Ärger mit meiner Freundin bekommen, die mich nie alleine nach Paris, der Stadt der Liebe, gelassen hätte, ohne mich dafür mit vier Wochen Liebesentzug zu bestrafen. Für mich ist dann mein Freund und Gitarrist unserer Band eingesprungen. Puh! Nun hatten wir's. Der schrieb mir dann noch, er hätte in Paris kein Wort verstanden, wäre tatsächlich den Eiffelturm hoch und hätte sich nach einem riesigen Steak die ganze Nacht im Hotelzimmer erbrochen. Am nächsten Morgen seien sie wieder zurück nach Berlin geflogen. Jetzt konnte ich mich auch wieder gut daran erinnern, wie jämmerlich er damals nach seiner Rückkehr aussah. Er sich natürlich überhaupt nicht.

Sterntaler

Vor vierzig Jahren war ich das letzte Mal im Sterntaler. Ich erinnere mich noch an den saufseligen Abschiedsabend. Ein alter Kumpel, ehemaliger Architekturstudent, hatte die Kneipe übernommen. Bei ihm wusste ich dieses gastronomische Juwel in besten Händen, sonst hätte ich Berlin auch nicht verlassen. Und nun stand ich erinnerungstrunken am frühen Abend im Sommer 2022 vor dieser Eckkneipe in Steglitz, bei der im Laufe der langen Jahre der Efeu die Fassade fast komplett überwuchert hatte. Ich öffnete gespannt die Eingangstür und witterte sofort wieder die altbekannte Melange aus Bier und Zigaretten. Früher spürte ich auch noch Sex. Also das klassische Threesome des Rock'n Rolls. Ich sah die Geister meiner alten Freunde, wie sie pokern, flippern oder Poolbillard spielen und immer ein frisches Bier und eine Kippe in der Hand halten. Ja, die hintere Hälfte des Ladens gehört hier in gastronomischer Treue immer noch den verrufenen Rauchern. Mir schien, nichts, absolut nichts hat sich in diesen Räumen seit vierzig Jahren verändert; ich stieg aus einer Zeitmaschine. Hinter dem Tresen stand ein freundlicher, leicht gebeugter älterer Herr mit dicker Brille und grauem Haar. Er ähnelte verdammt Hanne, dem alten Kumpel und Wirt von damals. Kurz bevor ich ihn fragen wollte, ob ich mal seinen Sohn sprechen kann, stellte ich fest: Es ist Hanne! Wir starrten uns lange an. Dann fragte er: »Peter?«

Ja, ich bin es. Auch er hatte offenbar den Eindruck, ich sei vierzig Jahre älter geworden. Nun gut, meine langen, schwarzgelockten Haare sind einem silbernen Kurzhaarschnitt gewichen, aber ansonsten habe ich mich eigentlich kaum verändert, fand ich in befangener Selbstwahrnehmung. Hanne in seinem ruhigen, freundlichen Wesen aber auch nicht. Und sein gedrechseltes, verkramtes Buffet mit der alten aufgetürmten Hi-Fi-Anlage und den verstaubten Musikkassetten auch nicht. Sogar die Lautsprecheranlage ist von damals und spielte noch genau den gleichen, zeitlosen Blues in unverändert brillanter Qualität – und das ziemlich laut, wie mir schien. Nachdem Hanne mich drei Mal »Pils?« gefragt und ich ihm das drei Mal lautstärkemäßig anschwellend mit »Ja!« beantwortet hatte, wusste ich, warum. In mir genoss ich irre Gefühle. Die ganze Kneipe ist ab 1980 erstarrt. Der Wahnsinn. Nach jedem dritten Bier zapfte Hanne eins für sich, ging damit ruhig nach nebenan in die Raucherzone und drehte sich eine. Ich bin stolz auf ihn. Er zieht's voll durch. Auf einer Schiefertafel an der Wand stand »Gulaschsuppe«. »Leider aus«, sagte Hanne. Und darunter »Thaisuppe«? »Auch aus.« »Aber die Bouletten gibt's doch noch?«, wollte ich wissen. Macht er schon seit Jahren nicht mehr. Lohnt sich nicht. Ich verstand: Die Schiefertafel gehört zum Gesamtkunstwerk dieser Kneipe. Er würde für mich normalerweise eine Pizza Ristorante in den Ofen schieben, aber die hätte er vergessen nachzukaufen. Ich knabberte dann halt notgedrungen an meinen Fingernägeln. Mein Großneffe, der mit mir dort war, hat am nächsten Tag in seiner Firma begeistert vom Besuch in dieser Kneipe erzählt. Sie konnten es kaum glauben und wollten alle unbedingt dieses Kneipenmuseum mit dem gastronomischen Helden aus einer längst versunkenen Zeit kennenlernen. Nehmt euch belegte Brote mit, Leute.

Herzlich, Hackbart

»Geschlossene Gesellschaft!« Das Schild an der Eingangstür zitterte zur Begrüßung leicht im Wind. Als er den Gasthof betrat, fiel der Bedienung das volle Tablett mit leeren Gläsern aus der Hand. Wahrscheinlich war ihre Ungeschicklichkeit nur Zufall, hatte nichts mit ihm zu tun, denn er sah heute weder besonders gut noch besonders schlecht aus. Am Boden um ihn herum glitzerte ein Meer von Splittern. »Na, bravo!«, brüllte jemand von hinten aus der Küche. »Erspart den Abwasch!«

»Sie gestatten?« Die Bedienung fegte um seine Schuhe herum die Scherben zusammen. Seine empfindsame Nase nahm den Kampf eines billigen Parfüms mit natürlicher Schweißdrüsenproduktion wahr. Noch stand es 1:1.

»Ich bin Hackbart, hab hier heute Abend einen Auftritt. ›Herzlich, Hackbart!‹ heißt mein Programm. Schon mal gehört? Herzlich, Hackbart?«

»Nä!« Die Bedienung beförderte die zusammengekehrten Splitter scheppernd in den Eimer, richtete sich auf, streifte sich die Gummihandschuhe ab und fragte: »Was darf ich bringen?«

»Großes Bier und doppelten Korn, bitte.«

»Großes Bier und doppelten Korn.« Sie verschwand mit dem Eimer in die Küche.

Hackbart sah ihr hinterher. Welche Meisterin ihres Faches hatte diesen Beinen diese hautenge, schwarze Lederhose geschneidert? Er setzte sich an einen der leeren Tische gleich gegenüber vom Tresen und holte seine Notizen für den Abend heraus. Aus dem Saal bumste und schepperte es. Die Feuerwehrkapelle intonierte zackig den sinnigen Titel »Fire«, einen uralten Hit von Arthur Brown. Mutig.

»Wohl bekomm's.« Sie stellte ihm sein Bier und den Schnaps auf den Tisch. Gerade als er das Bierglas zum Mund führte, surfte ein rotgesichtiger Mann in dunkelblauer Uniform von der Musik geflutet durch die Saaltür und brüllte: »Hackbart, alter Juxbock!«

»Gunnar!« Hackbart erhob sich. »Wat siehste schneidig aus, Kerl!«

Gunnar knallte die Hacken zusammen. »Schön, dass du da bist. Was sehe ich? Du glühst schon vor?«

»Private Löscharbeiten, du verstehst?«

»Bier marsch!« Gunnar lachte. »Du, Gönke, für unseren Late-Night-Star noch mal das Gleiche. Geht auf Feuerwehr.«

»Wache hab Dank!« Hackbart salutierte.

»Stehen Sie locker!« Gunnar drosch ihm lachend auf die Schulter. »Wir haben gerade noch Schnitzel satt, anschließend ein paar kurze Programmpunkte – und dann kommst du. Kriegst Bescheid.«

»Ihr hattet doch 21 Uhr gesagt? War doch so?««

»Umumbei, umumbei. Du sitzt ja warm und trocken und bist gut versorgt. Ich muss wieder rein.« Gunnar prügelte ihm zum Ausgleich noch mal auf die andere Schulter. »Halt ihn schön geschmeidig, Gönke!«, befahl er augenzwinkernd und entschwand wieder im Saal.

Die Blaskapelle spielte jetzt »La Paloma«. Hackbart hörte, wie der gute Hans Albers sich stöhnend im Grab umdrehte. Gönke brachte die nächste Lage und er ging noch mal sein Manuskript durch. Entscheidend war, dass er den Humor des Publikums traf, und der war von Region zu Region verschieden. Im Süden lachte man anders als im Norden, im Osten anders als im Westen, auf dem Dorf anders als in der Stadt. Das war so. Er hatte da seine Erfahrungen gesammelt. Schon vorgekommen, dass die Zuschauer überhaupt nicht anbissen, null. Er hielt ihnen seine fettesten Köder hin – nix. Unten herrscht eisiges Schweigen. Grabesstille. »Kommt, lasset uns beten«, hatte er in der Situation mal ins Publikum gerufen und die Stimmung damit eher noch verschlechtert. In solchen Momenten hieß es, die Nerven zu bewahren, die Regie zu behalten, die da unten spüren da oben die kleinste Unsicherheit und übernehmen dann die Bühne. Das war's dann. Der Tod eines jeden Entertainers.

An so einem wackeligen Abend, einem Auftritt bei den Landfrauen, hatte er sich kurzentschlossen einen Bund Weizenähren von der Erntedank-Dekoration gegriffen, wild damit herumgewedelt und im Rhythmus der Musik auf die Tischkante gedroschen, bis am Ende das Korn in alle Richtungen gespritzt war und er nur noch die Halme in der Hand hielt. Eine improvisierte, lupenreine Bio-Nummer. Als letzte Trumpfkarte zog er einen Witz mit landwirtschaftlichem Bezug aus der untersten Schublade seines Repertoires. Irgendwas mit einem Melker und einer Kuh und Besuch aus der Stadt, irgendein dümmlicher Scherz halt – aber siehe da, als er die Pointe setzte, explodierte der Saal und einer Oma in der ersten Reihe rutschte das Gebiss aus dem Mund. Zum Glück konnte sie es reflexartig mit ihren Kieferbögen wieder einfangen. Der anwesende Redakteur der Regionalpresse schrieb anschließend: »Humor vom Kompost.« Der klassisch verächtliche Terminus der Verachtungspresse, ganz besonders, wenn es um Humor geht, der in Deutschland durchaus seinen Platz hat – aber in der allerletzten Reihe, wie der berühmte Klassenclown, der Störenfried im Unterricht. Hackbart war auch einer von der Sorte, er haute schon als Kind gerne einen raus. Der steifen Atmosphäre des Unterrichts mit einem pointierten Spruch etwas mehr Abwechslung zu verleihen, das war seine Spezialität. Manche Wahrnehmungen zündeten bei ihm wie Lunte. Gut Ding ist nicht aufzuhalten. »Unser Hackbart ist doch immer so einfallsreich, vielleicht fällt ihm was zu den Machtstrukturen in der Feudalherrschaft ein?«, fragte ihn mal Frau Uppert, die Geschichtslehrerin, spitz, in sicherer Überzeugung, dass Hackbart gerade überall war, nur nicht im Unterricht. Doch Spontanität war Hackbarts Stärke, er sprang auf und schmetterte: »Macht ist Macht, weil sie macht, was sie machen will! Sündig ist das Fleisch der Konkubinen! Gebeult der Talar im Schritt der Kardinäle! Herein der Narr mit seinen Glöckchen, sein Schabernack mag

Herzen füllen und des Kaisers Winde lösen. Der Thron aus schwerem Eichenholz, wohlan, lasset uns Schaukelpferde daraus schnitzen!« Die Klasse grölte. Hackbart grinste.

»Setzen Sie sich unverzüglich«, stöhnte Frau Uppert.

Der belarussische Schriftsteller Sasha Filipenko hatte mal gesagt: »Menschen, die beruflich Witze machen, sind meiner Erfahrung nach zutiefst traumatisiert.« Hackbart konnte, bis auf den einen Moment, wo seine Mutter ihn als Kind beim Spiel mit seiner Erektion erwischt hatte, in sich kein Trauma orten. Er lachte einfach schon von Geburt an gerne, hatte bereits als Baby alle Schwestern angelacht, selbst wenn man ihm ein Zäpfchen in seinen rosigen Popo gesteckt hat. Seine innere Stimme riet ihm, dieses magische Geschenk nicht dadurch zu verderben, indem er es sezierte. Der Humor ist ein wahrer Anarchist und Freigeist, zupft spontan einem einzigartigen Moment die Komik aus der Seele. Hackbart lachte das Leben an, nicht aus. So wie manche Menschen davon überzeugt sind, dass es eine bessere Welt gäbe, wenn die Menschen weniger Fleisch essen würden, war Hackbart überzeugt, dass die Welt mit mehr Humor eine ungleich friedvollere wäre. Humor und Liebe waren für ihn ein Traumpaar.

»Hackbart, passt alles? Bist versorgt?« Gunnar war wieder da. »Wir küren noch kurz unsere neue Jugendfeuerwartin, ist das okay für dich? Gönke? Du sorgst dafür, dass unser heutiger Stargast nicht staubt?« Er ging zurück und zog die Saaltür wieder wie eine Schallmauer hinter sich zu.

Also hier, in diesem rustikalen Promille-Tempel im norddeutschen Outback, feierten heute Abend die stillen Helden der Brandbekämpfung ihren Feuerwehrball, schüttelten für ein paar Stunden die Last ihrer Verantwortung ab und gaben sich ganz dem Jux und der Völlerei hin. Wackere Helden und Heldinnen, die sich in ihrem Alltag bei Wind und Wetter, Tag und Nacht, zum Wohle ihrer dörflichen Gemeinschaft, tapfer und mutig unter Einsatz ihres Lebens mit ihren Wasserkanonen dem Feuerdrachen entgegenwarfen.

Was für Typen! Hackbart spürte Großes und wollte Großes liefern. Zum Beginn einer Show setzte man die entscheidenden Akzente, legte die Latte – und seine lag verdammt hoch. Darin unterschied er sich von den üblichen Komikern und Witzeerzählern und vermutete deswegen nicht ohne Stolz, dass Oberbrandmeister Gunnar genau ihn und nicht irgendeinen Kalauer-Kasper engagiert hatte, weil er die beste Punchline hatte.

Jedoch war er in Sachen Vorbereitung, selbstkritisch betrachtet, nicht vorbildlich. Wohl verfügte er über eine schmale Mappe gefüllt mit Blättern und Zetteln, auf denen Ideen und Anregungen, teils eigene, teils geklaute Texte, Verse, ja auch ein paar Seiten mit Witzen verzeichnet waren, quasi das Substrat eines jeden Entertainers, aber Improvisation ging ihm über alles. Rausgehen und die Welle der Zuschauerbegeisterung reiten – das war für ihn die Hohe Schule der Unterhaltung.

Er nagte an seinem Kugelschreiber und überlegte. Vielleicht fiel ihm noch was Gutes ein. Gerade im letzten Moment lag ja seine Stärke. Wenn alles sich unaufhaltsam zuspitzte, dann rollte es bei ihm. Sein Blick ging zum Aschenbecher. Asche? Asche!! Feuer und Asche? Wie hieß denn der bekloppte Kerl, das Fabelwesen der alten Ägypter, der sich immer wieder selbst verbrannte und erneut aus der Asche emporstieg? Marlboro? Nee, Witz. Fabian … Phobian … hey, Phönix! So hieß er, Phönix. Verdammt, seine Birne funktionierte noch ganz gut. Hackbart notierte sich: »Phönix, der erste Maso-Pyromane. Der Mann mit der Asche-Masche. Den Phönix jeder kannte, weil der ständig brannte.« Dann kam ihm Göttervater Zeus in den Sinn, der war schließlich auch einer, der gerne mit Feuer fummelte und Blitze schleuderte. Ein echter Pyromane. Hoffentlich waren die im Olymp gut feuerversichert. Guter Gag. Er notierte ihn. Sein Blick ging rüber zum Zuchtbullen. Brennen Zuchtbullen? Hilfe, kommen Sie schnell, unser Bulle brennt! Wo? Na auf'm Grill. Nicht schlecht. Er schrieb es einfach mal auf. Es lief gerade.

»Bier und Doppelten. Zum Wohl.« Gönke stellte ihm ein neues Gedeck auf den Tisch und nahm die beiden leeren Gläser wieder mit.

Hackbart spürte langsam eine wohlige Wärme in sich aufsteigen. Er entspannte sich zunehmend. Die spröde

Gönke erschien ihm auch spürbar zugänglicher. Irgendwie hatte sich zwischen ihnen in der laufenden Lieferkette so etwas wie Vertrautheit aufgebaut. Er mochte sich täuschen, aber für sein Empfinden zapfte sie ihm die Biere deutlich voller als anfangs. In seinen Unterlagen stieß er auf eine Seite mit Zitaten, weisen Gedanken berühmter Persönlichkeiten. Klar, alles ist schon mal gesagt worden, aber kluge Sprüche kamen immer zuverlässig gut an. Sie lösten »Aaaahs« und »Ooohs« aus oder ein verzücktes »Großartig«. Aristoteles, Schiller, Goethe, Brecht, all die klugen Köpfe, deren Geistesblitze über das höchste Qualitätssiegel verfügten. »Wie sagte der große Schopenhauer? Er sagte: ›Der Heiterkeit sollen wir, wenn immer sie sich einstellt, Tür und Tor öffnen; denn sie kommt nie zur falschen Zeit.‹ « Oh, wie wahr, wie wahr. Man könnte ja noch ergänzen: »Ein guter Feuerwehrmann bekommt das Tor auch so auf!« Nicht schlecht, nicht schlecht. Er notierte sich das. Mit Goethe, der alten Rotweinnase, ließ sich auch immer punkten: »Mich deucht, das Größt' bei einem Fest ist, wenn man sich's wohl schmecken lässt.« Da trat Gunnar aus der Saaltür.

»Hackbart? Du kommst klar? Noch ne kleine Ordensverleihung an den Oberlöschmeister – und dann gehört die Bühne dir! Gönke, du kümmerst dich um unsere Lichtgestalt? Nicht dass sie in der Warteschleife verlöscht.« Er zog sich flugs wieder in den Saal zurück.

»Keine Sorge!«, rief Hackbart ihm nach.

Er war froh, dass es, wie er hörte, im Saal ein Mikrofon gab, so ein Teil schonte die Stimmbänder. An diesem Abend schien der anwesende DJ der Herr des Tons zu sein, normalerweise war es ein extra Tontechniker, ein entweder ausgebildeter oder selbstgebildeter, generell eingebildeter Fachmann, dem man sich zu unterwerfen hatte. Hackbart stand mit Technik generell auf dem Kriegsfuß und fühlte sich total abhängig von der Gunst und Fähigkeit dieser Meister der Steckverbindungen und Knöpfe. Vielleicht hatten sie einen Komplex und missgönnten dem Entertainer den Platz an der Sonne? Sie, die stillen Strippenzieher im Schatten. Natürlich hatten sie schon die berühmtesten Stars ausgesteuert, mit dem oder der gearbeitet, in dem oder jenem Theater oder Saal, dieser berühmten Halle oder jenem Open-Air an den Reglern gesessen oder komplexe, elektronische Probleme gelöst. Einer prahlte mal ihm gegenüber: »Ich hab schon für Nana und Gastritis gearbeitet?«

»Hilf mir, hab sie im Moment nicht vor Augen …«

»Erfolgreiches Gesangsduo, sie, so eine Kleine mit langen schwarzen Haaren, er mit Vollbart und mächtigem Zinken. Hat beim Singen immer die Augen zugemacht. Waren in Deutschland mit ihrem Titel ›Wenn Oktopusse weinen‹ sogar mal in den Top-Ten.«

»Oktopusse weinen? Jaaaah … Nana und Gastritis, klar. Sie so mit langen schwarzen Haaren, er mit Vollbart und ausgeprägter Nase, sang immer mit geschlossenen Augen – die? Klar, kenn ich.« Hackbart war nur heilfroh, wenn ihm jemand technisch zur Seite stand, dafür log er auch, dass die Oktopusse weinten.

Seinen ersten Auftritt hatte Hackbart nie vergessen. Er fand in einem Saal mit richtiger Bühne und Vorhang in einer Kleinstadt in Süddeutschland statt. Für ihn in dieser Dimension das erste Mal. Irgendwie war er da über einen alten Kumpel herangekommen, der sich bei einer Frau aus dem örtlichen Kulturverein, die er kannte, für ihn eingesetzt hatte. Sein Programm nannte er: »Gut gelacht ist halb geweint.« Unten saßen 36 zahlende Zuschauer. Die auf den leeren Stühlen hatten wahrscheinlich sein Programm nicht verstanden. Er allerdings auch nicht. Der Titel sollte eigentlich nur interessant klingen und neugierig machen, sonderlich mehr hatte er sich dabei nicht gedacht. Kurz vor Beginn kippte er sich zwei doppelte Whiskeys rein und polterte dann auf die Bühne. Den Begrüßungsapplaus schaffte er den ganzen Abend über nicht mehr annähernd zu erreichen, ganz im Gegenteil. Seine große Stärke, die Improvisation, kam null zur Geltung, weil er dafür eine bestimmte Stimmung benötigte, die aber galt es, erst mal zu erzeugen. Ein anderes Konzept hatte er nicht. So erzählte er einfach irgendein Scheiß, wie es alle Comediens tun, Alltagskram querbeet, aber zum Teufel, es funktionierte einfach nicht. Selbst sein privater, familieninterner Hit, die Geschichte seiner dicken Tante, die sich mal bei einem Geburtstag eine fette, mayonnaisegetränkte Kartoffelscheibe vom Kartoffelsalat auf ihren mächtigen Blusenbusen hatte fallen lassen und keiner sich traute, sie darauf hinzuweisen, bis sein Bruder zu ihr sagte: »Hey, Tante Grete, was hast du denn da für eine entzückende Bernsteinbrosche auf deiner Bluse?«, selbst diese großartige Geschichte bewirkte nichts. Nach der Pause war die Hälfte der Leute gegangen und er fragte das Publikum, ob sie Karten spielen könnten. Das war eigentlich der beste Gag des ganzen Abends. Er rettete sich schließlich mühsam mit uralten Witzen über die Ziellinie. Später im Foyer sprach ihn noch eine ältere Dame an, die sich, wie sie meinte, den ganzen Abend köstlich amüsiert hatte. Er verstand die Welt nicht mehr und schrieb das allein ihrem minderwertigen Hörgerät zu. Jedenfalls war ihm nach diesem Abend klargeworden, dass sein Programm verbesserungswürdig war.

Gönke kam mit der nächsten Lage und Gunnar schaute auch wieder rein.

»Hacki! Mach dich schon mal bereit«, rief er durch den Türspalt. »Noch eine kurze Rede unseres Atemschutzgerätewarts und dann schlägt die Stunde des glorreichen Champions!«

»Aber hallo!«, antwortete Hackbart und hob beide Daumen hoch. Doch, doch, er war unbestreitbar auf voller Betriebstemperatur, punktgenau in der richtigen Stimmung, einen Saal mit Feuerwehrleuten zu zünden. Er goss sich genüsslich das Bier in den Hals und kippte den Korn gleich hinterher. Beide kamen fast zeitgleich in der Leber an. Langsam aber musste er sich wirklich entscheiden, welchen Einstieg er wählte und blätterte noch mal in seinen Stichworten und Zitaten. Der Alkohol ging ihm ein bisschen auf die Sehschärfe, er musste sich sehr konzentrieren. Nach längerem Blättern entdeckte er einen Goethe zum Thema »Tat«. Na, das passte doch.

»Die Tat ist alles, nichts der Ruhm.« Oh ja, oh ja, das salbt die Seele der wackeren Feuerkrieger. Oder die Worte von François de La Rochefoucauld: »Vollendete Tapferkeit besteht darin, ohne Zeugen zu tun, was man vor aller Welt zu tun vermöchte.« Wie gut war das denn? Tapferkeit, großes Kino. Wunderbar. Er kam auf die Idee, Gönke zu fragen. Die Meinung des Volkes war ihm wichtig. Die Zeit war knapp, aber egal. Als sie wieder mit einem Tablett mit leeren Gläsern an ihm vorbeieilte, wollte er sie gerade ansprechen – da stieß Gunnar die Saaltür auf und rief: »Jetzt!«

Hackbart sprang auf, schüttete sich den Rest des Bieres rein, straffte sich, strich sein Hemd glatt und strebte zum Saal. In diesem Augenblick hörte er Gunnar in das Mikrofon brüllen: »Und hier ist er! Der Mann, der sogar Trauerweiden zum Lachen bringt, der einzigartige, unvergleichliche Hackbart! Einen großen Applaus!« Alle klatschten und einige trampelten sogar mit den Füßen. Wahnsinn.

Hackbart stürzte in den von erhitzten Menschen dampfenden, brodelnden Saal, griff sich das Mikrofon und brüllte: »Hallo, ihr alten Spritzer, holt mal alle eure Schläuche raus!«

La Caldera de Taburiente

»Waaas? Du warst noch nicht in der Caldera??«– Jawoll! Gut zehn Mal schon nicht, so oft, wie ich bereits auf La Palma war. Na und? Ich esse vom Spiegelei auch erst das Weiße drum herum, und dann als Höhepunkt verzehre ich genüsslich den Dotter und bilde mir ein, dass ich mehr davon habe als die anderen. (Wie eingebildet!)

Doch dieses Mal sollte es an den Dotter gehen, mit Dieter, der auch ganz heiß drauf war, in das Paradies, in die Caldera, das üppig begrünte Kraterloch auf La Palma, zu wandern.

Der olle Guanchenkönig soll hier von den Spaniern mit üppigen Versprechungen herausgelockt worden sein, unter anderem sollte er auch sein Leben behalten dürfen. Das haben sie ihm dann aber gleich genommen, als er seinen Kopf rausgestreckt hat. Man musste eben auch damals schon vorsichtig sein.

Die Gerüchte um diesen zehn Kilometer Durchmesser Naturtraum sind wild: Leute, die rein-, aber nie mehr rausgekommen sind. Eine stattliche jährliche Absturzquote. Abmeldung bei dem Naturparkpersonal, wenn man länger als einen Tag »reingehen« will.

Unser Tag fing wolkig an. Dieter konnte es gar nicht fassen. Dieser Tag soll noch schön werden? Unsere Ferienhäuser steckten voll in den Wolken, und zwei Stunden später war es der schönste Tag des ganzen Urlaubs. Makellos blau und warm.

Ich schlüpfte sofort in meine saloppen Segelschuhe, in meine hübsch bunten Badeshorts, schnallte mir das knallbunte Rucksäckchen von Söhnchen Eddy auf den Rücken, prall gefüllt mit den wenigen Nahrungsmitteln des asketischen Wanderers: Zwei Äpfeln, einer Avocado, einem Stück Wurst und freudiger Wanderlust!

Zu meiner Verwunderung sah ich an Dieters Füßen derbe Turnschuhe, ein Paar Wanderschuhe als Ersatz im großen, witterungsbeständigen Rucksack, auch eine Pulle Mineralwasser, eine Zitrone, belegte Brote und zwei Avocados. Man merkte sofort, Dieter hatte noch nie eine richtige Tageswanderung gemacht!

Zu meinem größten Entsetzen entdeckte ich auch noch eine Wanderkarte in Dieters Seitentasche und, wie er mir später gestand, hätte er fast noch eine Taschenlampe mitgenommen! Ein Verrückter! Unten, im Flussbett angekommen mit dem Auto und am Ausgangspunkt unserer fast neunstündigen Wanderung, liefen noch mehr von diesen Menschen rum. Unsere Berliner Parks waren auch nicht immer gehfreundlich, aber da musste man durch – na, is' doch so!

Der Anfang der Tour war gleich die große Steigungsnummer. Dreieinhalb Stunden hoch, auf schottriger Straße, hoch, hoch, hoch – serpentinenmäßig. Der Blick auf das Tal, auf das Meer, rüber nach Hierro, der kleinsten der kleinen Kanareninseln, die sich aus den Wolken abzeichnete, ließ uns ständig Laute des Entzückens und blumigster Lebensfreude abkeuchen. Dieter, dieser kleine, zarte, aber ungemein zähe Kerl, vermittelte erste Schwächesymptome. Ob wir nicht für den Rest dieser Passage eines der Autos anhalten wollten, die gelegentlich an uns vorbeirumpelten? Nein! Nein, Dieter, sagte ich! (Warum hatte er sich auch so schwere Schuhe angezogen?!) Zwei geklaute Apfelsinen aus den paradiesischen Gärten des Ortes Caldera, der auf diesem Weg lag, brachten die erste saftige, unglaublich saftige (das haben gestohlene Früchte immer so an sich!) Erfrischung.

Im Wanderführer (da wir ihn nun mitschleppten, mussten wir auch mal reinsehen!) stand diese Strecke mit zweieinhalb Stunden drin. Wir benötigten eine Stunde länger. Das waren die kleinen Entzückungspausen: »Nun…pffff…schau dir…pfffff….das mal…pffffff…an!!! Pffffff…«

Und dann standen wir oben! Los Brecitos! Der Aussichtspunkt, mit dem kostenlosen Blick ins Paradies!! Göttlich, ja, göttlich! Göttlich auch die kleine Erfrischungspause. Dieter trank hemmungslos aus seiner Wasserflasche. Ich entsagte dem Nass, lehnte sein Angebot ab: nein, danke! Ein wirklicher Wandersmann nagt nur kurz an der Zitrone, labt sich das Gesicht am Quell und schöpft den Rahm seiner unverbrauchten Kräfte.

Im folgenden Streckenabschnitt vereinigten wir uns in Orgien von Komplimenten an dieses irrsinnig schöne Tal, auch an uns selbst erfreuten wir uns, die wir die Wahl für DIESEN Tag getroffen hatten. Man lobt sich ja sonst nicht.

Ich formulierte im Geiste einen zynischen Klagebrief an den Hersteller meiner launigen Segelschuhe, im Tenor: »Auf Bootdecks und Yachtclubdielen komme ich mit Ihrem Produkt ganz wunderbar klar, aber haben Sie niemals an eine solide Bergwanderung gedacht?«

Finger (natürlich trug ich keine Handschuhe, Dieter unverständlicherweise auch nicht!?) und Füße schwollen erstaunlich an, und die gequälten Zehen signalisierten mir Folter und Leid.

Am ersten kleinen Bergquell tauchte ich die Gepeinigten zischend ins Wasser und vergaß im Genuss der Erleichterung die Wanderkarte, obwohl ich für sie verantwortlich zeichnete. Wir ließen sie auf einem Felsvorsprung zurück, wofür sie sich bitter rächte.

Knappe zwei Stunden fast nur bergab wanderten wir auf schmalem Weg, fasziniert von ständig neuen Motiven.

Einige Menschen kamen uns entgegen, von Anstrengung und Zielstrebigkeit gezeichnet, nur eine alternative Mutter mit Kind (!) und der darauffolgende Typ wirkten souverän und locker, als hätten sie einen Mietvertrag mit der Caldera.

Ihre Einrichtungen trugen sie jedenfalls auf dem Rücken.

Gegen 15 Uhr erreichten wir das Flussbett, den Barranco, die Schlucht. Auch ein wenig Kanada, da unten. Strömender Fluss, Steine, Kiefern, diese teilweise riesigen kanarischen Kiefern, für die wir uns auf unserem Weg auch so oft die Köpfe verdreht hatten. Die größte von ihnen nannten wir die »Oberkiefer«. Sonne und Kiefern spielten Schattenspiele wie im Zauberwald. Verrückte Paarung.

Natürlich bejubelten meine gewaltigen Füße den kühlen Strom und waren nur unter größten Drohungen zu weiterer Gefolgschaft bereit. Dieter trank mit glucksender Kehle den Rest seiner Mineralwasserration und zog dann noch einige Liter Calderawasser aus dem Fluss in sich rein. Wie so ein kleiner Mensch so viel saufen kann? Natürlich ohne mich.

Ich benetzte mir das schweißende Gesicht mit köstlichem, frischem Wasser, dabei liefen etliche Cowboy- und Wüstenfilme vor meinem inneren Auge ab – ich hätte mich gar nicht gewundert, wenn neben mir der Schädel eines durstigen Wasserbüffels eingetaucht wäre. Grundsätzlich bis auf die nörgelnden Zehen und eine leichte Blasenbildung am Unterfuß fühlte ich mich sauwohl, bereit für den letzten Streckenabschnitt: zurück durch den Fluss, bzw. am Fluss nach Hause. Anders konnte es gar nicht sein, wie vollmundige Erzählungen einiger »Vorgänger« schließen ließen. »Bin ich vom Campingplatz aus durch den Fluss zurückgewandert!« Na also, dann woll'n wa ma!

Der so genannte »Campingplatz«, das war die Stelle, wo wir angekommen waren und die tatsächlich für Zelte gedacht und angelegt war. Ein herrliches Fleckchen. Ich erinnere mich noch an drei deutsche Menschen, die am

Campingplatz standen und miteinander redeten. Fast hätte ich sie fragen wollen, ob sie uns den Weg zurück zeigen könnten, aber, was'n Quatsch, dachte ich.

Was'n Fehler.

Nun bewegten sich also zwei energische Wandergesellen am Flussbett entlang: Ein kleiner, fest beschuht und wohlgenährt. Ein langer im Strandlook, Marterstufe Eins.

Heute weiß ich, dass nicht mal ein Yeti da durchgekommen wäre. Geschweige denn Reinhold Messner.

Wir waren aber ungebrochen und zielsicher. Ein Weg war nicht mehr da, aber ein Pfad. Manchmal, manchmal nicht. Irgendwelche Menschen mit besonderer Herzenswärme mussten schon vor uns (also bitte!) dort entlanggewandert – besser, geklettert – sein, denn an markanten Punkten, wo wir beide nicht weiterwussten, stand plötzlich ein eindeutig von Menschenhand gebildetes, kleines Steinhäufchen als Wegweiser vor uns. Heute weiß ich auch, das muss der Teufel getan haben.

Streckenweise kamen wir am oder im Wasser weiter, streckenweise mussten wir unpassierbare Wasserfälle, eng geführt an nassen, glitschigen Felswänden, außen- und obenrum umklettern.

Dieter, leicht, zäh und plötzlich unheimlich kräftig, krabbelte und zog sich über die verrücktesten Passagen. Jeder von uns suchte ständig den idealen Weg, wenn man von »ideal« überhaupt noch reden konnte. Ich entschied mich, wenn machbar, immer für den Fluss und watete bis zur Badehose durch den kalten Strom. Was für mich noch begehbar, war für Dieter Oberkante Unterlippe, schließlich unterscheiden wir uns um gute 35 cm. Menschlich passen wir wunderbar zusammen. »Aber, Moment mal! Das soll der offizielle Weg sein? Wollen wir nicht lieber umkehren?«

Doch Dieter machte Mut. »Lass uns noch bis dahinten, wo die Schlucht so schwarz, der Stein so herrlich nass…!«

Es wurde immer härter und später. Längst war unser Zeitplan geplatzt. Wir kamen schließlich nur meterweise voran. Und wieder einen scheußlichen Berg hoch. Steine, Geröll, Sand – und tief, tief, schau lieber nicht nach unten und schon gar nicht in deinen Ordner mit den Unfallversicherungsbedingungen. Halt dich doch an diesem Busch fest! Kennst du jemanden, der weiß, ob diese Pflanze einen Herren von 90 kg, plus 350 Gramm Segeltuchschuhe, vor dem Absturz halten kann? Meinst du, der Stein ist trittsicher? Und weißt du, wie's nach diesem Abschnitt weitergeht?

Weißt du eigentlich, wie meine Füße aussehen? Und weißt du eigentlich, dass es Vollidioten gibt, die mit Leinenschühchen und drolliger Bekleidung und ohne vernünftige Nahrung die palmerische Wildnis bezwingen wollen?

Ach Gottchen, und nun wird er auch langsam schlapp, unser Langer. Und Plautz! liegt er auffe Fresse! Mitten auf'm Stein! Da schaut er dumm und greift sich zählend an die Rippen und staunt, wie schnell sein Daumen dick werden kann. Jaaa!!! Fehlt nur noch'n irre farbiger Verband mit tollen, witzigen Motiven drauf, gell? Aber, da!!! Eine gerade Strecke!! Das heißt, normales, aufrechtes Gehen, so 50 Meter geradeaus!

»Dieter, jetzt schaffen wir es!«

Aber der schaute immer skeptischer drein.

»Ach was, Alter«, gab ich mich dynamisch-biologisch, »ein Fluss fließt immer ins Tal! Komm, schau, hinter der Schlucht scheint die Sonne, da müssen wir hin!«

Dieter schaute noch skeptischer drein. Und mir fiel die Kinnlade runter, als ich den Wasserfall vor mir sah. Da kriegt selbst'n Lachs kalte Flossen.

Und gerade vorher hatten wir einen kleineren Wasserfall überwunden. Warum hatte uns dabei keiner gefilmt? Icke, der Lange, sprang vom Felsen – wohl nur so zwei Meter, aber ins unbekannte Flussbett runter. Wie geschaffen für die Fußgelenke! Und dann rutschte Dieter, Beine voraus, von oben in meine Arme. Backe an Backe, bis zum Arsch im brodelnden Fluss, Verleger und Autor beispielhaft vereint. Im Kreuz des Autors hat's bei dieser Aktion auch kurz geknackt! Herrlich, nun noch'n Hexenschuss, und dann bitte den Hubschrauber!

Aber es hatte fast chiropraktische Konsequenzen. Ich fühlte mich leicht und beweglich im Kreuz im Gegenteil zu meinem Seelenzustand. Langsam ging die Sonne auf die Zielgerade, und wir ackerten uns noch hüfttief durch Flussbetten und schnauften über Felswände. Der Wasserfall vor uns, seine steilen, schwarzen Felswände, sie alle grinsten uns an: »Kommt schon, kommt schon! Mut zur nächsten Runde! Wenn ihr uns schafft, seid ihr frei!«

Dieter riskierte noch einen Blick, schaute dem stürzenden Wasser hinterher: »Zurück! Sofort zurück!«

Zurück zum Campingplatz hieß das. Und den ganzen Weg wieder zurück. Einen richtigen Weg gehen, was für ein Gefühl!

Dazwischen lagen all die Passagen von eben, nur andersrum. Und dann stand ich klatschnass vor dem schlimmsten Teil, diesem spröden Berg, wo wir mehr runtergerutscht und -gebetet waren, als irgendeinen festen Halt zu haben, wo ich gesagt hatte: »Wenn das unsere Mütter sehen würden, wie wir die väterliche Verantwortung aufs Spiel setzen!« Dieter, mit der Energie von 25 Litern Mineral- und Calderawasser, mit der Kraft von mehreren belegten Broten und dem kleinen Vorteil der jüngeren Jahre, kletterte wie ein Affe den Berg hoch – ich stand unten, den Arm wie auf'm Tresen, schaute diesem Energiebündel hinterher und stöhnte: »Bin ich kaputt! Warum hab' ich gestern Abend so viel Bier getrunken!?« (Immer auf die Leber, immer auf die Leber!)

Wir mussten nun zurück, schön aufwärts natürlich, zurück zum Aussichtspunkt Los Brecitos.

Beflügelt von der untergehenden Sonne und der Vision, dass in Kürze zwei sorgenzerfurchte Lebenspartnerinnen die Rettungsdienste in den Krater treiben würden, bissen wir uns den Weg hoch.

(Unsere Wanderkarte lag übrigens brav an der Quelle, wo ich sie vergessen hatte. Darauf konnte man den richtigen Weg prima erkennen. Der führte nämlich ganz woanders lang, überhaupt nicht durch dieses Flussbett. Aber, so haben wir uns wenigstens besser kennengelernt und auch die wunderschönen Wasserfälle und die kleinen, drolligen Berge und das Wunder der schwellenden Prellungen erfahren – und was ein paar ordentliche Segelschuhe aushalten müssen.)

Auf diesem Streckenabschnitt sprach wieder etwas FÜR MEINE Wandermode: Meine Badeshorts trockneten nämlich schnell, während Dieter seine klatschnassen, abgeschnittenen Jeans entschlossen auszog, um nur im knappen weißen Schlüpfer weiterzulaufen.

Ein wunderschönes Bild, wir beide.

Es brauchte nicht viel Phantasie, sich die Augen der Menschen vorzustellen, die uns so zuerst sehen würden, vorausgesetzt, wir hätten noch mal die Chance zu solcher Begegnung: ein kleiner, schnaufender Herr in Unterhosen, dahinter ein zerkratzter, restlos zerzauster Mensch in gebrochenem Zustand. Das Foto nicht unter 100 Euro! Mit Echtheits-Zertifikat! Wie gut, dass wir noch die Kraft zur Selbstkritik hatten, uns in anderer Leute Gefühle versetzen konnten. Kurz vor der rettenden Berghöhe zog Dieter sich wieder vernünftig an.

Keinen Moment zu spät, denn erst sah uns Fortuna und dann bemerkten uns zwei Palmeros, ein alter und ein junger, die in dieser abendlichen Einsamkeit in ihrem Toyota-Jeep irgendeine Abrechnung machten. Im grauenvollsten Spanisch baten wir um die Gnade der Mitfahrt – völlig unnötig, unsere Erscheinung weckte spontanes Mitleid und soziales Engagement. Wir durften uns zwischen einen gewaltigen Hofhund und Gas- und Benzinkanister klemmen und rumpelten überglücklich ins Tal.

Dass wir uns menschlich und sprachlich beispiellos dafür bedankten, und wir anschließend noch'n Bier trinken gingen und »Abenteuer-hab-Dank!« prosteten, und die Frauen uns völlig entspannt empfingen und sagten: »Wir dachten uns schon, ihr kommt bestimmt etwas später, weil ihr noch was trinken werdet!« – das ist das glückliche Ende dieser Geschichte.

Igittigittigittigittt!!!

Gestern stand meine Nachbarin von Abscheu geschüttelt vor meiner Tür, sie konnte vor Entsetzen kaum sprechen. Menschen in Angst machen mir auch erstmal Angst, gleich darauf besinne ich mich aber und versuche, ein ganz starkes Männchen zu sein, so, wie die Natur es, nach Ansicht konservativer Menschen, für den Mann vorgesehen hat. Ganz besonders, wenn eine Frau um Hilfe fleht.

»Komm schnell, rüber, komm schnell rüber, schnell!!«

Feuer? Überfall? Die Brennstäbe des Wasserkochers liegen trocken? Was ist denn nur?

»In meinem Schlafzimmer ist eine Fleeeeedermaus!!!« Sie dehnte das Wort wie ein Gummiband, damit ich das Unfassbare in seiner ganzen Abscheu auch schleunigst begreifen möge. Sie zitterte vor Ekel, bebte in schaudernden Schüben, sie war ein Bild des Jammers. Flattertiere, eine Geschichte für sich. Über Spinnen will ich gar nicht reden.

»Ich dachte erst, der Hund hätte auf den Teppich gemacht«, japste sie, »bis ich aber sah, dass … das Häufchen Augen hatte! Es schaute mich direkt an!!«

Tut mir leid, ich mag Fledermäuse gerne. Kleine Batmans, große Flieger, besonders in tiefer Finsternis, außerdem schnappen sie sich Insekten. Es gefällt mir, dass sie Flying Food mögen. Außerdem habe ich auch

Respekt vor ihnen, was sicher mit all den Sagen und Gerüchten und den vielen Kinofilmen zu tun hat, die sich um dieses mystische Wesen rankten: Vampire!!

»Wie furchtbar, brrrrrrr … eine Fledermaus … scheußlich, Gott, ist das scheußlich!«

Sie wand sich weiterhin vor Abscheu und raufte ihre Haare. Sie wollte sich nicht beruhigen. Als ich die Schlafzimmertür im ersten Stock öffnete, versteckte sie sich im Erdgeschoss hinter der Tür zur Küche.

»Und du gehst da wirklich rein!!?? … Gott, ist das furchtbar …!!«, rief sie.

Tatsächlich, auf dem Teppichboden im Schlafzimmer saß eine kleine Fledermaus, nach meiner Einschätzung grade noch in der Pubertät. Mit bloßen Augen konnte ich erkennen, dass dieser kleine Flugsaurier unter Schock stand, er machte sich ganz flach und hielt sich völlig verängstigt die Flügel vor die Augen. Moment mal – pscht! – hörte ich da nicht sein leises, zitterndes Stimmchen: »In meinem Schlafzimmer war eine riesige, kreischende, furchterregende Frau«, sprach es, »ein Horror!«

Ich habe dann ganz vorsichtig ein Hemd über das Häufchen gelegt, um es nur nicht zu verletzen, und das zusammengeknüllte Teil vorsichtig ans Fenster getragen, woraufhin das Tierchen merkwürdige Töne von sich gab, es klang fast wie leises Grunzen, und dann aus dem entfalteten Hemd erleichtert in die Abenddämmerung flatterte.

»Ist sie raus? Ist sie denn raus?? Sag doch??!!«, kreischte es von unten.

»Ja! Sie ist weg!«

Souverän schritt ich die Stufen herunter, antwortete auf ihr »Danke, danke, danke!« mit »Dafür nicht« und trat in die Dunkelheit. Draußen war es still, nur das Rascheln meines schwarzen Umhangs begleitete mich auf meinem Weg zurück.

Der schwarze Schwan

So etwas Schönes und Majestätisches hatte ich in meinem Leben in der Natur noch nie vor Augen, und das mitten auf dem Dorfteich, gleich hinter der Kirche. Meine Nachbarin hatte ihn zuerst bemerkt und war hin und weg. Sicher hatte sie unlängst im Kino den faszinierenden Film »Black Swan« gesehen – und da war er nun.

»So etwas Schönes und Majestätisches habe ich ja in meinem Leben noch nie gesehen und das mitten auf dem Dorfteich!«

»Was denn, was denn?«

»Ein schwarzer Schwan!!! Ein Traum!«

Unseren bescheidenen 4000 qm großen Dorfteich hatte sich Eure Rarität im schwarzen Federkleid als Domizil auserkoren? Ich wollte es zuerst gar nicht glauben, bis ich ihn selber sah. Wahrhaftig, ruhig schwamm er in der Mitte des Teiches, den Kopf in die Ferne gereckt, leicht dümpelnd in unendlicher Würde, mit dem schmerzend süßen Zauber fast mystischer Melancholie. Ein Bild, an dem ich mich nicht satt sehen konnte. Regelmäßig lief ich nun täglich mit meinem Hund am Teich vorbei, höchst bedacht, ihn nur nicht zu verschrecken, mir dieses Bild zu erhalten. Scheinbar fühlte er sich sauwohl auf diesem Gewässer, das er sich nun zu seinem Domizil ausgewählt hatte, denn, wann ich auch kam, er war da. So sehr dieser Anblick in mir immer auch

Glücksschübe auslöste, so sehr mischten sich auch wehmütige Gedanken dazu: Er kam mir einsam vor. Nichts vermittelte meiner Ansicht nach mehr seine Sehnsucht nach einem Weibchen an seiner Seite als sein melancholischer Blick in die Ferne. (Ich glaubte, er hätte auch eine Weiße genommen.) Welcher Mann kennt dieses Gefühl nicht? Wie lange habe ich in jungen Jahren in die Ferne gestarrt, mit dem Wunsch, dass Sie am Horizont mit weichem Flügelschlag erscheinen möge, schön und wohl gebaut und voller Sehnsucht nach einem schlaksigen, dürren Knaben, der schon bei dem Gedanken an sie ganz weiche Knie bekam. Ich verstand das Schicksal dieses stolzen Tieres also fast wie mein eigenes. Aus Naturfilmen und dem Biologieunterricht wusste ich bereits, dass Schwäne in monogamer Partnerschaft leben und alleine todunglücklich sind. Ich erinnerte mich noch daran, als es mal durch alle Medien ging, dass so ein Single-Schwan sich in ein Tretboot verliebte und diesem albernen Wassergefährt nicht von der Seite wich. Nur wegen des strengen deutschen Reinheitsgebotes hatte man eine Paarung mit allen Mitteln vereitelt.

Ich sprach mit meiner Nachbarin über dieses Thema. Wie könnte man dem einsamen Galan helfen? Elite-Partner? Nur für Menschen. Greenpeace? Nur für Wale. Wir waren uns letztlich einig, dass die Natur das selber regeln muss. Irgendwann, eines Tages, wird Sie kommen und auf seinem Teich landen, er muss nur Geduld haben.

Nie sah er gleich aus. Zu den verschiedensten Tageszeiten spielte das Licht mit seinem Gefieder, mal verstärkte es die Tiefe des Schwarzes mit bläulichem Schimmer, mal warf die Sonne das Glitzern des Wasserspiegels wie silberne Scherben über seinen Körper und er funkelte wie ein schwimmender Diamant. Ich war langsam süchtig nach diesem Tier und nahe dran, ihn zu adoptieren.

Ja, er inspirierte mich jeden Tag mehr, und täglich zog es mich zu ihm hin. Mein Hund hatte die Strecke nun schon bis zur Erschöpfung abgeschnuppert und fing langsam an, sich zu langweilen. Nach zwei Wochen hatte sich in mir tatsächlich so eine Menge an Gefühlen gegenüber diesem Wesen aufgebaut, dass ich meinte, ich könnte ihnen nur mit einem Gedicht den würdigen Ausdruck verleihen. Ein gefeiltes, grandioses Werk sollte es werden, ein Epos, um diesem edlen Vogel für immer ein lyrisches Denkmal zu setzen. Mehr und mehr formten sich meine Worte, wuchs das Werk zu einem mächtigen Poem und strebte von Mal zu Mal seiner Vollendung entgegen.

Damit nicht genug, auch bildlich wollte ich den Star unseres Dorfteiches festhalten. Meine gute alte NIKON F3, die mit dem gewaltigen Teleobjektiv, erschien mir als die geeignete Kamera, um aus diskreter Entfernung federnahe Fotos zu schießen. Mein Respekt vor diesem Schwan war so groß, niemals würde ich ihn durch ein tölpelhaftes Überschreiten der Diskretionsschwelle verärgern wollen und davonfliegen lassen. Das hätte ich mir ein Leben lang nicht verziehen.

Also schleppte ich die schwere Kamera mit Stativ zur Location. Ein Swan-Shooting, All denen gesagt, die mir auf der Strecke verdutzt hinterher schauten: »Kauft euch mal nächsten Monat die NATUR oder die VIEW und klappt die Doppelseite auf, da werdet ihr das Ergebnis sehen, und die Verleihung des ersten Preises für das beste Naturfoto weltweit mit dem Titel »The Black Swan« könnt ihr dann im Fernsehen verfolgen. Der mit der Medaille und dem dicken Scheck zwischen den Zähnen, das bin ich!

Ich bog grade um die Mauer des Friedhofgeländes, um in den Weg zum Teich einzubiegen, als mir Volker über den Weg lief. Volker, Herrchen eines gemütlichen Berner Sennhundes namens Paul. Er stutzte. »Wo soll's denn so eifrig hingehen, Meister?«, fragte er, leicht verschmitzt. Begegnungen in dörflicher Eintracht sind immer sehr intensiv, schließlich hungert die Landbewohnerin oder der Landbewohner nach Neuigkeiten und Sensationen, auf jeden Fall nach Stoff, der sich wunderbar anreichern und gut weitererzählen lässt, und ich stellte für ihn in diesem Augenblick eine heiße Quelle dar. Es stand in seinen Augen.

Nun, es sei Zeit, ein großes Werk zu tun, antwortete ich kurzatmig. Er kenne ja doch wohl diesen göttlichen Schwan auf dem Teich, allein ihm gelte mein ganzer Aufwand.

»Ich muss dieses Wunder für immer festhalten. Ein schwarzer Schwan auf unserem Dorfteich, gewaltig!«, sagte ich mit bewegter Stimme.

Stille. Volker starrte mich ungläubig an.

»Die Plastikente?«, fragte er dann und grinste fröhlich. »Doch nicht dein Ernst?«

Ich war bereits in der Vorwärtsbewegung und ganz auf mein Ziel fixiert, drum mussten seine bösen Worte sich etwas beeilen, um ja noch meine enteilenden Ohren zu erreichen, aber solche Worte schaffen es seltsamerweise immer und bewirkten in mir, was man gemeinhin als Schockstarre kennt. Der emotionale Supergau! Mit leerem Blick und der bleischweren Last eines mächtigen fotografischen Equipments stand ich wie erschlagen in der Landschaft und fühlte mich wie ein absoluter Vollidiot.

»Ich hörte, die wollen mit der schwimmenden Tupperbox die Kormorane fernhalten«, sagte Volker noch in einer Mischung aus Spott, aber auch dem Wunsch, mir damit eine sachliche Erklärung zu bieten und die unsäglichen Schmerzen meiner Ernüchterung ein wenig zu lindern. Fotografiert habe ich das Objekt dann trotzdem, als Beleg, wie schändlich die abgeklärten Dorfbewohner mit der Phantasie romantischer Menschen umgehen.

Hier war die Geschichte eigentlich zu Ende. Aber manchmal meint es das Schicksal gut mit einem und salbt geschlagene Wunden mit einer unerwarteten Fortsetzung.

Gibt es irgendjemanden, der einen Kormoran tatsächlich für blöd hält? Nach zwei Wochen habe ich ihn bemerkt, wie er am Rande des Teiches stand und den Schwan fixierte. Ganz ruhig und geduldig. Im Gegensatz zu mir ist ihm wohl schnell aufgefallen, dass dieser Bursche sich ziemlich einseitig bewegte und keine Anstalten machte, ihn aus seinem Revier zu verjagen. Irgendwann ist er dann zu ihm hingeschwommen, um festzustellen, dass dieses imposante Federtier eine Attrappe war. Von Stund an hatte er ihn für sich als Insel erkoren, hockte quietschvergnügt auf seinem Rücken und hielt nach leckeren Fischen Ausschau. Als Eroberer und zur Bekundung, was er von dieser Aktion mit der schwarzen Vogelscheuche wirklich hält, hat er den Plastikschwan inzwischen von oben bis unten vollgekotet. Ich liebe Kormorane. Arbeite grade an einem Gedicht …

Das Schaf

Die norddeutsche Küstenregion ist ein Paradies für Schafe. Auf den saftigen Wiesen der Deiche finden sie einen üppig gedeckten Tisch und dazu immer eine leichte bis kräftige Brise, gut für Tiere, die oft im heißen Sommer im dicken Pullover rumlaufen müssen. Regelmäßig im Frühjahr verdoppeln oder verdreifachen sich die Herden und allerliebste kleine Lämmer springen und tollen auf den Weiden rum und ruckeln und zuckeln mit ihrem kleinen Schwanz, wenn sie an Mamas Zitzen saugen. Schwer vorstellbar, dass aus diesen putzigen, aufgeweckten Tierchen eines Tages ausgesprochen blöde und extrem schreckhafte Schafe werden. Mit ihren Panikreaktionen übertreffen sie sogar noch die Pferde, die schon angesichts einer Büroklammer durchgehen.

Mit Verlaub, diese schroffe Beurteilung ist das Ergebnis meiner persönlichen Erfahrung, immerhin hatten wir über ein paar Jahre drei Schafe, anschließend sind wir auf Ziegen umgestiegen. Diese erwiesen sich im direkten Vergleich als ungleich schlauer und zutraulicher. Wer gesehen hat, mit welchem Geschick sich Sarah, unsere erste Ziege, wenn sie mal draußen angepflockt war, mit ihrer Kette wohlig den Buckel schruppte, der war schwer beeindruckt. Das war eine große Nummer. Ein Schaf könnte das nie.

An unserer südlichen Grundstücksgrenze führt ein kleiner Weg direkt zum Marktplatz. Eines Sommersamstagmorgens schlurfte ich noch leicht schlaftrunken zum Bäcker, vorbei an einer Wiese, auf der häufig eine kleine Herde Schafe stand. So auch an diesem Morgen, nur – dieses Mal kam mir etwas merkwürdig vor. Was ist denn das? Mitten auf der Koppel lag ein lebloses Schaf! Eindeutig! Ich kann doch schließlich ein totes Schaf von einem lebenden Schaf unterscheiden. Dieses Tier lag mit unnatürlich gespreizten Beinen in seinem dicken Fell auf dem Rücken, glotzte starr in den Himmel und bewegte sich keinen Millimeter. So liegt kein normales Schaf, nicht mal bei der Morgengymnastik. Die anderen Schafe mampften indessen anteilnahmslos weiter und scherten sich nicht um ihr verendetes Rudelmitglied. Ziegen hätten wenigstens um Hilfe gemeckert.

Ein erloschenes Tierleben an diesem sonnigen, lebensfrohen Samstagmorgen, mitten im saftigen, üppigen Grün, das rührte mich. Es waren die Schafe vom Uwe, das wusste ich, Chef eines landwirtschaftlichen Kleinbetriebes und Halter der verschiedensten Nutztiere. Beim Dorffest stand er früher mit einem kleinen Streichelzoo, um kleinen Kindern die Berührung von Kaninchen und Zicklein zu vermitteln und ihnen ein verzücktes »Süüüß!« zu entlocken.

Ich also sofort ans Telefon: »Moin, Uwe!«

(In Nordfriesland sagt man den ganzen Tag über »Moin«, weil »Moin« nichts mit »Guten Morgen« zu tun hat. In haltloser Plauderlaune sagt der sonst so wortkarge Küstenbewohner auch schon mal »Moin, Moin!« Und das aber, liebe Freundinnen und Freunde in Süd-, West- und Mitteldeutschland, zu jedem, den er trifft. Offen und herzlich, und nicht so verstockt wie bei euch, wo Fremde in der Öffentlichkeit stumm aneinander vorbeilaufen, stumm!! Bei euch grüßt sich keiner, der sich nicht kennt. Der Friese grüßt jeden, ohne Vorbehalt. Solche Herzlichkeit traut ihr den Fischköppen gar nicht zu, oder?)

»Ach, der Peter? Um diese Zeit?

(Im Verständnis der grundsoliden Einwohner, in der Regel Handwerker oder Landwirte, schläft ein Künstler bis Mittag und macht sich dann, nach einem ausgiebigen Frühstück, auf die Suche nach der Muse. Findet er sie nicht, legt er sich wieder hin. Wovon er wirklich lebt, erscheint diesen bodenständigen Menschen als ewiges Geheimnis.)

»Uwe, ich wollte nur sagen, bei dir auf der Koppel liegt ein totes Schaf.«

Stille in der Leitung. Natürlich, Uwe war erstmal geschockt. Dann fing er sich wieder.

»Peter? Tust mir einen Gefallen?

»Ääääh … gerne.« (Soll doch wohl nicht das Schaf unter die Erde bringen?)

»Stellst es wieder hin?!«

»Was soll ich machen??«

»Stellst du es bitte wieder hin?«

»Ich soll es wieder hinstellen? Das tote Schaf?«

(Das ist doch wohl Totenkult?)

»Unsinn, das ist nicht tot. Einfach hinstellen. Wenn es so zu lange liegen bleibt, stirbt es, wird von seinen eigenen Organen erdrückt.«

Das hatte ich ja noch nie gehört, Schafe kann man wieder hinstellen? Ich war sprachlos, aber auch erleichtert. Das Schaf war also gar nicht tot? Es tat nur so?

»Schafe mit dicker Wolle können sich von selber nicht mehr aufrichten, wenn sie aus irgendeinem Grund unglücklich umgefallen sind. Das schwere Fell hält sie davon ab. Sie kommen einfach nicht mehr hoch.«

Ich, hilfsbereit, versprach: »Okay, mach ich, Uwe!«

Die ganze Herde drehte natürlich völlig durch, als ich über den Zaun kletterte und ballte sich in der äußersten Ecke der Koppel zu einem Haufen Angsthasen zusammen, während ich zu dem Scheintoten ging. Tatsächlich, das Tier lebte! Es grunzte aufgeregt, als es mich bemerkte, die Angst konnte ich an seinem wild pochenden Herzschlag spüren. Begrüßt man so einen Retter? Ich packte es entschlossen an seiner fettigen Lanolinwolle und drehte es zur Seite um. Schwupp, es stand, blökte, schüttelte sich, pisste einen scharfen Strahl schäumend in die Wiese und lief sofort zu seiner Herde, wo es blökend wieder in die Familie aufgenommen wurde. So sieht Erleichterung aus. Wahnsinn, ich hatte einem Tier das Leben gerettet. Ein Wunder und eine Erfahrung mehr im rauen Landleben, wo die Natur ein Tier gnadenlos in seinem Pullover sterben lässt, nur weil es versehentlich umgekippt ist. Sie soll sich schämen.

Seitdem ich das weiß, achte ich ganz anders auf Schafherden, schau immer mal genauer hin, ob irgendwo ein Schaf auf dem Rücken liegt, hab einen Blick dafür entwickelt. Zwei Monate später ist mir wieder eins ins Auge gefallen, auf dem Weg zum Bahnhof, da bin ich bei Wind und Regen auf die Weide gelaufen und habe das Tier natürlich sofort wieder hingestellt. Letzte Woche, auf dem Weg zum Nachbarort, bemerkte ich schon wieder eines. Eine wahre Serie.

Man muss sich das mal vorstellen. Ein Leben lang habe ich kein scheintotes Schaf bemerkt, habe von der mörderischen Fähigkeit der reinen Wolle in der Natur nicht die geringste Ahnung gehabt, und nun sehe ich ständig bewegungsunfähige Schafe herumliegen. Was bedeutet das denn? Mitten auf der Bundesstraße habe ich gebremst, bin rechts auf den Standstreifen, hab die Warnblinkanlage eingeschaltet, bin über Zäune geklettert und weit über eine große Weide gelaufen – um ganz routiniert wieder mal ein Schaf auf seine staksigen Beine zu stellen. Dieses aber blieb noch ungewöhnlich lange steif vor mir stehen, wirkte ein wenig verwirrt und glotzte mich dösig an. Waren das Blicke von dankbarer Benommenheit oder hatte es schon länger gelegen und ordnete erstmal seine Organe?

Wie auch immer, es ist eine einfache Aktion, aber man fühlt sich richtig gut danach.

Müsst ihr mal probieren, macht Spaß. Langsam habe ich aber den Eindruck, ich bin für die nordfriesischen Schafe wie der Helfer vom Technischen Hilfswerk. Ist es möglich, dass sich unter ihnen herumgesprochen hat, dass ich das jetzt in meinem Leben brauche? Und soll das jetzt heißen, dass sie sich schon lustvoll auf den Rücken schmeißen, wenn sie mich nur in der Ferne kommen sehen? Mööööglich.

Butschkow in Nordfriesland

Meine Mutter öffnete die Wohnungstür, starrte mich fassungslos an und stammelte: »Pe-Pe-Peter? Bist du das? Wie siehst duuu denn aus?« Na, wie ein zehnjähriger Berliner Steppke, der fünf Wochen lang nur über weißen Strandsand gerannt war, frische Nordseeluft eingesaugt und sich ausschließlich von Tomatenbroten ernährt hatte, danach sah ich aus. Ihrem Eindruck nach war ich nur noch die Hälfte. So ein Urlaub macht glücklich, tatsächlich auch schlank. Im »Kinderhaus Duborg« in St. Peter Ording, wohin meine Eltern mich in den fünfziger Jahren »verschickt« hatten und aus dem ich an diesem Tag wieder nach Hause, nach Berlin zurückkehrte, lag für mich immer die Keimzelle meiner Liebe zur Nordseeküste. Dieser Himmel! Diese Weite! Dieser Sand! Dieses Wasser! Diese Luft! Über dreißig Jahre später, ich war inzwischen selber Vater von zwei kleinen Söhnen und lebte mit ihnen und ihrer Mutter in Hamburg, zog es mich endgültig in den hohen Norden. Meine Kinder sollten exakt mit diesem Himmel, dieser Weite, diesem Sand, diesem Wasser und dieser Luft aufwachsen und nicht in der Großstadt zwischen Hundehaufen und Blechlawinen.

Ein Freund hatte sich schon Jahre vor mir in der kleinen Ortschaft Rodenäs im nordwestlichsten Winkel Deutschlands, hinter dem Deich an der dänischen Grenze, ein gemütliches Reetdachhaus gekauft. Dort lernte ich zum ersten Mal das universell nutzbare »Moin-Moin« kennen (und dass dieser Gruß überhaupt nichts, aber auch gar nichts mit einem Guten-Morgen-Gruß zu tun hat), erfuhr, dass es völlig ausreichte, eine ausufernde Frage kurz mit »Jouh!« zu beantworten, dass man zum Abschied »Erstma!« oder »Weißbescheid« sagte und mit »Nutzt ja nix« jeden Schicksalsschlag in die Schranken weisen konnte.

Als ich ihn dort an einem kalten, stürmischen Januartag zum ersten Mal besuchte und mit roder Näs meinen Kopf über den Deich steckte, da wurde mir bewusst: Dieses Land is' nichts für Weicheier, es will so geliebt werden, wie es ist – oder gar nicht. Niederbayerische Freunde von mir standen sprachlos vor dem endlosen, flachen Wattenmeer und suchten verzweifelt das Wasser, einen Berg, oder wenigstens einen Biergarten mit Kastanien, in den sie sich setzen konnten, um sich bei einer Maß von ihrem Schreck zu erholen. »Jo, leck, glabstes?«, stammelte eine Freundin ungläubig, während der Wind ihr genüsslich die Frisur zerrupfte. Drei »Toten Tanten« später gefiel ihr immerhin schon mal das imposante Himmelszelt.

Ich aber liebte dieses Land und begab mich zu einem örtlichen Makler, der mir auf A4-Papier kopiert eine Fülle von Häusern präsentierte. Eines seiner Angebote zog mich magisch an. Das Objekt meiner Begierde lag in Langenhorn. Langenhorn? Kannte ich als Außenbezirk von Hamburg, aber nicht in Nordfriesland. Wieder was gelernt. Am nächsten Tag fuhr ich umgehend hin, bog von der B5 in die Dorfstraße ein, die sich schier endlos durch den Ort schlängelte, bis ich endlich in die mit Birken gesäumte Zielstraße einbog und mit Herzklopfen vor meinem Traumhaus stand. Bingo! Sparkasse, wir müssen reden! Das war 1988.

Ich lebe noch heute dort, meine Söhne längst nicht mehr, tragen aber ihre nordfriesische Aufzuchtstation wohlig in ihren Herzen, so, wie es sich ihre Eltern einst für sie gewünscht hatten. Längst habe ich als »Beutefriese« meinen Platz in der Dorfgemeinschaft gefunden, wohl nicht an der Tafel der Eingeborenen, aber immerhin auf ihrer Gästeliste. Das Ticket in die Dorfgemeinschaft kostete anfangs Geduld und behutsame Annäherung. Mein erster Versuch führte mich in den fußläufig von mir gut zu erreichenden Marktkroog. Hätte ich nicht in meinen wilden Rockmusikerzeiten ganz andere Etablissements überlebt, wäre ich sofort wieder geflüchtet. Aber meine Vita, meine fröhliche Natur und ein abendfüllendes Repertoire an Witzen, gepaart mit solider Trinkfestigkeit, verschafften mir mit der Zeit bei den rauen Jungs Sympathiepunkte und den verdienten Titel »Schnacker«. Platt schnacken tue ich allerdings nicht, was nichts mit Geringschätzung zu tun hat – im

Gegenteil, ich liebe diesen Dialekt – sondern für mich kulturelle Aneignung bedeutet. Ich hab's ja auch immer gehasst, wenn ein Schwabe nach Berlin kam und berlinerte: »Zwee Weggla, wa.«

Für die Friesen bin ich »Peter Pinsel«, sie wiederum sind für mich die »Pidder Lüngs«, die kernigen Menschen des Windlandes, die auf ihren Festen Cola mit ihrer heißgeliebten »Stern-Marke« (einem preisgünstigen Weinbrand) mischen und in »Pötten« als Stimmungsbeschleuniger mit »Hau wech das Zeug!« auf die Tische knallen. Danach drehen sie ihre Tanzpartnerinnen wie Derwische im Disco-Fox schwindelig, stärken sich mit Schweinenacken und ihrer über alles geliebten Hollandaise (die gibt es in NF sogar auf Pizza) und schieben sich als Dessert eine Trümmertorte in den Mund, eine gewaltige Sahnebombe, die jedem Cholesterinwert Beine machte. Ein Höhepunkt ihrer Fettzufuhr ist der Aal. Sie lieben ihn gebraten, geräuchert oder gekocht und nehmen sich nach »Aal satt«-Veranstaltungen schon gerne mal heimlich ein paar von diesen leckeren Wasserschlangen mit nach Hause. Möglichweise ist diese Ernährungskultur historisch bedingt, Nordfriesland ist nämlich ein Handwerker- und Bauernland. Wer einmal erlebt hat, wie um 17:45 Uhr im Bahnhof von Langenhorn aus der Regionalbahn von Sylt die müden Handwerker mit ihren leeren Brotboxen und Thermoskannen aus den Türen fallen und hungrig nach Hause schlurfen, der versteht, dass sie jetzt was »Ordentliches« auf dem Teller brauchen und keinen Baby-Blattsalat mit Spinatflocken und Bärlauchpesto.

Ich bin fest überzeugt, dass sie noch heute damit erfolgreich wären, eine Bratwurstbude zusammenzunageln, um bei der Eröffnung jeden Gast fast zärtlich »Magst es leiden?« zu fragen. Der Nordfriese ist genügsam und anspruchslos, kann auf elitären Stil und dekorativen Firlefanz gerne verzichten, Hauptsache, er kann sitzen und es gibt Gabel und Messer. Manchmal erinnert mich dieser pragmatische, lebenszugewandte Volksstamm an die Wikinger. Ob die allerdings auch so viel Humor hatten, möchte ich bezweifeln. In der Geschichtsschreibung über die wilden Nordmänner ist davon eher nicht die Rede. Der Humor der Nordfriesen jedoch ist schlagfertig wie ihre Sahne, trocken wie ihre Kehle, kurz wie ihr Korn und treffsicher wie Möwenschiet. Genau das richtige Zuhause für einen Humoristen wie mich, der sich jeden Tag etwas Neues ausdenken muss.

Für die Einheimischen bin ich ein Exot, ein eingebürgerter preußischer Großstädter, der Witze zeichnet – und sogar davon lebt! »Cartoon« sagt ihnen absolut nichts, gar nichts. Klingt wie »Karton«, den wiederum kennen sie aus dem Baumarkt, weil darin die Schrauben verpackt sind. Selbst meinen einheimischen Bekannten und Freunden will es bis heute nicht in den Kopf, wie man mit einem Zeichenstift Geld verdienen kann, ohne dafür einen Nagel ins Papier zu schlagen. Aber sie haben sich inzwischen an mich gewöhnt, haben gehört, wie ich als Anwalt meiner selbst den großen bayerischen Komiker Karl Valentin mit dem Satz »Humor ist Schwerstarbeit« zitiert habe, ich folglich tagsüber harte Arbeit verrichte und nicht wegen jeder »Tass Kaff« gestört werden will. Mein geschätzter Postzusteller bekundet mir allerdings täglich, so »umumbei« 13 Uhr, mit einem fröhlichen »Nanu? Schon aufgestanden?«, was er davon hält.

Meine Tätigkeit erschließt sich ihnen nicht, was sie nicht anfassen oder bearbeiten können, ist ihnen suspekt. Ich bin ihnen nicht böse. Der Humorist ist sich ja in seiner Selbsteinschätzung oftmals selber nicht sicher, Zweifel und Selbstzerstörung sind seine ständigen Begleiter, ohne die könnte er sich auch nicht weiterentwickeln. Stagnation wiederum ist bekanntermaßen der Todfeind jeder Kreativität. Aber diese Gefahr besteht für mich, in dieser Welt der verbalen Minimalisten mit ihrem herzhaften, pointierten Witz, nicht. Ich fühle mich unter ihnen sauwohl und in ihrem Land zu Hause. Das jedoch hat sich in den letzten Jahren hier und dort verändert. Wo früher nicht nur die Augen Emil Noldes angesichts der himmlischen Weite dieser einzigartigen Landschaft vor Glück feucht wurden, stören heute riesige Windmühlen in Waldformation den Zauber dieses Anblicks. Die ersten stehen unmittelbar, akkurat im gesetzlich vorgeschriebenen Abstand (gefühlt viel zu dicht), am westlichen Ortsausgang Langenhorns und malmen nicht nur Strom in die Dosen, sondern schaufeln auch die Kohle in die Kassen der Investoren und Gemeinden. Energiewende hat halt ihren Preis und die Küste diese gewaltige Power: den Wind! Fluch und Segen zugleich. Inzwischen habe ich gezwungenermaßen gelernt, mit diesen Mühlenkraftwerken zu leben. Das wünschte ich mir für unsere großen Raubvögel und Fledermäuse und all die anderen, fliegenden Dummerchen allerdings auch.

Kehre ich mal im Auto aus dem überfüllten Süddeutschland zurück, spüre ich ab Hamburg die Frische und Weite des wahren Nordens und freue mich auf zu Hause. Und wenn wieder mal mitten in der Nacht die Sirene heult, dann weiß ich, wer in dem Moment bei Wind und Wetter aus dem Bett springt, um anderer Leute Brände zu löschen, und fühle mich in meiner Dorfgemeinschaft bestens aufgehoben. Weißbescheid?

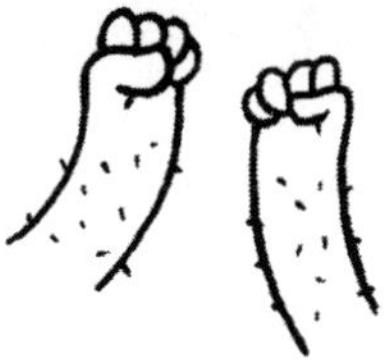

Einer gegen alle

Anfang des Jahres sah ich in meinem Lieblingsbekleidungsgeschäft in Husum eine knallgelbe, wattierte Jacke. »Mal anprobieren?«, fragte mich augenzwinkernd der Verkäufer. »Sie meinen…?«, fragte ich verschämt zurück. »Aber ja!«, antwortete er. »Nicht zu aufdringlich für einen älteren Herren?«, wollte ich verschämt wissen. »Schwarz können Sie noch zu Ihrer Beerdigung tragen, jetzt ist die Zeit für ein Bekenntnis zum Leben. Nur Mut!« Da hat er recht, dachte ich, und als er noch »Farbe liegt hochaktuell im Trend« sagte, drehte ich mich noch mal vor'm Spiegel und entschied: »Die nehm' ich.« »Gute Wahl«, meinte der Verkäufer und hob den Daumen. Möglicherweise ist er anschließend zum erfolgreichsten Verkäufer des Monats gewählt worden. Egal. Wenn ich mich entscheide, dann stehe ich dazu. Lebensfrohes Gelb war jetzt also meine modische Botschaft an eine Gesellschaft, die ja positiver Impulse dringend bedarf.

Gestern musste ich geschäftlich in meine alte Heimatstadt Berlin, eine willkommene Gelegenheit, mich mit meiner Trendjacke geschmeidig in den modischen Flow der pulsierenden Hauptstadt zu integrieren. Im U-Bahnabteil erwischte ich offensichtlich eine Trauergesellschaft, alle trugen Schwarz. In Stadtmitte stieg ich aus und – wohin ich auch schaute – ich sah wieder nur schwarz. Kollektive Volkstrauer? Mein Gott, wer ist da wohl gestorben, dachte ich und fing an, mich in meiner leuchtend gelben Jacke fehl am Platze zu fühlen. An einer Ampel tippte mich ein Mann an: »Wo wollnsen hin? Kann ick helfen?« Woher wusste der Kerl, dass ich ein Auswärtiger vom Dorf bin? Eine junge Frau fragte mich interessiert, wo die Demo stattfände, von der ich käme, eine ältere Dame hielt mich für einen Rettungssanitäter, ein kleiner Junge wollte ein Autogramm von mir haben, weil er dachte ich sei DOTTERMAN, am Checkpoint Charly steuerte eine chinesische Touristengruppe auf mich zu und die Reiseführerin fragte mich: »Bekommen wir bei Ihnen Karten für den Sightseeing-Bus?« Danach zog ich mich in einen Hinterhof zurück und erwog, die Jacke von innen nach außen zu wenden, aber innen war sie genauso gelb. Zwei Querstraßen weiter stand ein randvoller Altkleidercontainer, aber beim besten Willen, keines dieser Kleidungsstücke lud, obwohl sie alle auch dunkelfarbig waren, zum Tausch ein.

Ich hockte mich hinter einen Bauzaun und wartete, bis es dunkel wurde und machte mich dann, möglichst abseits von Laternen, zu Fuß auf den Heimweg. Heute Morgen stehe ich am Kiosk und sehe mich in meiner Jacke riesengroß auf der Titelseite der BILD-Zeitung: »Augenbomber schockt Berlin!«

Stimmig

Während in der Welt da draußen, speziell in den digitalen Medien, die Umgangssprache mehr und mehr verroht, entwickelt sie sich in anderen Bereichen völlig konträr. Nehmen wir das Radio. Längst leckt es in seinen formatierten Unterhaltungssendungen unter der Knute der Einschaltquote den Hörerinnen und Hörern devot die Ohren. Die Moderatorinnen und Moderatoren verstehen die Kunst, während ihrer Ansagen offenbar permanent zu lachen, zumindest total gut drauf zu sein. Es ist schwer auszuhalten. Ein Mensch, der morgens total früh aufstehen musste, um sich durch mieses Wetter und stinkigen Straßenverkehr zum Rundfunkhaus zu quälen, kann unmöglich gut gelaunt sein. Da stimmt doch was nicht. In meiner Jugend gab es in den Berliner Rundfunksendungen durchaus noch kantige Typen. Ein Moderator in der damaligen Kultsendung SF-Beat gab sich sogar den Spitznamen »Das Messer«. Das ging dann wohl auch der Intendanz etwas zu weit. Ich fand's voll lustig. Auch in der Werbung werden die Sprecherinnen und Sprecher zum Wohle der Kaufentscheidung nach dem Gute-Laune-Kick in den Stimmbändern ausgewählt, von Frau Navi mal ganz zu schweigen. Die schickt uns mit erotischer Stimme eiskalt in die nächste Sackgasse, dorthin, wo die anderen Fehlgeleiteten schon Schlange stehen und an ihrem sinnlichen »Bitte wenden« verzweifeln. Auch die Dame aus der Lautsprecheranlage meines

Regionalzuges kündet den nächsten Bahnhof an, als würde sie mich dort erlebnishungrig erwarten, und in den Warteschleifen der Telekommunikation wird der ungeduldige Kunde von süßen Worten betäubt: »Der nächste Mitarbeiter – jauchz – ist unverzüglich aus ganzem Herzen – jauchz – allein nur für Sie da.« Ich empfehle allen Moderatorinnen und Moderatoren mal einen Besuch in Brandenburg. Die Menschen dort versprühen den Charme eines Betonmischers und verweigern dir so lange den Schlüssel zu ihrem Herzen, bis sie der Ansicht sind, du hättest ihn verdient. Das ist ehrlich und wahrhaftig und macht einen danach richtig stolz. Vermutlich hat ihr regionaler Sender auch eine gemäße Moderatorensprache? »Juten Morjen, ihr Schnarchnasen! Nu ma zack-zack raus ausse Pfurzkiste!«

Radio Gaga

Ich bin in den kleinen Laden gegangen, um mir ein Hemd zu kaufen. Während ich die Auswahl an den Kleiderstangen durchblättere, läuft im Hintergrund unüberhörbar das Radio. Zwei aufgekratzte Moderatoren spielen einen Titel kurz an und fragen: »Wer erkennt die Interpretin? Sofort anrufen unter … holt euch die 500 Euro!« Ich will mich auf die Hemden konzentrieren, merke aber, wie mich diese Frage packt. Sie spielen den Titelfetzen noch mal. Ich kann es kaum glauben: Das ist doch eindeutig Marianne Rosenberg mit »Er gehört zu mir«. (Wie der Schein zu mir, denke ich.) So leicht bin ich noch nie zu Geld gekommen. Ein Hörer ist auf Sendung und meint: »Mary Rose?« Mann, ist der blöd. Der Moderator sagt: »Leider falsch. Aber jetzt alle zuhören – ich erhöhe auf 600 Euro, heute Nachmittag auf eurem Konto, ruft an!« Ich werde immer nervöser. Für 600 Euro kann ich mir gleich jetzt ein Dutzend Hemden kaufen. Wahnsinn. Sie spielen den Titel noch mal an. Ich kann mich überhaupt nicht mehr konzentrieren, wühle fahrig in den Stoffen herum. »Ja, wer ist dran?«, fragt der Moderator. »Ich bin Lena aus Rostock. Den Titel singt … äh … Nicole?« Nicole? Ja bist du denn völlig tot da oben, denke ich. Das tut ja schon weh. »Tut uns leid, Lena, leider nein«, bedauert der Moderator. Wieder spielen sie das Lied an und sagen: »Einem Anrufer geben wir noch eine Chance – ruft an!« »Haben

Sie die Nummer von Radio Brandenburg?«, schreie ich den Ladenbesitzer an. »Bitte? Worum geht's?«, fragt er verdattert. »600 Euro, Mann! 600 Euro!«, brülle ich ihn an und dann in Richtung Radio: »Marianne Rosenberg! Ma-ri-an-ne Ro-sen-berg!!« Er schaut mich sonderbar an und fummelt an der 112 seines Handys herum. Ich schreie: »Marianne Rooosenberg! Mann! Das ist doch pipi-einfach! Marianne Rosenberg!!«, stürze nach draußen, klettere auf einen Tisch mit Sonderangeboten und fuchtel mit einem karierten Hemd in der Luft herum. Es muss mich doch jemand von Radio Brandenburg sehen. »Marianne Rosenberg!! Er gehört zu mir! Rosenberg! Marianne!«, gröle ich wie von Sinnen. Als mich die Sanitäter fest fixiert in den Krankenwagen verbringen, höre ich noch aus der Ferne eine Hörerin »Helge Schneider?« antworten. Danach falle ich in Ohnmacht.

Aus und vorbei

Leicht haben die Anwesenden es sich nicht gemacht, aber letztendlich fiel die Entscheidung einstimmig. Er passt einfach nicht mehr in die Zeit, da war man sich einig, außerdem muss dringend gespart werden. Die hohen Reisekosten, der Energieverbrauch, die Umweltbelastung, kurzum: der Weihnachtsmann muss weg! Es sei nun wahrlich an der Zeit für einen älteren Herren von über 1.600 Jahren, in den wohlverdienten Ruhestand zu gehen. Den Grünen war dieser alte, weiße Mann schon lange ein Dorn im Auge, längst gehörte an diesen Platz ihrer Ansicht nach eine Frau oder eine queere Person, zumindest auch mal ein Vertreter der muslimischen Minderheit hin, einfach, um die Diversität zu fördern und Weihnachten bunter zu machen. Der Vertreter der Tierschutzorganisation PETA sprach sich vehement dafür aus, die armen Rentiere endlich auf den Gnadenhof zu schicken. Schließlich würden die Menschen sich immer größer und schwerer beschenken und man weiß doch, warum der Weihnachtsmann sich weigerte, mal auf die Waage zu treten. Die Gewerkschaft TRANSPORT & SCHLITTEN hatte für dieses Jahr sowieso einen Streik geplant, sagte ihr Geschäftsführer, worauf der Verkehrsminister souverän bemerkte, da würde die Bahn locker einspringen. Nachdem das tosende Gelächter sich einigermaßen beruhigt hatte, drohte Frau Strack-Zimmermann von der FDP barsch mit dem Einsatz eines Leopard 2, um die Kündigung des Weihnachtsmannes zu verhindern, wurde aber mit einem Gutschein für eine Großpackung des Haarfärbemittels Alpecin-Power-White bestochen. Die AfD sah natürlich in dem Ganzen die systematische Aushöhlung traditioneller, deutscher Werte und will mit dem Fall nach Karlsruhe. Söder kündigte sofort an, dass Bayern den Weihnachtsmann übernimmt, ihn aber in eine blauweiße Tracht stecken wird. Die Familienministerin gab die Folgen für die Kinder zu bedenken, die ja nun am Heiligen Abend keinen Weihnachtsmann mehr hätten, worauf aus der Runde jemand »Schon mal was von Robotern gehört?« rief. Die Kirchenvertreter erklärten, sie würden unverzüglich Gott davon in Kenntnis setzen, dass seine Engel nun ihren liebsten Job verloren hätten. Der Justizminister sah dem gelassen entgegen. Na, frohe Weihnacht!

Home, sweet home

Ich höre Musik – durchs Telefon klingt sie immer hässlich blechern, außerdem ist sie überhaupt nicht mein Geschmack – dann eine weiche, zugewandte Stimme: »Ich bin deine digitale Assistentin Clara, was kann ich für dich tun?«

»Blöde Kuh, blöde!«

Stille.

Vergebung, Vergebung, aber wenn ich sauer bin, neige ich zu Ausfälligkeiten, das Vulgäre in mir formuliert dann die Wut. Das bin gar nicht ich. Ich bin grundsätzlich höflich und friedfertig und will einen anderen Menschen am allerwenigsten beleidigen. Eine lästige Folge meiner konservativen Erziehung, denn Dampf ablassen täte mir manchmal mehr gut, als alles in mich hineinzufressen. Diese Lösung ist die Keimzelle für alle Wehwehchen und Krankheiten. Aber noch bin ich scheinbar gesund, sagt jedenfalls mein Arzt. Vielleicht auch nur, weil ich Privatpatient bin. Jetzt aber telefoniere ich mit meinem Stromversorger wegen meines Zählerstandes. Klar könnte ich auch auf seine großartige Homepage gehen, auf die sie uns immer mehr locken, aber die hasse ich noch mehr als digitale Assistentinnen. Ich möchte einfach nur mit einem echten Homo sapiens sprechen, einem Wesen wie du und ich, das es da draußen schließlich milliardenfach gibt.

Clara hat sich erholt. Sie spricht wieder mit mir. »Ich habe dich nicht richtig verstanden. Kannst du dein Anliegen noch mal äußern?«

Ich sage ruhig und deutlich: »Die kalte Hand am Sack des Bahnsteigwärters!«

Stille.

In der Wut werde ich nicht nur sexistisch, sondern auch phantasievoll, komme so richtig in Form. Leider geht dieses Spiel nicht mehr weiter, denn Clara kann mir nicht mehr folgen, beleidigt ist sie aber nicht. Das ist das Gute an diesen Robotern. Sie flötet jetzt:

»Leider konnte ich dein Anliegen nicht verstehen, ich leite dich an eine unserer Mitarbeiterinnen weiter.«

»Leb wohl Blumenkohl.«

Stille.

Also verhöhnen tue ich sie auch noch. Ich will diesen therapeutischen Moment einfach genießen. Einen Moment später macht es »Klick« und ich höre eine kräftige, männliche Stimme mit leicht fremdländischem Akzent: »Mein Name ist Zlatan Dubrownik« (Name aus Datenschutzgründen von mir geändert), »was kann ich für Sie tun?«

Oh? Zlatan siezt mich. Mag ich auch lieber. Ich juble: »Ein Mensch, ein Mensch, endlich ein richtiger Mensch! Ach ist das schön. Wie geht es Ihnen, Herr Dubrownik – geht es Ihnen Herr Dubrownik?«

Stille. Ich höre ihn atmen. Aber nicht nur das, sondern meine eigene Stimme auch als Echo. Das ist sehr lästig. Er geht auf meine persönliche Frage überhaupt nicht ein, fragt: »Wie kann ich Ihnen helfen, Herr … ääh?«

»Butschkow, Herr Dubrownik, mein Name ist Peter Butschkow – Peter Butschkow. Sagen Sie, warum höre ich mich eigentlich immer als Echo – immer als Echo?«

»Sie hören sich als Echo?«, fragt Herr Dubrovnik.

»Ja, was ich sage, hallt nach – hallt nach.«

Pause. Es kratzt in der Leitung, dann fragt er: »Jetzt besser?«

»Ich muss erst mal was sagen«, sage ich, lausche meinem Satz nach, und dann: »Wirklich, es ist weg.« Ich hab keine Ahnung, wie er das gemacht hat.

»Wie kann ich Ihnen helfen?«, wiederholt er.

Ich erkläre ihm mein Problem mit der Anmeldung meines Zählerstandes.

Grundsätzlich scheint mir, der Mann sitzt nicht im Büro. Während ich rede, höre ich nämlich in ziemlich regelmäßigen Abständen ein wischendes Geräusch. Es klingt so, als würde jemand eine Wand verputzen oder streichen. Es stört mich immens, macht mich nervös. Er soll mir konzentriert zuhören und nicht im ausgeleierten Schießer-Feinripp-Unterhemd und vollgekleckerter Cordhose nebenbei seine Wohnung renovieren und dabei über Headset den Home-Kundenservice für ein Energieunternehmen erledigen.

»Sagen Sie mal, arbeiten Sie da nebenbei?«, frage ich ihn direkt.

»Ich? Nichts, ich rede mit Ihnen«, antwortet er leicht pikiert.

»Ja, aber was wischt denn da andauernd im Hintergrund?«

»Nichts. Also ich höre nichts«, beteuert er, dann herrscht tatsächlich kurzzeitig Ruhe. Kurz danach fängt das Wischen wieder an und nicht nur das, es klingt auch noch dazu so, als würde jemand mit einem Löffel in einer Kaffeetasse rühren.

»Herr Dubrovnik? Sie verputzen eine Wand oder machen sonst was und trinken nebenbei noch eine Tasse Kaffee? Und das alles während eines Kundengespräches – während eines Kundengespräches?«

Das Echo ist auch wieder da. Was geht da am Ende der Leitung eigentlich vor? Ich bin von der ganzen Unruhe total genervt und habe langsam die Schnauze voll. »Renovieren Sie gerade nebenbei Ihr Bad oder den Flur, oder was – oder was?«

Er geht jetzt gar nicht mehr auf meine Nachfrage ein, stellt sich einfach stur. »Geben Sie mir doch bitte zum Abgleich Ihr Geburtsdatum«, sagt er, während er parallel weiter einfach seine Wohnung renoviert.

»Herrn Dubrovnik, diese Nebengeräusche, so geht das nicht. Bitte verbinden Sie mich unverzüglich mit einem anderen Mitarbeiter – einem anderen Mitarbeiter.«

»Wie Sie mögen«, antwortet er beleidigt. »Ich verbinde.«

Ich höre ein paar Minuten Musik und dann eine weibliche Stimme: »Mein Name ist Svetlana Sukowa (Name aus Datenschutzgründen geändert), was kann ich für Sie tun?«

»Frau Sukowa, schön dass ich endlich jemanden gefunden habe, der mir zuhört.«

»Sehr gern, Herr Wuschkoff. Bitte geben Sie mir doch erst mal Ihre Kundennummer.«

Während ich ihr meine Kundennummer vorlese, vernehme ich plötzlich in unserer Verbindung ein Nebengeräusch, bei dem ich mir absolut sicher bin, dass ich es eindeutig zuordnen kann. Ich unterbreche die Schilderung meines Sachverhaltes und frage abrupt: »Hallo?«

»Ja?«

»Sagen Sie mal, rasieren Sie sich etwa, während Sie mit mir telefonieren?«

Haar-Netz

Svenja riet mir, es mal mit Eigenurin zu versuchen, aber dazu komme ich später. Mir geht es dabei nicht um die großen Fragen des Lebens, sondern um die kleinen, um die winzigen Meteoriten, die täglich ganz unspektakulär in uns einschlagen und uns arg quälen können. Profane Fragen zu scheinbaren Banalitäten: Mit wie viel Grad wäscht man ein Mousepad? Wie bekommt man Blattläuse aus dem Kopierpapier? Solche Fragen, meine ich.

Mein akuter Fall war eigentlich auch nur ein albernes Problem, es ging um meine Haarbürste. Nach längerer Verwendung hatte ich nämlich festgestellt, dass sich mit der Zeit am Fuß der einzelnen Borsten ein winziges Gewölle aus feinen Haaren und Talg gebildet hatte. Nicht schlimm, aber nicht schön. Gut geeignet, um bei Gästen, die ja zu gerne in fremden Bädern heimlich die Kosmetika und Pflegemittel studieren, neuerdings sogar mit ihrem Handy fotografieren und am nächsten Morgen ins Netz stellen, in den Ruf zu geraten, man sei eine alte Sau. »Schaut euch mal seine Haarbürste an.«

Ich wollte, auch wenn ich in meinem Umfeld schon als eigenwillig galt, wenigstens im kosmetischen Bereich einen guten Eindruck hinterlassen. Der Kauf einer neuen Haarbürste, nur wegen kleiner Gebrauchsspuren, schien mir jedoch übertrieben. Nicht weil ich geizig bin, ganz im Gegenteil, sondern weil ich bislang als erwecktes Mitglied unserer Wegwerfgesellschaft ein

Zeichen der Verantwortung und des Umweltbewusstseins setzen wollte. Die Reinigung indessen gestaltete sich erheblich schwerer, als ich es für möglich hielt, bei jeder Borste musste das klebrige Gewölle mühsam abgefieselt werden und das bei gut hundertvierzig Borsten. Schlagartig überfällt mich bei solchen Aufgaben eine lähmende Müdigkeit, eine Schutzreaktion auf meine Ungeduld, denn Ungeduld ist die Schwachstelle in meiner ansonsten gefällig ausgeformten Persönlichkeit. Dieses Defizit hat mich schon ein Haufen Geld gekostet. Zerstörte Geräte, die Opfer meiner Wutattacken wurden, weil ich Tintenkartuschen bei dem Versuch sie auszutauschen in das Gerät gehämmert habe. Parkhausschlagbäume, in deren Öffnungsautomaten ich den Parkschein mit Gewalt hämmerte und damit das ganze Parkhaus stilllegte. Nichts ging mehr. In technischen Belangen fehlt mir also der praktische Daumen. Kurz vor dem Zertrampeln meiner Haarbürste fiel mir gerade noch haarscharf eine der größten Errungenschaften der neuen Zeit ein: das Internet! In diesem digitalen Termitenhaufen hatte ich schon oft gute Ratschläge gelesen, wobei ich allerdings allen Hypochondern dringend davon abraten möchte, sich in medizinischen Fragen durchzugoogeln. Danach wird alles nur viel, viel schlimmer. Man glaubt nicht, woran Menschen alles leiden, wie ausschweifend sie darüber schreiben können und auf welch verrückte Lösungen sie kommen.

Irgendwann hatte ich auch mal was mit meinem Trommelfell, allerdings von meinem Schlagzeug, und stöberte im Netz nach Tipps, wie man es am besten neu bespannt.

Ein Trommler schrieb, dass man das beste Ergebnis erzielen würde, wenn man die Felle zwischen Februar und März bespannen würde, weil da der Einfluss der kosmischen Strahlung auf den Dehnungsfaktor der Schlagoberfläche am idealsten sei. Einer empfahl, vor dem Aufsetzen des Fells auf den Trommelkessel den Rand mit Butter einzuschmieren. Da ich schon seit Jahren keine Butter mehr esse, fragte ich nach, ob es mit halbfetter Margarine oder vegetarischem Zwiebelschmalz auch funktionieren würde, bekam aber keine Antwort. Ein anderer schlief, bevor er seine Kessel neu bespannte, eine Nacht auf der kompletten Trommelfellgarnitur.

Hier nun also, aus diesem digitalen, globalen Wissensschatz, wollte ich den ultimativen Hinweis erhalten, wie man so effektiv und rationell wie möglich mit optimalem Ergebnis unsaubere Haarbürstenborstenböden reinigen kann. Ich war mir sicher, ich würde fündig werden, Erleuchtung erfahren und mein Reinigungsproblem bis zum ultimativen Haarausfall lösen. Ich gab bei Google den Suchbegriff »Reinigung von Haarbürsten« ein, sicherheitshalber stellte ich meine Frage noch mal im geschliffenen Englisch: »How to clean a hairbrush?«, um auch den Rest der Welt mit einzubeziehen, denn vielleicht hatte eine US-amerikanischer Westküsten-Frisörin eine gute Idee? In Sekundenschnelle erhielt ich Antworten. Ich war schwer beeindruckt, mit wie vielen Menschen ich dieses Problem teilte. Dieses Bewusstsein, mit seinen Sorgen und Fragen auf der Welt nicht alleine zu sein, ist für mich immer wieder eine der faszinierenden Botschaften des digitalen Netzes, vermittelt mir aber auch ein wenig von der deprimierenden Erkenntnis, dass man ganz und gar nichts Besonderes ist. Da war früher doch ganz anderer Raum für Illusionen. Ein Typ erläuterte ausschweifend, wie alle seine Versuche versagten, seine Haarbürste zu reinigen, er sehr verzweifelt war und schrie und tobte und seine ganze Familie unter seiner miesen Laune litt. Eine Griechin riet, es doch mit Ziegenmilch zu versuchen. »Put the hairbrush over twentyfife hours in goatmilk and suddenly it was easy, to clean the hairbrush. Good luck!« Meine Haarbürste, blitzsauber aber durchtränkt von säuerlicher Ziegenmilch? Pfuideibel! JoBob schrieb zu dem Thema, er hätte es mit Kaugummi probiert und großartigen Erfolg gehabt. Einen weichgekauten Kaugummi um die Borstenböden kleben und dann vorsichtig abziehen, sodass Kaugummi und Haarreste sich gemeinsam lösten. Wie eklig ist das denn? Ich fing ich an, mir Sorgen um die Hygiene von JoBob zu machen. »PussyMegan« empfahl, die Bürste mit Zahnpasta vollzuschmieren und über Nacht einwirken zu lassen, am nächsten Tag könne man die ungeliebten Partikel locker ausschütteln. Auch PussyMegan gab mir Anlass zu größter Besorgnis. »Redfox« hatte, so schrieb sie, vollen Erfolg mit einer Mond-Essig-Therapie. Sie hatte die Haarbürste in einer Mischung aus 50% Essig und 50% abgekochtem Regenwasser gebadet, bei Vollmond unter einen Ginsterstrauch gestellt, über Nacht einwirken lassen und dabei jede volle Stunde Reinigungsformeln gemurmelt. Am nächsten Tag sei die Bürste wie neu gewesen. Das klang beeindruckend, war mir aber deutlich zu aufwendig, außerdem wäre ich gesellschaftlich erledigt, wenn mich jemand dabei beobachten würde. »Sina« meinte, ich soll mir mal öfters die Haare waschen. So beantworten also sensible Frauen die Fragen eines verzweifelten Mannes. Vielen Dank dafür.

Auch eine Pferdeflüsterin war dabei, »ANNAzone«, sie hatte dasselbe Problem mit einer Striegelbürste gehabt und es mit dem rotierenden Bürstenkopf einer elektrischen Zahnbürste versucht. Bürste gegen Bürste. Angeblich, so ANNAzone, hätte sie das Ergebnis zufriedengestellt. Für mich aber war das keine Lösung, letztlich muss ich ja mit dieser Methode auch jede Borste einzeln reinigen. ANNAzone hatte mich nicht verstanden, nun gut, ich hab ja auch nicht gewiehert. Sehr solide erschien mir die positive Erfahrung von Danny, die ihre Bürste zwei Tage in eine Spülmittellauge legte, woraufhin sich die störenden Stoffe danach »butterweich ablösen lassen«. Das versuchte ich, mit dem Erfolg, dass sich danach die Haare gar nicht mehr aus der Umklammerung lösen wollten und der Bürstenkörper unter der Behandlung litt. Nichts löste sich also butterweich auf, außer der Tipp von

Danny. Auch Svenjas Lösung mit der Eigenurinbehandlung war mit mir nicht zu machen. Ich stehe meinen Körperflüssigkeiten mit Respekt, aber auch mit einer gewissen Diskretion gegenüber. Es finde es schamlos, wie manche Menschen ihren Körper ausbeuteten. Von »Globalfinger27X« erfuhr ich, dass er es mit einer Mixtur aus Salzsäure und Domestos versucht hatte und die Bürste sich am nächsten Morgen komplett dematerialisiert hatte. So geht's also auch.

Meine Haarbürste starrte mich nun jeden Morgen an, als wolle sie mich fragen: »Und nun? Was machen wir nun?« Da erinnerte ich mich an einen Vorschlag von »Clara&Carla«, der mir gleich gefallen hatte. »Die Bürste mit Rasierschaum vollsprühen und zwölf Stunden ziehen lassen«, meinten sie. Frauen, die auf Rasierschaum schworen, das wäre früher doch undenkbar gewesen. Als Nassrasierer hat mich diese Idee sofort überzeugt, Rasierschaum hatte ich reichlich, also sprühte ich meine Haarbürste damit ein und ließ Schaum und Bürste ein paar Stunden miteinander arbeiten. Das Ergebnis war total unbefriedigend. Ich postete dann in die Haarbürstenborstenreinigungscommunity: »Kauft euch einen verdammten Kamm.« Die witzigste Reaktion kam von JolliJoke: »I will kamm.«

Entmündigt

Mit der Erfindung des elektrischen Fensterhebers fing es an. Man war nicht mehr in der Lage, die Fensterscheibe selber manuell mit der Hand zu kurbeln. Nun machte das der Strom und wenn der keine Lust mehr hatte, musste man, wenn man Pech hatte, im Winter mit offenem Fenster fahren. Angina inklusive. Heute nun sind die Autos randvoll mit Elektronik und wenn die keine Lust mehr hat, muss man sein Konto plündern oder sein Auto sprengen. Aber noch etwas: Ist euch eigentlich aufgefallen, dass die Autofenster immer kleiner werden? Die neuesten Modelle sehen aus wie Panzerspähwagen. Die Heckscheibe ist jetzt wie ein Bunkerschlitz. Rückwärts einparken geht nur noch mit Blindenhund und der heißt »Kamera«. Nichts geht mehr ohne elektronische Hilfe. Wir werden von der Autoindustrie systematisch entmündigt! Und morgen gehen die Autotüren nur noch mit Passwort auf. Ich habe schon eins: »Hölle«.

Besserkönner

Er runzelt die Stirn, streicht an der Regalkante entlang und fragt mich: »Wer hat denn das gemacht?« »Ein Tischler«, antworte ich korrekt. »So, so«, knurrt er. »Warum?«, frage ich. »Nö, nix, nur so«, sagt er. »Komm, sag ruhig«, ermuntere ich ihn. »Es gibt gute und es gibt schlechte Handwerker«, antwortet er, »mehr sage ich nicht.« Aha, ich verstehe, ihm gefällt die Arbeit nicht. Er kann es besser. Jeder Handwerker versteht sein Handwerk besser als der Kollege vor ihm. Ich habe noch keinen Handwerker kennengelernt, der seinen Vorgänger gelobt hat. Irgendetwas an dessen Arbeit ist für ihn immer zu schief, zu krumm, zu kurz, zu lang, zu unsauber, kurzum: Pfusch! Gestern war ich bei einem befreundeten Optiker und legte ihm einen Zettel mit meinen neuen Sehstärken vor, die mein Augenarzt, ein renommierter Professor, tags zuvor bei mir ermittelt hatte. »So, so«, murmelte er und musterte die Zahlen. »Was meinst du?«, fragte ich. Er zog die Augenbrauen hoch, schüttelte den Kopf und fragte: »Also nee, was hat die Pfeife denn da bloß gemessen?«

Fehlversuch

Gestern, gerade wollte ich zum Einkaufen fahren, da klingelte bei mir das Telefon.

Ein freundlicher Mann war dran, stellte sich mit seinem Dienstgrad vor und wollte von mir wissen, ob ich auch der bin, der ich sei. Ja, der bin ich, bestätigte ich. Er sei froh, dass er mich erreicht habe, sagte er, so könnte er mich noch rechtzeitig vor großem Unglück bewahren. Zurzeit würde in meiner Gegend eine rumänische Einbrecherbande ihr Unwesen treiben, sie hätte schon diverse Wohnungen geknackt. Nach dem klassischen Muster dieser Kriminellen sei er überzeugt, dass ich das nächste Opfer sei und wolle mich warnen. Ich bedankte mich herzlich für seine Fürsorge und lobte die großartige Arbeit der Polizei, nicht ohne noch nachzutragen, dass das meiner Meinung nach viel zu wenig anerkannt werden würde. Der Mann bedankte sich für meine Empathie und sah es zugleich als seine Pflicht an, mir dringend die nächsten Schritte nahezulegen, um mich vor Verlust und Vandalismus zu schützen. Er riet mir, meine sämtlichen Möbel unten vor mein Haus zu stellen, inkl. wertvoller Teppiche, echter Pelze und sonstiger Antiquitäten, anschließend obendrauf in einer wetterfesten Tasche mein gesamtes Bargeld und alle Wertgegenstände, wie teure Uhren oder Schmuck. Wichtig seien auch meine Kreditkarten, und ich sollte auf keinen Fall die Passwörter vergessen. Bitte sichtbar dazulegen, meinte er. Er würde veranlassen, dass das abgeholt und in Sicherheit verbracht und mir nach dem Abzug der Bande umgehend zurückgegeben werde. Ich machte eine kurze Pause und fragte ihn dann unumwunden, wie lange er schon in diesem Betrugsgeschäft arbeiten würde? Erst war er etwas verwirrt, druckste ein bisschen herum, gab dann aber schließlich zu, dass ich sein erster Fall sei. Ich tröstete ihn und sagte, jeder fängt ja mal an und er solle nicht den Mut verlieren. Er bedankte sich sehr herzlich und wollte zur Optimierung seiner zukünftigen Vorgehensweise noch von mir wissen, woran ich denn gemerkt hätte, dass er mich über den Tisch ziehen wollte? Ich erklärte ihm, dass es in Deutschland den Dienstgrad »Polizeigroßmeister« nicht gäbe. Er bedankte sich herzlich für diesen Verbesserungsvorschlag und fragte mich, ob er vielleicht später noch mal einen neuen Betrugsversuch bei mir machen dürfe? Immer gerne, sagte ich.

Kreuzgang

Ja, ich spiele. Nicht permanent, aber immer mal wieder, am liebsten Eurolotto. Umso voller der Jackpot ist, desto mehr setze ich ein. Ja, ich bin süchtig, aber nur bei über 90 Millionen, es muss sich schließlich lohnen. Und dann male ich mir aus, was ich alles mit dem vielen Geld machen würde, dabei stoße ich in meinem tiefsten Inneren auf einen gefestigten Charakterzug, der sich erfreulich von meinen normalen, konfusen Wesenszügen unterscheidet: Ich stelle mir vor, wie ich die Millionen unter all meinen sich plagenden und geschundenen Freunden und Freundinnen verteile. Mit dem Füllhorn in der Hand besuche ich sie und schon auf dem Weg dahin bekommt jeder Straßenmusiker oder Bettler zwei volle Hände in seinen Hut geworfen. Danach beschenke ich alle Pflegerinnen und Pfleger, Krankenschwestern, Missbrauchsopfer, Kassiererinnen, Tierheime, Müllfahrer, Zirkusse, Theater, alle jungen Musiker*innen, Cartoonisten*innen, Kleinverlage, Greenpeace, Fischotter, Biber, auch die verarmten Hohenzollern sollen nicht leer ausgehen. Ich verausgabe mich lustvoll. Ganz am Ende stoße ich die große Glastür einer Porsche-Verkaufsfiliale auf und setze mich in die teuerste Karre, die dort zum Verkauf steht und stelle sie mir zum Spielen in die Garage. Diese Schweinerei gönne ich mir. Ich bin nicht mehr zu stoppen. Leben, jetzt. Corona hat uns gelehrt, wie bedroht es sein kann. So weit, so gut – immer vorausgesetzt, man tippt die richtigen Zahlen. Hört sich einfach an, ist es aber nicht. Bei der Wahl seiner Zahlen darf man nämlich nicht verkrampfen, muss in einer besonderen Stimmung sein, alles andere ausblenden und das richtige Verhältnis zwischen Bauch und Kopf finden. Persönliche Geheimzahlen oder Geburtstage der Lieben haben sich als Nieten entpuppt, auch Hausnummern, Steuersätze funktionieren nicht. Einfach mit geschlossenen Augen und einem Kugelschreiber auf das Zahlenfeld tippen, klappte auch nicht. Am besten ist, man kreuzt seinen Tippschein wie ein seelenloser Roboter an und schickt alle Hirnzellen in diesem Moment mal nach unten. Die tieferen Organe freuen sich über jeden Besuch. Also einfach nur hohlköpfig irgendwo ankreuzen. Auch vor der Verkündung der Zahlen, niemals, niemals, niemals daran denken, dass man den Jackpot abräumen könnte – niemals! Exakt diese Gedanken sind bekanntlich die verbindlichste Garantie für eine abgrundtiefe Enttäuschung. Alles klar?

Vor zwei Jahren bin ich mal in den Urlaub gefahren und hatte in der Aufregung gänzlich meinen aktiven Eurolottoschein vergessen, also weder an ihn, noch an ein Losglück gedacht. Null! Und siehe da – plötzlich erhielt ich am Strand einen Anruf meines Freundes, der in meiner Wohnung die Yuccapalme goss und auf dem Tisch meinen Spielschein fand. Fürsorglich hatte er ihn, vermutlich nicht ganz uneigennützig, zur Überprüfung in die Lottoannahmestelle gebracht.

»Sitzt du?«, rief er aufgeregt in den Hörer, »Sitzt du?«

»Nein, ich liege auf einer Decke am Strand.«

»Noch besser. Du hast fünf Richtige!«

»Waaaas? Ich? Fünf Richtige?« Fünf von sieben Zahlen! Ich fiel fast in Ohnmacht. Siehst, dachte ich, siehste, nur so funktioniert es. Bevor ich im Geiste anfangen konnte, die Millionen in erwähnter Auswahl zu verteilen, holte mein Freund mich auf den Boden zurück: »Du bekommst 380 Euro. Leider ist eine Zahl an der falschen Stelle, sonst hättest du 12000 Euro gewonnen!«

»Ooooh, neeiiinnnnn…!!?«

Pech im Glück. Verdammter Mist! Wann hat man schon mal fünf Richtige im Leben? Aber ich habe daraus gelernt, habe die parapsychologischen Gesetzmäßigkeiten verstanden. Seitdem denke ich vor dem Check meiner Lottozahlen an Sex in der Achterbahn oder an die Erderwärmun g, an ein Rezept für Königsberger Klopse oder meine Darmspiegelung. Das ist leichter gesagt als getan, irgendwann in diesem Psychospiel schleicht sich listig aus einem raffinierten Versteck dann doch der Funke eines Gedankens hinein: »Hey, du? Ja, du! Stell dir mal vor, du schnappst dir den Pott?«

Bums! – batsch! – schon sind alle Chancen wie weggefegt. Nichts geht mehr. Ein Jammer. Gestern bin ich mit AC/DC auf den Kopfhörern und Karaoke singend in meine Lottoannahmestelle marschiert, um meinen Schein überprüfen zu lassen. Heute Morgen hat man mich auf Kaution freigelassen.

Wunschtraum

Oh Gott! Ist das nicht? … ist das nicht? … das ist doch Manuel Neuer!

Manu, der Torgott – er ist es, leibhaftig. Sieht auch genauso aus wie Manuel Neuer, so wie im TV, in der Werbung, in den Zeitungen, kein Zweifel: Hier auf dem Flughafen sehe ich Manuel Neuer. Persönlich. So diskret wir möglich schaue ich zu ihm hin, sauge diesen Torwarthelden in mich auf und spüre, wie mir langsam heiß wird. Manuel Neuer. Unfassbar. Ich atme durch, fasse mir ein Herz und gehe zu ihm hin. »Herr Neuer«, sage ich, »könnten Sie mir vielleicht ein Autogramm geben?« Er schaut mich an und antwortet dann mit weicher Stimme freundlich: »Gerne.« Dann greift er in seine Jacke, zaubert eine Starpostkarte von sich hervor und fragt: »Was soll ich schreiben?« Zitternd vor Glück stammle ich: »Für P-P-Peter Butschkow, bitte.« Er erstarrt und stöhnt mit weit aufgerissenen Augen: »Peter Butschkow? Du bist Peter Butschkow? Der berühmte Witzzeichner?« »Cartoonist, Herr Neuer, Cartoonist«, korrigiere ich ihn höflich. Er geht vor mir auf die Knie und faltet seine Hände. »Nicht doch, Herr Neuer, lassen Sie das doch«, sage ich verschämt. »Das ist Peter Butschkow!«, brüllt er in die Flughafenhalle. Alle starren mich an, ich weiß gar nicht mehr, wo ich hinschauen soll. »Der berühmte Cartoonist ist anwesend!«, brüllt er weiter. Mir schießt das Blut in den Kopf, Gott, ist mir das unangenehm. »Darf ich Ihnen als Anerkennung Ihrer humoristischen Leistung und aus Dankbarkeit für dieses Geschenk an Lebensfreude eine Summe Ihrer Wahl überweisen?« »Aber nicht doch«, sage ich überwältigt. »Scheuen Sie sich nicht«, fleht er mich an. Ich spüre bis in mein tiefstes Inneres, wie viel ihm dieses Angebot bedeutet, da darf ich mich nicht trotzig zeigen. »Na gut«, sage ich, »vielleicht zwei Millionen?« »Gebongt!«, antwortet er, »die habe ich zufällig genau in bar dabei« und reicht mir seine pralle Ledertasche. Ich greife gerade zu – da wache ich auf und sehe noch, wie die Finger meines ausgestreckten Armes ins Leere greifen, bevor sie schlaff auf die Bettdecke sinken.

Saure Omas

Der Mensch trägt gerne neue Kleidung, volle Bierkästen, Make-Up oder sein Geld auf die Bank, was er aber überhaupt nicht tragen kann, sind Schuldgefühle. Schon unsere Eltern haben auf unsere neugierigen Fragen, ob sie nicht gemerkt haben, dass immer mehr Nachbarn oder Bekannte jüdischen Glaubens, plötzlich, von heute auf morgen, verschwunden waren, mit »Du mach erst mal deine Schularbeiten!« geantwortet. Was ihre Antwort mit dieser Frage zu tun hatte, das war mir schleierhaft, aber ich verstand, dass ich scheinbar einen Schmerzpunkt getroffen hatte, ein Thema, bei dem sie auf Tauchstation gegangen sind. Vor einigen Jahren machte sich nun Greta, ein kleines, schwedisches Mädchen auf, der Welt ihren schändlichen Umgang mit Natur und Umwelt unter die Nase zu reiben: »How dare you!«

Davon inspiriert verhöhnte ein WDR-Kinderchor im Radio die ältere Generation mit einem selbstkomponierten und getexteten Lied, in dem es »Oma fährt im Hühnerstall Motorrad … Oma is ne alte Umweltsau« hieß. Ein Orkan der Entrüstung fegte durchs Land. Autoren*innen und Intendanz des WDR sahen mit Schrecken ihren Arbeitsplatz und ihre Altersversorgung in Gefahr, legten sich sofort auf den Rücken und zeigten ihren Bauch.

Ich bekam damals eine WhatsApp weitergeleitet, in der eine dieser wutschnaubenden Omas »den Rotzlöffeln, die sich mit dem SUV zur Schule kutschieren lassen« die Ohren langziehen wollte. »Diese dämlichen Gören wollen mir etwas über Umweltschutz erzählen, werfen ihre Kleidung nach zwei Mal tragen weg, produzieren Müll ohne Ende und kaufen sich ständig neue Technik.« Applaus bekam sie von einer anderen Oma, die schrieb: »Wir waren fünf Geschwister, hatten nur ein Bett, eine Zahnbürste und putzten uns unsere Zähne mit ATA.« Zähneputzen mit Scheuersand? Wenn dahinter nicht eine reale, bittere Armut stünde, wäre das urkomisch. Oma meinte noch, sie hätten die Wäsche mit der Hand im Zuber gewaschen und seien über Kilometer zu Fuß bei Orkan und Schneesturm zur Schule gelaufen. Nun kann allerdings die heutige Generation nichts dafür, dass sie ein eigenes Bett hat, über mehr als eine Zahnbürste verfügt und inzwischen die Waschmaschine und der Schulbus erfunden wurde. Es steht ihr zu, uns darauf hinzuweisen, dass wir Jahrzehnte lang unbekümmert im fetten Wohlstand die Sau rausgelassen haben und Politiker wählten, die lieber auf Wählerstimmen – heißt: freie Fahrt dem Zuwachs – als auf Weitsicht setzten. Ein Heuchler, der nicht zugibt, dass er die Errungenschaften unserer Wohlstandsgesellschaft nicht auch lustvoll genossen hat. Wir haben die Verkehrs-, Energie - und Umweltpolitik versaut, haben dem Götzen Auto, dem Überfluss und dem geilen Geiz gehuldigt, auf Kosten versklavter Arbeiter/innen in den Lohnbilligländern unsere Konsumgüter für'n Appel und Ei gekauft und ohne Bedenken unseren Müll in weit entfernte Länder entsorgt, sodass wir ihn nie wieder sehen müssen. Dachten wir. Dummerweise stießen wir dann aber eines Tages im Badeurlaub beim Plantschen im Meer wieder auf unsere alte Chips-Tüte. Die Wiedersehensfreude hielt sich in Grenzen. Und bitte nicht vergessen, die Digitalisierung haben WIR erfunden und unseren Kids unter den Lebensbaum gelegt. Nun stecken sie in der Falle und werden permanent mit den neuesten, digitalen Wundern gefüttert. Das Handy ist längst mit ihnen verwachsen, zu ihrem externen Organ geworden. Ganz nebenbei saugt ihnen Big Data wie ein Vampir die Daten aus ihrem Leben. Wir sollten unsere Jugend, wenn sie die Alten für ihre Sünden der Vergangenheit kritisiert, nicht beschimpfen, sondern Mitleid mit ihnen haben. Denn eines fernen Tages werden sie wiederum vor ihren Kindern für ihren heutigen Scheiß gradestehen müssen. Die singen dann: »Unsre Oma war ne alte Influencerinnen-Schlampe!«

omw

Eine halbe Stunde, nachdem Emma mit ihren Freunden bei mir zu Besuch war, fragte sie mich auf WhatsApp, ob sie vielleicht ihren Schal bei mir liegengelassen habe? Ich schaute mich um und entdeckte ihn tatsächlich auf einem Stuhl. »Juhuu! Ist da!«, schrieb ich Emma. Unverzüglich kam ihre Antwort: »omg cool« Nun bin ich mit diesen zeitgemäßen Kürzeln im Netz nicht ganz vertraut, mit der schluderigen Schreibweise allerdings schon eher. Der junge Mensch braucht halt dringend die Abgrenzung von den fossilen Alten, dafür eignet sich völlige Ignoranz von Grammatik und Interpunktion hervorragend. Fuck the correctness! Also, was bedeutete »omg«? Andere würden Google, den Gottvater oder die Gottmutter allen Wissens fragen, ich frage noch Menschen, z.B. meine Schwiegertochter Judith (30) über WhatsApp, was »omg« bedeutet. Ihre Antwort kam sofort: »Oh mein Gott.« Hä, dachte ich. Was hab ich getan? Hab ich sie verletzt? Ich war völlig verunsichert, schickte ihr zehn Emojis mit weit aufgerissenen Augen und ein halbes Dutzend Fragezeichen. Sie schickte einen Haufen lachender Gesichter zurück und antwortete: »omg heißt ohmeingott.« Gott, bin ich blöd. Na klar, ich erinnerte mich, irgendwo hatte ich das schon mal gelesen. »LoL«, korrekt »Laughing out Loud«, kenne ich ja auch. Es bedeutet »Ich lache laut«. Ich hab es ganz gerne gemocht und tatsächlich mal auf einer Verwarnung wegen Geschwindigkeitsüberschreitung, hinten auf der Rückseite bei der Angabe zum Tathergang, geschrieben.

Nun, ich schickte Judith also zehn Kussmünder, ein Emoji mit Heiligenschein und fünf weitere lachende, tränenüberströmte Gesichter. Das musste reichen. An Emma schrieb ich nur lässig: »must have?« Es kamen sechs hochgestreckte Daumen, vier Herzen, eins davon grün wie ihr Schal, und zehn Kussmünder zurück. Ich antwortete stilgerecht: »bin at home kannst holen.« Wieder flutete sie mich mit Herzen und Mündern und schrieb dazu »asap«. Was sollte das denn nun wieder? »asap« klang nach einem Energieunternehmen, wie stand das jetzt im Kontext zu unserem Dialog? Ich checkte nix.

Wieder wandte ich mich hilfesuchend an Judith: »Sorry, was bedeutet asap?« Judith, die Verlässliche, sie half ihrem verkalkten Schwiegervater sofort: »asap = as soon as possible«. Wäre ich im Leben nicht drauf gekommen. Ein paar Minuten später schrieb Emma noch mal »omw« Bitte? »omw = on my way«, antwortete mir Judith geduldig, bei der ich verzweifelt noch mal nachgefragt hatte. Sie erhielt von mir natürlich einen Satz Kussmünder und zur Abwechslung mal eine Winke-Winke-Hand.

Zehn Minuten später stand Emma vor meiner Tür, sie wohnt ja im gleichen Ort und war schnell aufs Fahrrad gesprungen. »Wusstest du denn, was ›omw‹ bedeutet?«, fragte sie mich schelmisch. Ihre Frage konnte ich cool, aufgeklärt wie ich war, mit »Na, ›on my way‹, was sonst?« kontern. Als ich dann noch breit grinsend »LoL« hinzufügte, hatte ich bei ihr spürbar Punkte gemacht. Nachdem sie glücklich mit ihrem Schal um den Hals wieder weggefahren war, schickte ich ihr zeitgleich eine WhatsApp hinterher: »gwh«. Die jungen Menschen schauen ja in allen Lebenslagen auf ihr Handy, gerne auf dem Fahrrad, ganz besonders gerne auch im Auto, da liest man dann am nächsten Tag immer in der Zeitung »Aus unerklärlichen Gründen ist die Fahrerin von der Straße geraten und in den Graben gedonnert.« Auf mein »gwh« kam von Emma keine Antwort. Entweder war sie noch am Recherchieren oder wollte auf keinen Fall zugeben, dass sie nicht wusste, was »gwh« bedeutet. Ich hätte es ihr sofort gesagt: »gwh« bedeutet »good way home« und war eine lustige Erfindung von mir. Der Geist meiner guten Wünsche hatte jedenfalls etwas bewirkt, Emma war, wie ich später von ihrem Vater hörte, trotz ihres gigantischen Schals heil zu Hause angekommen.

Meinem zuständigen Finanzamt, das mich am nächsten Tag auf die dringende Abgabe meiner Umsatzsteuererklärung hinwies, hatte ich fröhlich mit »LmaA« geantwortet. Als sie bissig nachfragten, was ich denn wohl damit sagen will, erklärte ich ihnen: »LmaA« bedeutet nichts weiter als »Love me as soon as«, ein Akronym für »Liebt mich so bald wie möglich«. Na, da haben sie was zum Knabbern. Zeit haben sie ja.

Gips doch nicht

Ich schreibe Romy eine WhatsApp: »Was machst du Samstag?«

Sie antwortet: »Hab da Tee.«

Ich bin irritiert. Sie hat Tee? Was für einen Tee hat sie am Samstag und überhaupt, was ist das für eine beknackte Antwort auf meine Frage, zumal sie weiß, dass ich mit Tee nichts am Hut habe, ich bin Kaffeetrinker. Also hake ich nach und frage; »Hä? Du hasst Tee?«

Sie antwortet umgehend: »Nein, ich hasse doch keinen Tee. Es sollte ›Hab da Termin‹ heißen.«

»Okay. Wollen wir dann ins Kimono?«, frage ich.

Sie antwortet: »Kimono? Spindelst du?«

Ich schreibe: »Sorry, ich meinte natürlich Kino. Aber warum soll ich spindeln?«

Romy schreibt, dass sie natürlich nicht spindeln meint, sondern ob ich spinne.

»Komm mit, ich lache dich ein«, schreibe ich.

Romy schickt sechs »??????«

»Bist eingeladen«, verbessere ich mich und ergänze: »Es kotzt dich nichts.«

Sie: »Hääääää? Ich kotze nicht?«

Das nervt mich jetzt. Ich schreibe: »Keine Kotze. Ich meine kostet nix!!!«

»Hey? Bist du Sauerkirsche?«, fragt sie.

»Ein bissfest«, antworte ich.

»Was ist denn nun mit Samba?«, fragt sie spürbar angefixt.

Mir reicht's. »Was soll das denn? Seit wann tanzt du Samba?«

»Oh nein. Ich meinte Samstag. Da spült doch Herberge Grönland in der Stadthölle.«

»Du meinst Grönemeyer in der Stadthalle?«

»Yes!«

Ich gebe auf. Dieses bescheuerte Wortfindungsprogramm ist die reinste Hölle. »Schluck jetzt! Ich rufe dich an.«

»Biss Gleichstrom.«

App, App, hurra!

Ganz einfach doof in den Wald gehen und die Seele baumeln lassen, das war gestern. Nachdem mich eine Bekannte gefragt hatte, wie viele Kilometer ich denn täglich laufe, und ich nur »Ich glaub, so etwa … keine Ahnung« geantwortet habe, und sie einfach nicht begreifen konnte, dass ich das nicht wusste, wurde mir bewusst: Ich bin out. Ehrgeizig, wie Theresa ist, ließ sie auch nicht locker, wollte es unbedingt von mir wissen. Mir ist eigentlich wurscht, wer in welcher Zeit wie viel Kilometer läuft, diese stressige Phase meines Lebens habe ich hinter mir. Schien mir jedenfalls. Aber meine Neugier war geweckt. »Wie viel Kilometer läufst du alter Sack denn nun eigentlich wirklich, hä? Sag, sag! Was glaubst du, hä?«, hörte ich meinen hässlichen Gollum in mir fragen. »Sicher viel weniger als du Angeber denkst«, zischelte er. Schweig, alter Giftzwerg! Ich schaute in meinem App-Store nach, was dort an sportmedizinischer Unterstützung angeboten wurde, und entschied mich für eine App. Dank ihr weiß ich nun, dass ich heute 6, 33 Kilometer in einer Stunde und 23 Minuten (inkl. 6 Minuten Pause) walkte, davon 13:07 Minuten für einen Kilometer benötigte, mit einer durchschnittlichen Schrittlänge von 0,89 cm, dabei 377 Kalorien verbrauchte, 8345 Mal Luft geholt habe, 0,97 Liter Wasser verlor, drei Körpergasabfuhren hatte und einen Abrieb meiner Laufschuhsohle von 0,37 Millimeter verzeichnete.

Meine Gedanken galten mit 29 Minuten Anja Taylor-Joy, 19 Minuten meinem Rücken, 7 Minuten meinem Knie, 5 Minuten meiner Arbeit und 3 Minuten meiner Blase. 3,72 Kilometer meiner Laufzeit habe ich auf meine Fußspitzen geschaut, 1,86 Kilometer auf Bäume, 0,35 Kilometer auf Weiden und Kühe und 11 Sekunden auf eine junge Joggerin. Der Rest meiner Blicke ging ins Nichts. Ach, und mein ökologischer Fußabdruck war 26,55 cm. Ist es nicht eine grandiose Errungenschaft, dass man das nun alles endlich weiß?

Der Sattel

Wodurch auch immer sich ein E-Bike von einem normalen Fahrrad unterscheidet, aber Sattel bleibt Sattel. Im Laufe meines Lebens hatte ich diverse Fahrräder; mein erstes war ein gebrauchtes und stand, als ich zehn Jahre alt war, unter unserem Weihnachtsbaum: »Frohe Weihnacht, Peterle.« Ich bin vor Freude fast geplatzt. Der Sattel war damals für mich Nebensache, obwohl mein großer Bruder sagte, das sei ein echter Brooks. Echtes Leder und so. Mich interessierte mehr die Farbe des Rades, vor allem der Lenker und – ganz wichtig: Wie viel Gänge es hatte.

Im Laufe der Jahre drängte sich der Sattel dann mehr und mehr in den Vordergrund.

Desto länger ich nämlich fuhr, umso mehr schmerzte mich mein verlängerter Rücken. Mein Befund lautete, derb gesagt: »Mir tut der Arsch weh!« Oft fuhr ich in meiner Not überwiegend stehend weiter. Ein Freund meinte, ich hätte mir wohl »einen Wolf gerieben«. Undenkbar! Als überzeugter Tierfreund würde ich niemals einen Wolf reiben, höchstens die Ohren kraulen.

Also kaufte ich mir einen neuen, ergonomisch geformten Sattel, der vom Verkäufer als Quantensprung in der Satteltechnologie gepriesen wurde und für immer mein Problem lösen würde. Tat er aber nicht. Nichts änderte sich. In der Apotheke empfahl man mir Hirschtalgsalbe oder die klassische Nivea-Creme. Ich schmierte mich vor jeder Fahrradtour großflächig ein, bis ich untenrum ganz glitschig war. Meine Beschwerden wurden nicht besser, sie traten nur geringfügig später als sonst auf. Ein großer Gewinn war das nicht. Nach einer Radtour von Passau nach Linz, das sind fast 100 Kilometer, hatte ich das Gefühl, auf einem dicken Kissen zu sitzen, so geschwollen war mein Gesäß. Am nächsten Morgen kaufte ich mir Damenbinden und polsterte meine wunden Zonen damit aus. Außer, dass ich durch einen seltsamen Gang auffiel, tat sich nichts.

Ein Fahrradhändler empfahl mir einen neuen Sattel, der über eine, wie er es ausdrückte, »Hodenmulde« verfügte. Meine Probleme lagen allerdings nicht im Hodenbereich, sondern am Gesäß. Trotzdem kaufte ich ihn. Ich erwarb in meiner Verzweiflung alles, was mir Erlösung versprach, ich hätte sogar Haarwasser gekauft, wenn mir der Hersteller versprochen hätte, dass es indirekten Einfluss auf meine Gesäßmuskulatur hat. Immerhin sprachen mich viele Radfahrer auf diesen originellen »Eierbecher-Sattel« an. Es gelang mir zum Glück, ihn als »Bike-Art eines anonymen Künstlers« mit Gewinn an eine Galerie zu verkaufen.

Mein Doktor riet mir, meine Gesäßmuskulatur zu trainieren, um mir ein natürliches Polster zu verschaffen.

Ich machte täglich entsprechende Übungen, die wohl versteckte Verdauungsgase lösten, ansonsten aber nichts bewirkten. Manchmal, wenn ich an großen Schaufenstern vorbeiging, begutachtete ich heimlich meine Figur. Hinten war alles so flach wie immer, auch wenn ich mich noch so sehr ins Hohlkreuz warf. Bei so einer Aktion schaute mir mal eine Passantin ganz interessiert zu und fragte mich dann, ob ich vielleicht ein bekannter Balletttänzer sei? Ich bejahte und gab ihr ein Autogramm.

Ein erfahrener Radsportfahrer meinte, meine ganzen weichen Sättel seien völlig unsinnig, der richtige Sattel muss knüppelhart sein. Wenn man sich daran gewöhnt hat, könnte man nie wieder auf einem weichen Sattel sitzen. Ich kaufte mir einen und hatte das Gefühl, ich saß auf einem Ziegelstein. Mit maximalster Selbstdisziplin versuchte ich mich bis zu dem entscheidenden Punkt durchzubeißen, an dem der Körper den Schmerz endlich überwunden hat und mit dem Sattel ewigen Frieden schließt. Tat er aber nicht. Ich hatte einen Hintern wie ein Pavian. Aber nicht nur das, ich spürte auch meine unteren Organe nicht mehr, alles war taub, tote Zone. Panik befiel mich. Ich hielt schweißnass an, um nachzuschauen, ob noch alles da war. Das Ergebnis war zu meiner großen Erleichterung positiv. Uff.

Als Lösung meiner Sattelproblematik schenke ich jetzt vor jeder Fahrradtour meinem Unterleib größte Zuwendung. Schon am Tag vorher salbe ich ihn liebevoll mit den verschiedensten Cremes und rede beruhigend auf ihn ein. Viel helfen tut das auch nicht. Immerhin hat mal eine Teilnehmerin vor einer gemeinsamen Tour laut in die Runde gefragt: »Wer duftet denn hier so gut?« Ich habe lieber nichts gesagt, will doch nicht als Strampel-Softie auffallen.

Fahrradhändler

Ich öffne die Tür. Sie klingelt: »Ring!« Ich trete ein und warte. Vor mir steht ein beachtlicher Park von Fahrrädern in allen Größen, Farben und Modellen. Herrenräder, Damenräder, Kinderräder, Rennräder, Mountainbikes, E-Bikes, Räder mit Anhängern und Körben. Alles ist da. Und da tritt er aus der Tür seiner Werkstatt: der Fahrradhändler persönlich. Er wischt sich die Hände an einem öligen Lappen ab und mustert mich skeptisch. Ich spüre, dass er sofort erkannt hat, dass ich der Mann bin, der bei einer Panne den ADAC anruft, für solche Typen hat er einen Blick. Dann fragt er: »Wie kann ich Ihnen helfen?« Er klingt nicht übermäßig freundlich, aber auch nicht belangbar unfreundlich, er klingt wie ein Fachmann, der ganz in der Welt der Zweiradbewegung zu Hause ist und der Einfältigkeit und den dummen Fragen seiner unkundigen Kundschaft, mit höchster Selbstdisziplin, zugleich auch Verachtung gegenübersteht. Dies trifft wohl auf alle Handwerker zu, allerdings empfinde ich das seltsamerweise bei Fahrradhändlern ganz besonders. Vielleicht liegt das auch an ihrem tiefsitzenden Komplex, dass sie keinen Lehrberuf ausüben, zumeist Seiteneinsteiger, bzw. Berufsaussteiger sind, und jeder, der mit seinem Fahrrad zu ihnen kommt, meint, eigentlich könne er das auch selber machen, hätte aber dafür leider keine Zeit. Aus der Kategorie: »Mensch-machen-Sie-mir-das-doch-mal-schnell-in-Ordnung-ich-hole-es-mir-nachher-ab«.

Heute nun, wo es längst nicht mehr nur um neue Bremsbacken, Ventile oder Löcher im Schlauch geht, sondern um komplexe Technik in hochentwickelten High-Tech-Rädern, sollte das dem Selbstbewusstsein der Fahrradhändler eigentlich guttun. Dennoch vermitteln sie mir weiterhin dieses eigentümliche Gefühl, dass sie sich von meinem Besuch gestört fühlen und von der Vorstellung genervt sind, ich könnte sie jetzt womöglich nach einem Fahrrad oder irgendeinem lächerlichen Zubehörkram fragen. Das Allerschlimmste ist, wenn man sich vorher auf dem Markt oder bei Freunden informiert hat und ihnen mit Fragen kommt, wie: »Das So-und-so-Modell soll ja sehr gut sein?« Ihr verkrampftes Lächeln und das Blut aus ihren verbissen Lippen zeigt, was sie von solchen Informationen aus der Welt der Ahnungslosen halten: nichts! Wie der Schäferhund den Blinden führen sie dich dann durch das Sortiment ihrer ausgestellten Räder und demonstrieren dir ihre geballte Kompetenz mit einer Flut von Fachbegriffen und Daten, dass es dich nur so schüttelt. Du kannst davon ausgehen, dass dieses oder jenes von ihnen gepriesene Produkt vom Fahrradhändler zwei Ecken weiter gnadenlos abqualifiziert wird. Der nämlich führt allein die einzig wahren Hersteller. Der Händler im anderen Bezirk wiederum … usw.

Unter uns, wenn du ihren ganzen Widerwillen auslösen möchtest, dann bist du der Käufer eines ALDI-Fahrrades, der gerne das Birnchen vom Licht ausgewechselt haben möchte. Gegenüber Frauen funktioniert noch die archaische Regel: Eine hilflos Unterlegene beißt man nicht. Wie auch immer, in einer Welt von künstlich geschulten Dienstleistern und digitalen Serviceschleimschleifen habe ich diesen knorrigen Menschenschlag von Fahrradhändlern inzwischen ins Herz geschlossen. Bisschen Masochismus steckt wohl in mir.

Mobiler Wahnsinn

In einem Radiobeitrag hörte ich, welche Branche aktuell in die Knie gegangen ist – und welche brummt. Brummen tut die Unterhaltungs- und Freizeitindustrie, und da ganz oben die Fahrradhersteller. Das glaube ich sofort. Im hehren Geiste von Umweltbewusstsein und körperlicher Ertüchtigung füllen sich unsere rappelvollen Städte nämlich täglich mehr und mehr mit Menschen auf Fahrrädern: den Bikern. Ganz früher nannte man sie schlicht »Radler« und ihr Fortbewegungsmittel »Fahrrad«, ein lautmalerischer, deutscher Begriff, der »fahr Rad« implizierte, die liebevolle Aufforderung, sich auf einen Rahmen mit zwei Rädern zu setzen und mittels kreisförmig tretender Beine vorwärtszubewegen. Das klingt heute so verstaubt wie Schambehaarung oder Telefon. Früher gab es ein Fahrrad – inklusive Hollandfahrrad und Tandem – und Rennräder, das war im Prinzip eigentlich alles. Basta. Und heute? Heute gibt es E-Bikes, Trike-Bikes, E-Enduros, Mountainbikes, E-Mountainbikes, Trekkingbikes, Fatbikes, SUV-Bikes, Kompakt-Bikes, E-Cargo-Bikes, Gravelbikes, Urban-Bike, Racing Bikes, Streetstepper und City-Bikes. »Your City. Your Bike. Your Business.« wirbt ein Hersteller für sein SUV-Bike. Der Spruch könnte von AUDI sein, Vorsprung durch Technik, und exakt so geht es in den Städten auch zu: wie auf der A2. Es herrscht der Krieg der Tretmaschinen. Jeder gegen jeden. Martialisch gekleidete Biker auf schweineteuren, schweren E-Bikes verschaffen sich brachial Platz und blasen sogar die Kamikaze-Kurier-Biker weg. Eltern mit ganzen Familien oder Monatseinkäufen in Cargo-Bikes sind die Trucker auf den Straßen und ganze Kolonnen von durchgestylten Omis und Opas hacken auf ihren E-Bikes auf Sightseeing durch die Städte. Wehe ihnen, wenn sie hinfallen. Und so ist die Unfallrate der Fahrradfahrer im deutschen Straßenverkehr erschreckend hoch. Alle kennen doch jemanden, die oder der mit seinem Fahrrad schon mal schwer zu Schaden gekommen ist: Armbruch. Schlüsselbeinbruch, Beckenbruch, Beinbruch, Schädelbruch, es wird gebrochen, dass es nur so knackt, im schlimmsten Falle sogar bis zum Tod. So wie eine alte Freundin von mir, die vor einigen Wochen in Krefeld bei einem Unfall mit einem anderen Fahrradfahrer ums Leben gekommen ist. Neu ist der Strafbestand der »Radlerflucht«. Viele schuldige, radelnde Unfallverursacher hauen blitzschnell und wendig ab – machen sich einfach spurlos davon. Kein Kennzeichen, keine Identifizierungsmöglichkeit, man wünscht ihnen von Herzen, dass sie an ihrem schlechten Gewissen ersticken. Zu all den Superrädern, welche die umsatztrunkenen Fahrradhersteller an Millionen Kunden verkaufen und die sich nun in den täglichen Straßenverkehr integrieren oder wie Heuschrecken über die Wälder und Berge hermachen, kommen ja noch die Bewegungsmuffel der E-Scooter-Fahrer*innen und sonstige Fun-Fuzzis auf irgendwelchen Neuheiten aus der innovativen Produktivität entsprechender Hersteller. Rollstuhlfahrer, Rollatorschiebererinnen, Fußgänger und Blinde sind die Letzten in der Hierarchie der Straße und dienen als verkehrspolitische Schikane und Beschimpfungsopfer. Letzte Woche in der Passauer Altstadt fuhr ein gut gelaunter Tourist mit keckem Hütchen vor meinen Augen auf seinem Fahrrad in der Mitte einer schmalen Kopfsteinstraße fröhlich zum Inn herunter. Hinter ihm ein junger Kerl in seinem Auto, den linken Arm mit Kippe lässig aus dem Fenster baumelnd, der wütend hupte. Sollte heißen, mach gefälligst Platz. Er mochte wohl die wenigen, letzten Meter einfach nicht hinter einem Radler hinterherzuckeln. Als der sich, völlig erschrocken, beschwerte, zeigte der Autofahrer ihm den Stinkefinger. Daraufhin bat der Radler ihn auszusteigen, um das mit ihm zu klären. Der junge Kerl gab aber lieber Gas, nicht ohne noch aus seinem Fenster ein paar Verbalinjurien zu schleudern. Daraufhin hörte ich, wie der vom friedfertigen Freizeitradler zum wilden Stier mutierte Radler ihm »Ich fick dich, du alte Drecksau!« hinterherbrüllte. Die Straße heißt übrigens »Heiliggeistgasse«.

Umfaller

Erst ist mir gar nichts aufgefallen, der Radweg zog sich friedlich in leichten Kurven und fuhr sich ganz geschmeidig. Hinter einem Waldrand rief meine Lebensgefährtin plötzlich: »Schau mal, da! Ein Hirsch! Ein toter Hirsch!« Ich drehte mich sofort in die Richtung um, musste lachen und sagte: »Der erste Hirsch in meinem Leben, der Socken trägt.« Wir blieben stehen und rollten ein paar Meter zurück. Nun konnte ich den »Hirsch« sehen, es war ein älterer Herr, der auf der Wiese neben seinem E-Bike auf dem Rücken lag und seine knorrigen weißen Beine mit schwarzen Socken in die Höhe streckte.

»Alles okay?«, fragte ich ihn voller Sorge.

»Herrlich hier unten«, antwortete er.

»Ach, Sie machen nur eine kleine Pause?«, fragte ich ihn erleichtert.

»Eher ganz unfreiwillig«, antwortete er, »aber es gefällt mir, einfach so, den vorüberziehender Wolken nachzuschauen.«

»Sind Sie denn umgefallen?«, fragte meine Frau.

»So ist es. Das Rad ist ganz schön schwer, wissen Sie?«

»Oh ja. Ich verstehe«, sagte ich und half ihm auf die Beine.

Er klopfte sich etwas Gras von der Hose und ich unterstützte ihn dabei, sein Fahrrad wieder hinzustellen. »Auf der anderen Seite liegen übrigens noch zwei«, sagte er.

»Noch zwei?«, fragten meine Frau und ich ihn wie aus einem Mund.

»Frau Hindinger und Herr Lamprecht, ja.«

Wir gingen auf die andere Seite des Fahrradweges – tatsächlich, da lagen sie. Frau Hindinger lag auf dem Rücken und kaute vergnügt an einem Grashalm und Herr Lamprecht in der gleichen Haltung, nur genüsslich die Augen geschlossen. Ihre E-Bikes lagen neben ihnen im hohen Gras.

»Soweit alles in Ordnung bei Ihnen?«, fragte ich sie.

»Oh ja, wunderbar«, antwortete Frau Hindinger, »huiii – ganz schön schnell, diese Dinger. Bums, fällt man um.«

»Oh? Besuch?« Herr Lamprecht schien aufgewacht, aber noch leicht verwirrt zu sein.

Meine Frau stellte uns vor.

»Lamprecht, sehr angenehm«, sagte Herr Lamprecht und griff sich dann an die Augen: »Oh!? Weiß jemand zufällig, wo meine Brille ist?«

Wir suchten die Brille von Herrn Lamprecht, meine Frau fand sie im Gras unweit seines Rades. Herr Lamprecht hatte sich inzwischen aufgerappelt und half auch Frau Hindinger hoch. Gemeinsam schoben wir mit ihnen die beiden E-Bikes zurück auf den Fahrradweg. Auch der »Hirsch« gesellte sich dazu. Wir plauderten noch ein bisschen, dann rückte sich Herr Lamprecht seinen Helm zurecht, rief tatendurstig »Dann woll'n wa mal!« und stieg auf sein E-Bike. Die beiden anderen taten es ihm nach.

»Schön, Sie kennengelernt zu haben«, rief Frau Hindinger uns noch zu, dann verschwanden sie aufrecht im Sattel sitzend, leicht wackelig, eine nach dem anderen hinter einer Waldbiegung. Meine Frau aß noch eine Banane und ich noch etwas Studentenfutter, dann schwangen wir uns auf unsere Räder. Nach fünf Minuten stießen wir zu unserer Überraschung wieder auf unsere neuen Freunde. Herr Lamprecht und Frau Hindinger lagen am Wegesrand in der Wiese und hielten augenscheinlich wieder einen Plausch.

»Guten Appetit!«, riefen wir ihnen beim Vorbeiradeln zu. »Wo ist denn der Dritte im Bunde?«, fragte ich launig.

»Der liegt da in der Wiese!«, rief Frau Hindinger vergnügt.

Stimmt. Nun sah ich auch seine gen Himmel gereckten, knorrigen Beine mit den schwarzen Socken wieder. Beruhigt radelten wir weiter.

Tourguide

»Mach du das, du kannst das mit der Karte am besten.« Vorsicht! Was so harmlos und freundlich klingt, ist in Wirklichkeit eine Falle. Vor dem Beginn einer Fahrradtour heißt das nämlich, dass derjenige, dem die Karte anvertraut wird, von diesem Moment an nicht nur für die Richtigkeit, sondern auch für die Qualität der Streckenführung verantwortlich ist. Einige gehen in dieser Rolle auf, andere stürzen mit dieser Aufgabe ab.

Ich erinnere mich, wie ich mal zum Navigator für eine Fahrradtour mit sechs Teilnehmern erkoren wurde und mich an einer Kreuzung für eine Abkürzung, einen auf der Karte dünn eingezeichneten Weg, entschieden habe, der nach meiner Auffassung auch eine idyllische Alternative zu sturen Hauptstrecke darstellte. War er anfangs noch ordentlich befahrbar, wandelte er sich mit der Zeit jedoch in einen immer schwergängigeren Sandweg, auf dem man wie in der Wüste nur noch mit äußerster Kraft und Mountain-Bike-Bereifung vorankam. Die hatte aber keiner von uns. Die ganz Ehrgeizigen wühlten sich dennoch malmend und schlingernd weiter, viele stürzten hin, einer fiel in einen Busch und verletzte sich am Bein, andere schoben ihr Fahrrad, was allerdings dem ursprünglichen Sinn einer Fahrradtour zuwiderlief. Da es mir schwerfällt, einen Fehler zuzugeben, trieb ich die Gruppe stur immer tiefer und tiefer in das Waldgebiet hinein und versuchte, die notorischen Skeptiker mit einem philosophischen »Wo ein Eingang ist, ist immer auch ein Ausgang« zu beruhigen. Leider hatte ich den berühmten Holzweg vergessen. Noch aber war ich nicht auf dem Pfad der Erkenntnis.

Um uns herum verwilderte mehr und mehr die Natur, von anderen Menschen war nichts mehr zu sehen, dafür stießen wir auf bis dahin unbekannte Tierarten und ausgebleichte Knochen am Wegesrand. Die Stimmung fing an zu kippen, ich aber bekam Spaß an der Vorstellung, dass wir bald auf Tarzan – oder Jane – stoßen würden und versuchte, diesen humorvollen Blickwinkel mit meinen grollenden Rudelmitgliedern zu teilen, doch von diesen Menschen, die sich bis dahin meine Freunde nannten, schlugen mir nur noch Aggressionen entgegen. Ich hatte sogar den Eindruck, sie machten mich für diese missglückte Route verantwortlich, was ich brüsk von mir wies. Im guten demokratischen Verständnis hatte ich sie nämlich vorher, an der entscheidenden Abzweigung, um ihr Einverständnis für meine ausgewählte Strecke gebeten – und ich erinnerte mich an keinen Widerspruch, von keinem einzigen. Nun erwies sich dieser Weg also als eine Fehlentscheidung, für mich hingegen beharrlich als eine Herausforderung. Inzwischen schoben wir unsere Räder schnaufend zwischen knorrigen Bäumen durch kniehohes Gras, bis uns ein kleiner, aber tiefer Fluss das Weiterkommen unmöglich machte. Ich schlug vor, die Räder über den Kopf zu tragen und uns durch die Furt auf die andere Seite zu schlagen oder alternativ aus dem reichlich vorhandenen Gehölz und den abgebrochenen Baumstämmen eine Behelfsbrücke zu zimmern. Einer von uns könnte doch zurückfahren und im nächsten Baumarkt entsprechendes Werkzeug kaufen, meinte ich. Man entschied sich dagegen, dafür aber dafür, sofort umzukehren. Also kämpften wir uns stumm die ganze, endlos lange Strecke bis zum Ausgangspunkt zurück. Dort angekommen warf ich ihnen beleidigt die Karte vor die Füße und war heilfroh, diese undankbare Führungsrolle losgeworden zu sein. Ich teilte ihnen mit: »Wenn ihr glaubt, ich sei nicht der richtige Mann für die Routenführung, dann macht euren Scheiß doch gefälligst selber!« Mein Vorschlag wurde wiederum mit absoluter Mehrheit abgelehnt. Sie sprachen mir kollektiv ihr uneingeschränktes Vertrauen aus und überreichten mir in einer kleinen Zeremonie wieder die Karte. Ich entschied mich dann unter großem Applaus für eine sauber asphaltierte Alternative.

Wauwau

Wer kennt diesen Moment, wo man glaubt, man glaubt es nicht? Wo man spürt, man überschreitet die Schwelle zum Wahnsinn? Wo man froh ist, dass das Tragen von Schusswaffen verboten ist? Eigentlich ergeht es mir tagtäglich so, vorrangig im Straßenverkehr oder in Geschäften – oder im Wald. Dort stoße ich bei meinen Spaziergängen regelmäßig auf eine Spezies, die ich ganz besonders liebe: die Hundebesitzer*innen. Damit wir uns richtig verstehen, ich liebe Hunde, ich hatte mal zwei, über dreißig Jahre. Von daher ist mir das Wesen eines Hundes bestens vertraut, das der Hundehalter allerdings auch. Ich bin überzeugt, mindestens die Hälfte von ihnen hat eine weiche Birne. Und auf solche treffe ich regelmäßig. Zum Beispiel auf die Frau mit ihrem Berner Sennhund. Der Riese stand plötzlich nach einer Kurve alleine vor mir. Ohne Leine! Erst fixierte, dann mochte er mich und wollte mir das körperlich bekunden. Gut vierzig gut gelaunte Kilo stürzten auf mich zu und wollten mit mir spielen. Meine Erfahrung sagte mir, einfach stehen bleiben, mich günstig positionieren und fröhlich »Na, wen haben wir denn da?« rufen.

Kurz vor dem Aufprall ertönte ein schrilles »Robert! Hierrrr! Hierrrrrrr! Kommst du!!! Hierrrrrrheeerrrrrr!« und das Frauchen, eine stämmige Dame um die fünfzig, kam um die Kurve. Ihr Befehl allerdings zu spät, Robert hatte mich bereits erreicht und mir als Liebesbekundung seine Tatzenabdrücke auf meine helle, frisch gewaschene Hose gestempelt. »Robert!!! Ja, sollst du das? Sollst du das?«, fragte sie ihn. »Hab ich dir das beigebracht?«

Robert antwortete nicht, wedelte aber freudig mit seiner Rute. Sie eilte schuldbewusst auf mich zu, schnappte ihn sich an seinem Halsband und sagte angesichts meiner signierten Hose: »Oh nein! Das tut mir leid. Das macht er sonst nie, wirklich nie. Die Flecken gehen aber gut raus, ist nur Sand.« Sie wischte mit der Hand über meine Hose, was ich als reichlich übergriffig empfand.

»Nun«, sagte ich dann versöhnlich, »das kann man alles reinigen« und kraulte dem Täter seine buschigen Ohren. Er schloss wohlig die Augen. Hund, du herrlicher. Dein Frauchen allerdings verurteile ich zu lebenslänglichem Leinenzwang. Solche Menschen dürfen einfach nicht frei herumlaufen.

Die Pfote

Vor mir steht eine vornehme alte Dame mit einem kleinen schwarzen Terrier.

Sie plaudert noch ein wenig. Ich mag diesen überladenen Tabak- und Zeitschriftenladen in der Altstadt, auch die Geborgenheit im altmodischen, menschlichen Miteinander seiner Kunden, die solche kleinen Läden in unserer Zeit der Handelsketten, welche die großen und kleinen Städte an ihren Stadtgrenzen umzingeln, so kostbar macht. Neuerdings – so stand es letztens in der Zeitung – sprießen wieder solche kleinen Läden aus dem Boden. Läden, die man früher so gemütlich »Tante Emma Laden« nannte.

Der Einkauf dort ist eine pragmatische Nebensache, viel eher ist er ein Forum, ein unentbehrliches Ventil, für die Kommunikation untereinander, für all die kleinen und großen Sorgen und Freuden des Alltags, auch wenn es sich häufig nur darauf konzentrierte, eine kleine Kampagne gegen einen ungeliebten Nachbarn in die Wege zu leiten. Keine Skrupel bitte, der startet seine Gegenkampagne bereits gegenüber beim Bäcker. So gleicht sich alles aus. Täglich hole ich mir in diesem kleinen Laden meine Zeitung und bereite mich innerlich schon mit Grausen darauf vor, dass auch er in Zukunft von der neuen Zeit gefressen wird. Solche altmodischen Tabakwarenläden mit Zeitungen und Lottoannahme findet man dann im Museum wieder, gleich neben einer Buchhandlung mit ausgestopfter Buchhändlerin. Diskret gehe ich am Frauchen und ihrem Hund vorbei, stelle mich im gebührenden Abstand neben sie und warte geduldig, ihren monotonen Klagelauten über Ärzte und Nachbarschaften lauschend, bis ich an der Reihe bin. Just in diesem Augenblick durchfährt mich ein kurzer, scharfer Schmerz. Ich sage mal, wenn ich ihn vor Gericht beschreiben sollte, »so eine Art Zwickschmerz, Euer Ehren«, direkt in meiner linken Wade. Wer den bewirkt hat? Der Terrier! Das Biest hat mich doch tatsächlich gebissen! Ich glaube es nicht. Ansatzlos, ohne Vorwarnung, ohne auch nur einmal zu knurren.

Ich denke in diesem Moment: Kannst du alte Scheißkuh nicht auf deinen verschissenen, räudigen Dreckskköter aufpassen? Ich trete der Drecksau gleich in seine hässliche Mistfresse!

Ich sage in diesem Moment: »Hören Sie mal, Ihr Hund hat mich soeben gebissen!«

Aber Frauchen versteht wohl nicht gleich. Stutzt, bleibt aber ansonsten gänzlich ungerührt. Ältere Herrschaften haben diese leichte Verzögerung in ihrer Reaktion, einen eingebauten Filter, der ihnen nach einem langen Leben voller Erfahrungen das Wichtige vom Unwichtigen trennt.

»Das tut er sonst nie«, sagt sie ungerührt.

Ich habe es geahnt. Sie hat ihn wirklich, diesen verbalen Reflex aller Hundebesitzer? Ganz ehrlich gesagt, ich tu das auch nicht, spreche sonst auch nie Leute an, um ihnen zu sagen, dass mich ihr Hund gebissen hat. Mach ich sonst nie. Ist so gar nicht meine Art. Vor kurzem sprach mich mal ein guter Freund darauf an: »Weißt du, was mir an dir aufgefallen ist? Du hast mir noch niemals gesagt, dass ich dir ins Bein gebissen habe.« Ich hab lange drüber nachgedacht und musste dann zugeben, er hatte recht.

»Er hat mich gebissen«, wiederhole ich nachdrücklicher, »ins Bein gebissen!«

Sie schaut mich gar nicht an, sagt nur: »Sicher sind Sie an seiner Pfote vorbeigekommen, sonst tut er das nämlich nicht.«

Höre ich da tatsächlich einen pikierten Unterton in ihrer Stimme? Ja, sogar einen spürbaren Vorwurf? Was sagt sie denn da für einen Unsinn? Ich muss doch zwangsläufig an den Pfoten ihres Hundes vorbeigekommen sein, jeder wäre das in meiner Situation, außer flugfähiger Personen ohne Bodenberührung, wie Engel oder Menschen mit Raketentreibsatz auf dem Rücken. Hunde stehen immer auf vier, mit dem Oberkörper knochenmäßig verzapften, dünnen Säulen, mit deren Hilfe sie sich auf ihren degenerierten Laufwegen vom Hundebett zum Fressnapf und weiter nach draußen zum Stammbaum schleppen. Wenn man also beabsichtigt, an einem Hund vorbeizugehen, so ist es schlechthin unmöglich, nicht seine Pfoten zu passieren. Drauftreten, das allerdings wäre etwas anderes, aber auch dann hätte er mich nicht beißen müssen. Ein leises, unmutiges Knurren hätte völlig gereicht, völlig. Ich kann mich entschuldigen, auch bei Hunden.

Mein Ton wird nun noch etwas kühler: »Also bitte, ich bin im gebührenden Sicherheitsabstand an Ihrem Hund vorbeigegangen.«

Die Zeitungsverkäuferin mischt sich jetzt ungefragt als Anwältin für Vierbeiner ein: »Ich kenne den Hund, aber das hat er noch nie getan.«

Woher kennt sie den Hund? Und offenbar so gut? Dieselbe Hundeschule besucht? Zusammen im Urlaub gewesen? Auf der Volkshochschule gemeinsamen Schnupperkurs belegt? Den Schlittenhundeführerschein gemacht? Wie auch immer, dann kannte sie ihren Hundefreund bislang nicht richtig, jeder hat schließlich seine verborgenen Seiten, auch dieser Terrier. Ich hatte mal einen Nachbarn, der lief jeden Morgen mit Luftmatratze und Badehandtuch aus dem Haus, in Wirklichkeit ging er zur Arbeit. Als das herauskam, waren wir alle erschüttert. Und dieses Tier hier scheint hin und wieder gern mal fremden Leuten grundlos ins Bein zu beißen.

»Er war immer ein braver Hund«, ergänzte die Zeitungsfrau.

Jetzt kommt sie auch noch so? Ein braver Hund? Sitzt auf der Klobrille und wischt sich selbstständig den Arsch ab? Isst mit Messer und Gabel und bringt Frauchen die Zähne ans Bett? Brav? Brav ist wie Suppe ohne Salz, es hält die Menschen vom gut gewürzten Leben ab. Auch Hunde. Wie gerne würde dieser Terrier heiße Hündinnen besteigen, Hasen jagen, bis sich seine Zunge um den Hals wickelt, Hot Dogs fressen bis zum Abwinken und abends im TV Shitcoms glotzen. Aber nein, er muss ja brav sein.

»Sie sind sicher an seiner Pfote vorbeigekommen«, wiederholt die alte Dame im spürbar zugespitzten Ton.

Oh? In ihr schlummert also auch etwas Terrier? Was tut sich in diesem Zeitungsladen, frage ich mich eindringlich? Welche Prüfung hält das Leben grade für mich bereit? Für einen Moment, so vermute ich, bin ich womöglich mittendrin in »Verstehen Sie Spaß«? Gleich reißt sich die Oma die Maske vom Gesicht und entpuppt sich als Barbara Schöneberger, die mich jauchzend an ihre prallen Brüste quetscht. Langsam werde ich echt neugierig, was es mit diesem Hund auf sich hat. Was ist mit seiner Pfote los? Muss man sie ihm schütteln, bevor man an ihm vorbeitreten darf, sonst beleidigt man ihn? »Sie sind an seiner Pfote vorbeigekommen…« ist nur ein Teil des Vorwurfes, es fehlt noch »…ohne sie zu schütteln.«? Oder hat er sich an der Pfote verletzt? Warum trägt er dann keinen Verband? Einen Verband erkennt jeder und verhält sich automatisch umsichtiger. Auch ein kleines Schild an seinem Halsband »Vorsicht! Hab Aua am Pfötchen« könnte eine Menge bewirken. Fragen, Fragen.

»Er mag es nicht, wenn ihm jemand zu dicht an die Pfote kommt.«

Ein Freund von mir ist Psychotherapeut. Ich bräuchte ihn jetzt dringend.

»Er mag es nicht«, sagt sie? Und ich mag es nicht, wenn jemand zu dicht an meine Wade kommt! Wessen Mag-ich-nicht wiegt nun schwerer? Frauchen strengt mächtig an. Dennoch, ich jedenfalls habe gegenüber älteren Damen Beißhemmungen, denke immer, das könnten alles meine Mütter sein. Dabei hatte ich nur eine. Diese gute Frau ist sicher Witwe, hat nur noch diesen treuen Freund an ihrer Seite, der mit ihr lebt und sie beschützt, abends vor dem Fernseher neben ihr auf dem Sofa liegt und mit seinen Flöhen spielt. Ihre Freundinnen sind längst auch seine, z.B. die Zeitungsfrau. Der Kauf eines Klatschblattes ist für beide ein tägliches Ritual, auf den sich das Tier sicher riesig freut. Mal wieder rausgehen, Laternen und Hausecken mit scharfem Urin signieren und danach schön im Zeitungsladen herumlungern, mit dem Schwanz wedeln, wenn man angesprochen wird, und so tun, als wäre man ein ganz Lieber. Aber wenn ein Fremder den Laden betritt, ganz groß auf »Bis hierher, und nicht weiter!« machen und vor Gericht dann erklären lassen, der Kläger wäre einem zu dicht an die Pfote gekommen.

»Ich hasse es, wenn mich jemand beißt«, sage ich unumwunden. Ich kann also auch anders. Häufig fallen mir die richtigen Worte immer erst später ein, wenn der Gegner den Ring längst verlassen hat. Sie grummelt. Ich verstehe sie nicht, vermute aber, dass es etwas mit der

Pfote ihres Hundes zu tun hat. Und nun bin ich gar nicht mehr aufzuhalten, zumal sich plötzlich eine böse Stimme aus meiner Hypochonderabteilung meldet, die mir das Wort »Tollwut« ins Ohr raunt. Meine letzte Spritze gegen Wundstarrkrampf bekam ich in meiner Kindheit und die ist schon etwas her. Ich ziehe mein Hosenbein hoch und sichte die Bisswunde. Zum Glück ist eine tiefere Wunde durch die Hose verhindert worden, aber eine deutliche Hautreizung, eine blutunterlaufene Druckstelle mit geränderten Rötungen, ist realer Befund. Unbestritten, ich bin von einem Hund gebissen worden. Schuldlos!

»Passen Sie einfach besser auf ihren Hund auf«, lege ich nach, getragen von der Angst, morgen mit glasigen Augen auf der Intensivstation von der Tollwut befallen ein klägliches Ende zu nehmen.

»Wenn man nicht an seine Pfote kommt, ist das kein Problem.«

Sie schaut mir dabei nicht in die Augen, sonst hätte sie bemerkt, wie die sich erst rötlich und dann gelb färben und zu schmalen Schlitzen wandeln, so, wie man es von Raubtieren kurz vor dem Sprung kennt. Jetzt bricht gleich der Teil in mir durch, den ich anfangs so unterdrückt hatte. Ihren Terrier werde ich mir packen, ihn mir lustvoll gegen die Wand schlagen und anschließend genüsslich zerfleischen. Mein Freund, der Psychologe, sagt, diese Gewaltphantasien seien völlig normal, ein nötiges Ventil, sonst würde man eines Tages platzen.

Ihm ginge es u.a. immer so, wenn er Politiker auf Fragen antworten hört. Daran denke ich und verlasse wortlos, nicht ohne demonstrativ das angebissene Bein bewusst leicht schmerzverzerrt nachzuziehen, den Laden.

Am nächsten Tag sehe ich die alte Dame zufällig mit ihrer Bissgurke an der Promenade, in unmittelbarer Nähe des Kinderspielplatzes, unruhig hin- und hergehen. Der struppige Terrier muss sich scheinbar von seinen Reststoffen lösen, weiß aber wohl noch nicht wann, und vor allem an welcher Stelle. Wie ein Staubsauger schnüffelt er den Boden ab und Frauchen trottet synchron nebenher, dabei unverwandt die Augen auf die blanke Rosette ihres Lieblings gerichtet, um seinen frischen Stuhlgang mit ihrer bereitgehaltenen Tüte in toto aufzunehmen und sogleich vorbildlich zu entsorgen. Ein Bild, von dem ich nicht lassen kann und das zugleich reichhaltige Nahrung für all die Menschen ist, die allen Hündchen und ihren Frauchen und Herrchen mit Zörnchen begegnen.

Manchmal denke ich, was würden eben gelandete, unbefangene Außerirdische angesichts dieser Szene denken? Vielleicht: Ein großes Objekt hält ein kleines, borstiges Objekt an einer Kabelverbindung – sehr wahrscheinlich für die Zufuhr von Energie zuständig – und begleitet es, während dieses den Boden reinigt? Ich spiele gerne mit solchen Phantasien. Dieser hinterlistige Terrier läuft völlig normal, weder zieht er ein Bein nach, noch zittert eine Flanke. Er wackelt noch eine Weile rastlos auf und ab, um sich dann schlagartig für eine Stelle zu entscheiden und sich hinzuhocken. Die Erleichterung scheint beiderseitig. Sie nimmt seinen stinkenden Reststoff flugs auf und wirft das warme Päckchen pflichtbewusst in den Papierkorb des Spielplatzes. Morgen früh, wenn die ersten Kinder den Spielplatz stürmen und sich neugierig den roten Beutel aus dem Mülleimer fischen, wird er leider längst kalt sein.

Ich weiß, das Ende dieser Geschichte ist unbefriedigend. Ich werde nie erfahren, was es mit der Pfote dieses Tieres auf sich hatte, obwohl ich weiterhin meine Zeitung in dem Laden kaufe, um vielleicht noch einmal auf das Paar zu stoßen. Ich traf die beiden nie wieder. Ein Thema ist es zwischen der Zeitungsfrau und mir auch nicht. Ich rede bewusst nicht mehr drüber und sie fragt auch nicht mehr nach, noch nicht mal, ob denn meine Wunde gut verheilt sei. Der Fall ist erledigt. Außerdem muss es im Leben immer noch ein paar Geheimnisse geben, auch wenn es nur die Pfote eines Hundes ist.

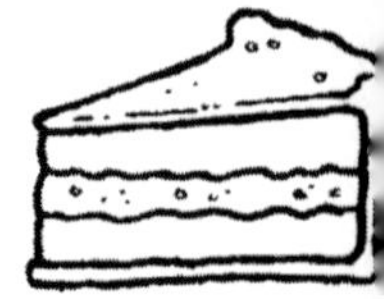

Rache ist süß

Ich kannte Herrn F. nicht, aber er mich – jedenfalls meine Arbeit. Er hatte nämlich einen Kalender von mir zu Weihnachten geschenkt bekommen und teilte mir in einer langen Mail mit, dass er über meinen Humor überhaupt nicht lachen könne. Kein bisschen. Null! Auch seine Frau nicht, aber bei Uli Stein würden sie beide sich immer vor Lachen kringeln. Das tat weh. Wie kann man einem sensiblen, nach Anerkennung und Liebe heischenden Künstler, so das Messer ins Herz stoßen? Ich spürte spontan den Wunsch, ihm zu antworten, dass er sich meinen Kalender aufs Klo hängen soll und damit – was immer sein Reinlichkeitsbedürfnis gebietet – sonst was reinigen soll. Dann vernahm ich eine Stimme in mir, die mich eindringlich fragte, ob ich denn vergessen hätte, dass ich selber schon ganz oft an meiner Arbeit zweifelte und sie als einfallslos und minderwertig betrachtete? Dass ich in solchen Momenten alles besser fand, was andere zeichneten, und kurz davorstand, mein gesamtes Lebenswerk komplett zu vernichten? Ja, in diesen dunklen Momenten sogar danach trachtete, aus dieser Welt zu scheiden? Ich schrieb das Herrn F., bedankte mich für seine offenen und ehrlichen Worte und wünschte ihm und seiner Gattin von ganzem Herzen, dass sie woanders finden würden, was sie bei mir so schmerzlich vermissten: Humor. Wenige Tage später kam seine Antwort. Herr F. schrieb, meine Worte hätten ihn und seine Gattin zutiefst berührt und bewegt, meine selbstkritische Einsicht hätten sie als beispiellos empfunden und sie würden sich nun allergrößte Sorgen um mein Wohlbefinden machen und ständig darüber nachdenken, wie sie mir helfen könnten. Als Erstes wollten sie mir schon mal freudig bekunden, dass ihnen ein Cartoon von mir eingefallen wäre, über den sie tatsächlich herzlich lachen mussten, und zwar der, wo eine Frau vor einer vollgehängten Wäscheleine steht und »Die Wäsche ist online!« zu ihrem Mann sagt. »Also Kopf hoch, geht doch«, fügte Herr F. hinzu. Ich antwortete ihm umgehend, bedankte mich von ganzem Herzen für seine aufmunternden Worte, erwähnte aber noch, dass dieser Cartoon, den er so explizit erwähnt hatte, allerdings einer von Uli Stein sei. Drei Tage später überreichte mir mein Postzusteller ein großes Paket mit einem leuchtroten Aufkleber »Vorsicht! Zerbrechlich!«. Drinnen, noch mal liebevoll extra verpackt, lag ein großer Kuchen und eine Karte, auf der stand: »Für den Künstler, mit Liebe selbst gebacken! Möge dieses Backwerk seine Kreativität beflügeln.« Ich habe Herrn F. darauf geantwortet, so einen trockenen, geschmacklosen Kuchen hätte ich in meinem ganzen Leben noch nicht gegessen.

Komik allüberall

Das Leben ist voll mit Situationskomik. Komik, deren sich der Akteur nicht bewusst ist. Sie ist ständig und überall, du musst sie nur sehen wollen. Ja, so einfach ist es. Situationskomik ist das Kraftfutter aller Humoristen, sie ist filterfrei und wohl die reinste Formen des spontanen Lachens, mit dem besonderen Merkmal, dass der Urheber, die Urheberin einer komischen Situation gar nicht weiß, warum du lachst. Eventuell fragt er oder sie aber doch: »Haben Sie eben über mich gelacht?« »Ja!«, sagst du dann und schließt die Verstörten fest in deine Arme. Sie werden dann ganz weich und verstehen. Gemeinsam lachen ist und bleibt doch am schönsten. Doch nicht nur Personen, auch alltägliche Gegenstände können Komik vermitteln, z.B. Schilder, oftmals Schöpfungen unfreiwilligster Komik. In Oldenburg sah ich in der Fußgängerzone einen Wurststand mit dem großen Schild: »Immer gerner Wurst von Werner.« Da komm mal drauf. Oder der Anruf einer Frau aus dem örtlichen Naturkostladen bei mir: »Guten Morgen, ist Ihre Frau da?« – »Im Moment nicht, worum geht es denn?« – »Sie hatte gefragt, ob wir weiße Eier haben. Tut uns leid, unser Bauer hat nur braune Eier.« – »Bitte? Ihr Bauer hat braune Eier?« Bio-Britta war verstört. Was hab ich gelacht. Wo ich grade im Unterleibsbereich bin, ich rief mal bei einem Freund an, erreichte aber nur seine Frau. »Kann ich mal Dieter sprechen?« – »Der streicht grade seine Sackkarre weiß.« – »Waaas? Der streicht grade seine Sackhaare weiß?« Ich hatte das wirklich so verstanden. Wir lachen noch heute drüber.

Ist es nicht zum Brüllen komisch, wenn du mit einem Handwerker einen Termin machst, »sagen wir, morgen so zwischen neun und zwölf«, und gegen 10:53 Uhr denkst, kannst ja mal ganz kurz unter die Dusche, stehst grade bis über die Haarspitzen im Schaum – exakt da klingelt der Handwerksmann. Wer, verdammt noch mal, inszeniert solche großartigen Späße?

Oder denk doch nur an die Bäckersfrau letztens, die dir »Einen schönen Tag noch!« gewünscht hat. Und du gehst raus in das letzte Mistwetter. Zu köstlich. Ein Hort der Komik ist auch dein Stromanbieter. Du kennst das? Anruf wegen einer Frage. Natürlich hängst du sofort an den Lippen einer weiblichen Computerstimme, die dir Löcher in den Bauch fragt, um dich damit punktgenau auf den Schoß deines berufenen Fachberaters zu platzieren. Zwischen den einzelnen Weiterleitungen erfährst du einiges über die Geschichte der Firma, über ihre Leistungen und ihre Produkte, über Angebote und Tarife, zur Erholung wirst du immer wieder von erfrischender Musik umspült. Bei den Fragen, die dir dann gestellt werden, musst du dich für eine Antwort entscheiden. Diese sollst du laut und möglichst ohne Wurstsemmel im Mund ins Telefon sprechen. So also steht da nun ein erwachsener Mensch minutenlang stumm mit Handy in der Hand allein in seinem Zimmer und schreit urplötzlich, völlig zusammenhanglos das Wort »Beratung!!!« Wer das nicht komisch findet, der hat das alles auch nicht anders verdient.

Eine gute Freundin aus Berlin empörte sich mal über einen Vorfall vor der Tür ihrer Zehlendorfer Boutique. Ein Mann mit einem kalbsgroßen Hund passierte ihre Eingangstür, als sich das Tier just in diesem Moment einen turmhohen Haufen Kot aus dem gekrümmten Kreuz drückte, mitten auf die Eingangschwelle ihrer Boutique. Meine Bekannte stürzte zornesrot über den dampfenden Haufen aus dem Laden und schrie dem Mann »Hallooo!! Sie da!! Sind Sie denn völlig verrückt geworden??« hinterher. Darauf drehte der sich ruhig um, antwortete »Ist doch sowieso alles egal« und trottete einfach weiter. Die ganze Boutique hat sich kaputtgelacht. Oder denk an die Weinkarte im Restaurant. Eigentlich wolltest du nur ein Glas Wein trinken. Wein, so nennt man gegorene Weintrauben, die in Flaschen gefüllt werden. Und dann liest du von diesem schlichten Gesöff, er sei »ein würdiger Begleiter mit cremig zartem Klang« und trüge »von einem Hauch von Vanille betört« dich »schmelzend am Gaumen ins aromatische Finale« zu einem »außergewöhnlich seidigen Abgang«. Das ist fröhlichster Gaumensex!!

Es vergnügt mich persönlich auf öffentlichen Toiletten ungeheuer, wenn ich mir selber zuschaue, wie ich nach dem Händewaschen wie ein Blinder mit meinen eingeschäumten Händen an irgendwelchen Wandfliesen herumfuchtle, um endlich den Kontakt auszulösen, der mir den ersehnten Wasserstrahl schenkt. Manchmal, und das ist dann der größte Krachlacher, stelle ich nach minutenlangem Fuchteln fest, dass in diesem Falle im Boden ein Fußschalter zu betätigen ist. Ich hab in solchen Momenten oft schon wirklich Tränen gelacht. Viel Spaß macht es auch, diskret anderen Menschen zu lauschen. »Jehn wa nochn Schtücke am Strand?«, fragte ein Berliner seine korpulente Gattin neben sich am Strand. Sie: »Weeß nich.« Herrlich, oder? Ich erinnere mich auch noch an eine einzigartig humorvollen Verkäuferin in einer Boutique, die angesichts meiner anprobierten Hose, an der versehentlich noch der Hosenschlitz offen stand, beruhigend zu mir sagte: »Wenn der Vogel tot ist, kann man den Käfig ruhig offen lassen.«

Ein echtes Meisterwerk.

Auch die kleinen, unbewussten Versprecher sind immer wieder Anlass zum Schmunzeln. Ein Tennispartner von mir rief mir mal, nachdem ich ein Punktspiel gewonnen hatte, strammstehend laut über den Platz zu: »Da muss man ja satulieren!!« Beate hatte sich, wie sie erzählte, »gut in die Gruppe intrigiert« und meine Friseurin schwärmte von »Pat Britt«. Oftmals sind es grade auch Begriffe, mit denen man ganz normal umgeht, aber beim näherer Betrachtung leuchten sie vor Komik. Wie zum Beispiel sieht eigentlich eine »Intelligenzbestie« aus? Höllenhund mit Brille?

Und die Geschichte von meinem örtlichen Supermarktbesitzer, der leicht grollend eine Mayonnaise von mir zurücknahm, die ich wegen des abgelaufenen Frischedatums reklamiert hatte. Nun, sagte er, man dürfe diese Verfallsdaten nicht allzu genau nehmen, da sei noch viel Toleranz. Er hätte sich mal für eine Zugfahrt nach Hamburg zum Knabbern eine Tüte abgelaufener Nüsse mitgenommen – köstlich hätten die geschmeckt, und ich solle nun mal raten, wann das Verfallsdatum war? Na, dachte ich, wahrscheinlich schon ziemlich lange, also datiere ich es auf »… na, ich sage mal … Weihnachten vor zwei Jahren?« »Ha!«, rief er triumphierend, »1993!« Muss man sich mal vorstellen, der Mann knabbert 30 Jahre alte Nüsse! Vermutlich noch welche aus dem Grab des Pharaos Tutanchamuns? Zum Piepen.

Zu guter Letzt mein persönlicher Klassiker. Unser freundliches, älteres Nachbarehepaar konnte sich einfach nicht meinen Nachnamen merken. Seit 1988 lebten wir Zaun an Zaun, aber dass ein Mensch »Butschkow« heißen kann, blieb ihnen beharrlich fremd. Nicht Hansen, Jensen oder Petersen, nein – Butschkow! Irgendwann standen wir plaudernd an unserer gemeinsamen Hecke, als sie den Erzählungsfluss ihres plauderlustigen Gatten brüsk unterbrach: »Jens-Wilhelm! Nun sag doch nicht immer Herr Buschoff zu Herrn Butschiko!«

Tisch für sechs Personen

»Müller, guten Tag, ich möchte für nächsten Samstag einen Tisch für sechs Personen zum Aal-Essen reservieren.« Der Anruf kommt, wie ich auf dem Display sehe, aus Göppingen und erreicht mich auf meinem Sofa. Erst bin ich verdutzt, dann frage ich: »Zum Aal-Essen? Okay, ja … also wo möchten Sie denn gerne sitzen?« »Wenn es geht, gerne am Fenster«, antwortet der Mann. Ich überlege einen Moment, dann sage ich: »Das lässt sich machen, einen Moment mal, ich schaue kurz mal nach« und nehme mir ein bisschen Zeit für einen kräftigen Schluck von meinem Bier. Danach bestätige ich: »Geht klar. Zu wann wünschen Sie den Tisch?« Kurze Pause, dann: »19 Uhr?« »Beschte Krom«, sage ich, so wie man hier oben in Nordfriesland sagt, wenn der Kram in bester Ordnung ist. Herr Müller legt mit einem »Vielen Dank, dann bis Samstag« zufrieden auf. Ich entspanne mich wieder auf meinem Sofa und stelle mir amüsiert vor, wie der Mann mit Gefolge am Samstag in dem vollbesetzten Gasthof nach seinem bestellten Tisch fragt. Sorry, aber wer sich verwählt, den bestraft der Komiker.

Tolle Wurst

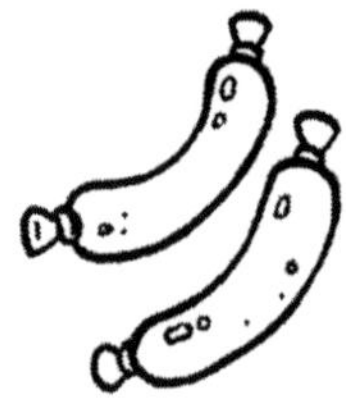

Die freundliche, ältere Dame zeigt auf einen Stand am Rande des Festplatzes, auf dem wir stehen. »Da, dort ist ein Grill, da bekommen Sie Würstchen und so was«, sagt sie zu mir. Wir machen nämlich heute, hier in dem kleinen Ostseehafen, auf einer Festwiese Musik, und bevor ich spiele, muss ich immer erst etwas essen. Das ist ein Ritual, das meine Bandmitglieder nur allzu gut kennen. Gerne erzählen sie die Geschichte, wie wir mal auf einer privaten Hochzeit in einer Villa vor hochherrschaftlichem Publikum spielen sollten und ich im Moment der Ankunft gleich beim Aussteigen bei einen Bediensteten im klaren Terminus des Rock'n Rollers verlangte: »Erstma wat zu essen.« Alle fanden das peinlich, ich völlig natürlich. Mein Körper hat halt seine Ansprüche und wird immer ganz schlecht gelaunt, wenn ich sie ihm nicht erfülle.

Der Platz, auf dem wir heute ein solides Potpourri spielen werden, ist gut besucht, die Tisch-Sitzbank-Garnituren sind ordentlich belegt. Viele junge Familien mit Kindern, mittelältere Paare und Omas und Opas, eigentlich eine gute Mischung. Die Kinder jagen sich über den Platz, andere schauen neugierig, was wir an Musikinstrumenten aus den Koffern holen. Das Wetter hat uns alle lieb. Am Grillstand sehe ich sofort, dass hier ein eingespieltes Team agiert. Sie, von stattlicher Körperfülle, bedient im roten Dress mit frechem Mützchen professionell gut gelaunt die Kunden, er, der eher kleingewachsene Grillmaster, wendet und dreht das Grillgut, das akkurat nebeneinander gelegt auf dem Rost bruzzelt. Jeder Handgriff sitzt. Sie nimmt vorne den Kundenwunsch auf (»Eine Kärri«), leitet ihn an ihn weiter (»Eine Kärri!«), er sucht die perfekte Currywurst aus und reicht sie auf einem Teller an sie (»Die Kärri!«) weiter. Alles läuft eingespielt und routiniert. Außer Currywurst gibt es noch Rostbratwurst, Bockwurst, Nackensteak, alle im Brötchen. (Die Currywurst natürlich in der Pappschale mit Holzgäbelchen.) Hier erschaudert der Vegetarier, hier isst der Normalo, dem Gemüse wurscht ist.

»Schnuckel«, sagt sie zu mir, »was kann ich denn Schönes für dich tun?«

Schnuckel gefällt mir, klingt warmherzig, zutraulich, mütterlich, beamt mich zurück ins Kinderbett. Schnuckel will eine Currywurst. Er hat sie, die vom Döner verdrängte, schon ewig nicht mehr gegessen.

»Eine Kärri!«, gibt sie an den Grillmeister weiter. Er wählt weise die mit der goldbraunsten Pelle, dreht sie zum Abschied noch mal liebevoll im siedenden Fett und reicht sie zu ihr rüber. Sie nimmt das Würstchen mit einer Zange vom Teller, hält es triumphierend senkrecht vor mir in die Höhe und sagt: »Stramm und heiß, so lieben wir das Würstchen.«

»Jau!«, mehr fällt mir einfach nicht ein.

»Schnuckel, jetzt kommt es in den Schredder«, sagt sie augenzwinkernd, hält kurz die Wurst über den Zerteiler und sagt hämisch grinsend: »Ich steck dein Würstchen dann mal rein.«

»Hö-hö.« Ich lache schief.

»Uh-uh. Hat man da etwa Schmerzen?«, fragt sie quietschvergnügt und schaut schelmisch auf meinen Unterleib.

Was soll ich sagen? Soll ich sie etwa wegen obszöner Anspielungen vor Gericht zerren? Während meines Aufenthaltes an der Ostsee wurde ich Opfer einer sexistischen, übergriffigen Wurstverkäuferin?

Sie schiebt einen Pappteller unter den Verteiler und führt die Wurst von oben durch. Die prasselt in gleichgroßen Stücken auf den Teller. Schwungvoll spotzt sie dann aus einer riesigen Plastikflasche rote Soße über die Wurststücke. »Eine gute Wurst muss flutschen«, sagt sie fröhlich und schiebt mir das Schälchen auf den Tresen. »Hier dein lecker Würstchen, Schnuckel. Sechs Euro, mit Brot!«

Ich lege ihr sieben Euro hin. »Stimmt so.«

»Danke, Schnuckel. Lass dir's schmecken.«

»Jepp«, antworte ich.

Da schiebt sich neben mich ein neuer Kunde an den Tresen. »Schnuckel, was kann ich für dich tun?«, fragt sie ihn.

»Eine Rostbratwurst, bitte.«

»Eine schöne, dicke, lange Rostbratwurst, so wie wir's gernhaben, für den Schnuckel hier!«, ruft sie zum Grillmaster.

Schamstoff

Es ist kaum auszuhalten, aber ich schäme mich ständig. Bei jeder Tomate sehe ich die geknechteten Plantagenarbeiter, bei jeder Avocado den langen Transport, bei jeder Wurst die gefolterten Schweine, bei jeder Möhre den vergifteten Boden, bei jedem Ei die gemarterten Hühner, bei jeder Milch die überzüchteten Kühe, bei jedem Brötchen das genmanipulierte Korn, bei jeder Garnele die Antibiotika, bei jedem Honig die kranken Bienen, bei jedem Kaffee die gespritzte Bohne, bei jeder Schokolade den Zucker und beim Joghurt das Plastik vor mir. Bei meinem Auto schäme ich mich für den Schadstoffausstoß, beim Eisberg für den Klimawandel, beim Holzbrettchen für die kaputten Wälder, in meiner Wohnung für die alte Heizung, unter der Dusche für meinen Wasserverbrauch, im Garten für die Chemie und in meinem Garten für die beschnittene Hecke. Im Zoo schäme ich mich für die gefangenen Tiere, auf unseren Straßen für die Löcher, in der Kirche für den Missbrauch, beim Unfall für die Gaffer, bei den Wohnungen für die Wuchermieten und im Restaurant für die Preise. Ich schäme mich für die Promis im Dschungelcamp, für das Schandmaul von Dieter Bohlen, für den Hass im Internet, für die Phrasen der Politiker, für die Giraffenwimpern der Influencerinnen, für das Doping der Sportler, für die Ablösesummen der Fußballer, für die Bonis der Banker, für die Geldgier im Gesundheitssystem, für die armen Rentner und die Ausbeutung der Bodenschätze. Und ich schäme mich natürlich für diesen Text.

Avatar

»Schau mal, da! Markus Lanz«, sage ich. Sie lacht. »Du wieder«, sagt sie.

Ja, ich hab Spaß daran, in anderen Menschen das Double eines anderen zu sehen, zumeist eines Promis aus Politik, Sport oder Kultur, aber auch eines beliebigen Bekannten oder Freundes. Meine Treffsicherheit, so finde ich jedenfalls, ist ziemlich hoch.

»Stimmt aber«, sagt sie, »der sieht wirklich aus, wie Markus Lanz.«

»Sage ich doch«, sage ich.

Ich bin ein absolut visueller Mensch, nehme das Leben bevorzugt mit den Augen wahr, obwohl die auch schon etwas nachgelassen haben und ich ihnen heute beim Schreiben mit einer Brille zu Hilfe kommen muss. Meine Phantasie im Bereich der Physiognomien macht keinen Unterschied zwischen sympathischen oder unsympathischen Menschen, sie orientiert sich allein an optischen Kriterien. Zu häufig darf man seine Mitmenschen mit diesen Vergleichen aber auch nicht strapazieren. Ich gehe inzwischen sehr sparsam damit um und wende sie nur bei wirklich ganz besonderen Volltreffern an, z.B. letztens in der U-Bahn, da flüsterte ich meiner Bekannten zu:

»Drehe dich mal diskret um, der da drüben sieht aus wie Karl Dall.«

»Hi-hi, tatsächlich, der Hammer.«

Mitunter spüren die Zielpersonen auch, dass sie angestarrt und typisiert werden. Ob sie dabei positive oder negative Gefühle haben, also ob sie gerne oder lieber nicht Karl Dall sein wollten, kann ich immer schlecht erkennen und fragen möchte ich sie natürlich auch nicht, obwohl ich denke, dass ich ihnen für das Anstarren eine Erklärung schuldig bin. »Verzeihen Sie, ich sagte zu meiner Kollegin grade, Sie sähen aus wie Karl Dall.« Das kann bös danebengehen, weil dieser Mensch nämlich bislang davon ausging, dass er eher aussähe wie George Clooney und wahrscheinlich schwer beleidigt wäre. Dabei setze ich mal voraus, dass keiner, der nicht mit allen Mitteln ins Showgeschäft gehen will, aussehen möchte wie Karl Dall. Aber auch ich bin nicht gegen solche Assoziationen gefeit, bin nicht nur Täter, sondern auch Opfer. Vor einiger Zeit stand ich an der Kasse eines Supermarktes, als die Kassiererin mich mit großen Augen anschaute und zu mir sagte: »Also wirklich, Tschulldigung, Sie sehen ja aus wie Carsten Maschmeyer!«

Carsten Maschmeyer? Börsen-Carsten? Der Mann mit dem Nussknackergesicht? Der Ehemann von Veronika Ferres? Ich wie Carsten? Ist jetzt nicht wahr, oder? Ich wollte ums Verrecken nicht mit ihm in einen Topf geworden werden. Dieses Du-siehst-ja-aus-wie machte mich zu seiner Kopie, ich aber will mein eigenes Original sein. Einzigartig, unvergleichlich, wo Butschkow draufsteht, ist auch Butschkow drin und nicht ein Maschmeyer.

Alle Leute starrten mich an und grinsten, einige nickten zustimmend mit dem Kopf, eine Frau klatschte sogar in die Hände. Sie alle schienen der gleichen Ansicht zu sein, dass ich eine Kopie von Carsten Maschmeyer sei. (Wenn ich ehrlich bin, muss ich zugeben, dass generell schon eine weite, sehr weite, gaaanz weit entfernte, optische Typen-Verwandtschaft zwischen mir und diesem Maschmeyer bestand, der längliche Schädel – mehr aber wahrhaftig nicht. Basta!)

Im vergangenen Jahr hatte ich einen Termin mit meinem Verleger und zwei mir namentlich bekannten Autoren des Verlages, die ich jedoch persönlich noch nie zu Gesicht bekommen hatte. Wie immer waren es in meiner Phantasie zwei ganz andere Typen als in der Realität. Jeder von uns kennt das, man erwartet einen Bison und herein kommt ein Waschbär – oder umgekehrt. In meinem Fall sagten Menschen oft, dass sie sich mich viel kleiner vorgestellt hätten. Was es ist, das mich an meiner Stimme so klein macht, konnten sie mir nie erklären, ich bin doch schließlich nicht Sprecher in einem HARIBO-Spot.

Ich muss mal einen Logopäden fragen. Von diesen beiden Kollegen jedenfalls war der eine tatsächlich deutlich kleiner als ich erwartet hätte, der andere dafür ungleich mächtiger. Im Laufe dieses Abends lockerte sich die Stimmung, die beiden wurden mir immer sympathischer und damit auch Adressaten für eine ganz persönliche Anmerkung meinerseits. Seit Stunden schon brannte in mir nämlich der Wunsch, Wilhelm, dem Mächtigen, zu sagen, dass er mich unglaublich an jemanden erinnerte. Ich war in dieser Situation fest davon überzeugt, dass mein Vergleich ihm schmeicheln würde und rief ihm, weitaus weniger diskret als gewöhnlich in solchen Fällen, für alle hörbar über den Tisch zu:

»Wilhelm, du, hömmal, du – hömmal! Weißt du übrigens, an wen du mich erinnerst? Du siehst echt aus wie – Obelix!«

Alle hatten herzlich gelacht. Meine Bemerkung löste beim Wilhelm in meiner Erinnerung auch keine spürbar negative Reaktion aus, sodass sich meine Überzeugung festigte, dass er stolz auf diesen Vergleich war, dass ihm der Glanz dieser sympathischen, gutmütigen, kraftstrotzenden Figur behagte, es ihn begeisterte, mit mir einen sensiblen Menschen kennengelernt zu haben, der diese Ähnlichkeit zwischen ihm und diesem wohlgenährten Prachtexemplar endlich öffentlich benannte. Nicht anders hatte ich diesen Vergleich auch gemeint, schließlich liebe ich Obelix von ganzem Herzen.

Wilhelm hatte gewiss einen Spiegel zu Hause und schon selber mal im nackten Zustand hineingeschaut und längst seine frappierende Ähnlichkeit mit Obelix festgestellt. Sein ganzes Gesamtbild, Gesicht und Körper, ließen absolut nur diesen einen Vergleich zu.

Allerdings fiel mir schon mehr und mehr auf, dass er etwas ruhiger geworden war, schrieb das aber seiner fortschreitenden Trunkenheit zu, vielleicht beschäftigte ihn, diesem wohlgeformten Genießer, aber auch der spannende Gedanke, selber mal auf Wildschweinjagd zu gehen, denn gut gegrillt, in Rotweinsoße mit Klößen, ist Wild ausgesprochen köstlich. Aber dann, ich war gerade in ein Gespräch mit meinem Verleger vertieft, wie aus dem Nichts, beugte er sich blitzartig mit hochrotem Kopf über den Tisch zu mir herüber, zeigte mit dem Finger auf mich und brüllte wutschnaubend: »Und du?! Du siehst aus wie Carsten Maschmeyer!«

Graffiti

Mein Freund hat das schöne, zweistöckige Haus seiner Eltern in der Altstadt am Fluss geerbt. Nach dem großen Hochwasser schütteten die Stadtväter großzügige Finanzhilfen über die betroffenen Bürger aus. Das war seine Chance, endlich seine große Hauswand an der Gasse, die direkt runter zum Fluss führt, neu zu verputzen und streichen zu lassen. Die graue, schmuddelige Fassade war ihm schon lange ein Dorn im Auge, nun strahlte sie schneeweiß und makellos. Er dankte der Hochwasserhilfe von Herzen. Zwei Tage später stand, in riesigen Buchstaben und leuchtendem Blau gesprayt »Fuck the Stadtväter« dran. Als sozialer Typ, der er war, hatte er wohl Verständnis für die Vernachlässigten und Unterdrückten und ihren Wunsch nach Artikulation – aber nicht für diese Aktion. Er kochte vor Wut. Am nächsten Tag hing ein laminierter Brief in süffisantem Ton »An die lieben Damen und Herren Sprayer« an der geschändeten Wand, in dem er die Täter einlud, doch zu ihm zu kommen und ihm bei einem gut gekühlten Bier all ihren Frust zu offenbaren, mit ihm könne man über alles reden – aber sie sollen gefälligst nicht seine Hauswand beschmieren! Ein Reporter der örtlichen Presse hatte den Brief sogar fotografiert und in der Zeitung, als Dokument der Verzweiflung eines ehrenwerten Bürgers im Kampf gegen Anarchie und Vandalismus, groß abgedruckt. Der Täter/die Täterin nahm die Einladung nicht an. Irgendwann hatte ein weiterer Schmierfink mit einem dicken Filzschreiber noch »Jesus lebt« dazu gekritzelt. Zähneknirschend beauftragte mein Freund einen Maler, diese optische Schande zu beseitigen. Danach leuchtete die Hauswand wieder im makellosen Weiß. Eine Woche später stand, blutrot und riesig, »Fleischesser sind Kannibalen« auf der Wand. Wer machte denn so was? Mein Freund hatte Gewaltphantasien. Er würde sie … aber ich verzichte lieber darauf, es wiederzugeben. Ich stellte die These auf, dass der Täter oder die Täterin aus seinem inneren Zirkel stammen müsste, denn wer wüsste sonst, dass sein Lieblingsessen krosser Schweinebraten war? Daraufhin drohte er mir zornig an, an meine Wohnungstür »Bier ist auch keine Lösung« zu sprayen. Wir sprechen jetzt lieber nicht mehr über dieses Thema.

Familienfeier

Der Gastgeber begrüßte Oma Ute als »ältesten Gast«, da warf Anna Lippmann-Pölz spitz »Gästin!« ein. Horst Kurznagel polterte: »Lächerlich!« »Die Zeiten ändern sich«, fauchte Frau Lippmann-Pölz. Der Gastgeber wollte mit »Ich hab gestern meine Gürtelrosenimpfung bekommen« vom Thema ablenken. Daraufhin krächzte Onkel Paul »Menschenversuche« und kassierte dafür von Frau Thomsen »Ach? In der AfD?« »Sie fahren wohl auch Elektroauto?«, ätzte Onkel Paul. »Faschist«, zischte Emma, Tochter des Gastgebers. »Wir wählen Grün«, konstatierte Leonie, aber Simon hasste Habeck, Anna Lippmann-Pölz hasste Söder, Ruby Feldmann hasste Olaf Scholz. »Isst hier jemand noch Schwein?«, fragte Pia Sandmut laut in die Runde, woraufhin Horst Kurznagel »Ich liebe Zigeunerschnitzel!« brüllte. »Ich N...küsse!«, tönte Herr Lutterberg und wurde umgehend als »Rassist!« beschimpft. »Das heißt Schokokuss!« und »Black lives matter!«, schrie Emma und Ruby prostete »Auf das Matriarchat!«. Herr Kurznagel konterte lauthals »Es lebe der Weihnachtsmann!«, woraufhin Emma ihm das Schnapsglas aus der Hand schlug, Ruby ihm ihren Wein ins Gesicht schüttete und Anna-Lippmann Pölz in seine Wade biss, während Herr Lutterberg mit einem Baguette auf sie einschlug. Oma Ute saß indessen gemütlich auf dem Sofa und fütterte die kleine Lotta mit Nutella.

USA oder Dirty Talking And Guns First

Barney kommt von der Arbeit nach Hause und hat verdammten Hunger. Susan, seine Frau, hängt in verbeulten Jogginghosen mit einem Smoothie auf dem Sofa und lackiert ihre Fußnägel. Barney fragt, ob es denn irgendwo in diesem verfickten Haus etwas zum Beißen gäbe. Susan antwortet, wenn er was zum Beißen suche, soll er den Hund fragen. Barney will von Susan wissen, warum zur Hölle sie so eine abgefuckte Laune habe. Als Susan daraufhin ihm nur den Stinkefinger zeigt, erinnert Barney sie daran, dass sie eine verdammte Bitch sei und eine verfickte Versorgungsaufgabe habe. Susan schmeißt eine Handgranate nach ihm. Barney will auf der Stelle wissen, warum sie nicht ihren ehelichen Pflichten nachkommt. Susan will indessen von ihm erfahren, ob er denn wisse, was heute für ein verfickter Tag sei? Barney meint, wie zur Hölle soll er wissen, was heute für ein verfickter Tag sei? Er wisse nur, dass ihn heute sein Boss blöd angepisst habe und er verdammten Hunger habe, mehr wisse er nicht. Daraufhin springt Susan wutentbrannt auf und brüllt, heute sei ihr beschissener Hochzeitstag, den er nun zum fünfundzwanzigsten Mal vergessen habe, dabei stößt sie die Porzellanbüste von Charlton Heston vom Tisch. Barney wird leichenblass. Weil er diese verdammte Büste wie blöd geliebt hat und sie nun verfickt zertrümmert vor ihm auf dem Boden liegt, ist außer sich vor Wut. Susan antwortet, diese beschissene Büste ginge ihr genau so am Arsch vorbei, wie ihm ihr Hochzeitstag. Daraufhin zieht Barney seine 9-Millimeter Walther aus der Hosentasche und droht, Susan zu erschießen, wenn sie nicht zur Hölle seine verdammt geliebte Büste wieder zusammenkleben würde. Susan meint, da hätte sie noch was Besseres im Angebot und zieht ihre 10 Millimeter-Glock aus der Sofaritze. In diesem Augenblick steht Bob, ihr Nachbar, mit seiner Kalaschnikow AK47 in der Tür und fragt, ob er helfen könne. Barney sagt, Bob, schau dir an, sie hat meine Charlton Heston-Büste zertrümmert. Bob fragt Susan, was verfickt noch mal in sie gefahren sei. Sie würde ihm gleich seine verfickte Rübe wegblasen, sagt Susan, wenn er auch nur einen Scheißsplitter von dieser Scheißbüste anfasse. Das sieht Tracy, die Frau von Bob, die in diesem Moment mit ihrer gezogenen Smith&Wesson durch die Hintertür getreten ist, anders. Wer ihrem verfickten Bob etwas zuleide täte, der löse die Fahrkarte zur Hölle. Bob sagt, hab dich lieb Darling. Susan will von Tracy wissen, was sie zur Hölle noch mal täte, wenn Bob ihren verfickten Hochzeitstag vergessen würde. Tracy ist geschockt. Bob schwört bei Gott, dass er noch nie ihren verfickten Hochzeitstag vergessen hat, da tritt Timothy Warmwater, der Prediger, mit seiner Elefantenbüchse durch die Tür und schlägt fucking vor, gemeinsam zu beten. Die Situation entspannt sich. Barney sprüht danach ein riesiges, rotes Herz mit einer 25 auf sein verficktes Bettlaken und hisst es in ihrem Garten. Susan ist happy und bittet alle Anwesenden zum Torpedoschießen in den Pool. Der Typ vom Pizza-Hut-Lieferservice erlegt vor Freude über das gute Trinkgeld mit seinem Browning versehentlich den Hund. Kurz vor'm Einschlafen ballert Barney mit seiner Walter noch die Kerzen aus. Dann herrscht Stille, nur der Nachtwind schlägt die Herz-Fahne rhythmisch gegen den Mast. Gegenüber reinigt Bob, bevor er ins Bad geht, im Schein seiner Donald-Trump-Lampe noch liebevoll sein AK47. Guns first.

Wie geiz ist das denn?

Die Amerikaner beendeten den Faschismus in Deutschland und brachten uns zu unserer großen Freude die Demokratie und die freie Marktwirtschaft – und das »Marketing«. In den großen Städten schossen die Werbeagenturen wie Pilze aus dem Boden und kreierten Werbekampagnen, z.B. »BAUKNECHT weiß, was Frauen wünschen.« Die Firma BAUKNECHT war damals führender Hersteller von Haushaltsgeräten und ein echter Frauenversteher. Mir erschloss sich der subtile Hintergrund dieses Slogans erst, als ich von einem Kollegen, dessen Kumpel bei BAUKNECHT im Außendienst arbeitete, hörte, dass dieser bei seinen Hausbesuchen kaum zum Arbeiten kam, weil sexuell ausgehungerte Ehefrauen, deren Männer damals noch außerhäusig auf der Arbeit waren, ihm ständig an die Wäsche wollten. Behauptete er. Aus dieser frivolen, pornoklischeereichen Welt stammte auch die lauschige Werbung für einen Whiskey: »Der Tag geht, Johnny Walker kommt.« Johnny Walker war also abends das für die Frau, was ihnen tagsüber der Haushaltstechniker von Bauknecht in der Küche war. Die Leute hatten diesen Slogan natürlich in »Der Gatte geht, Johnny Walker kommt«, alternativ auch: »Der Tag kommt, Johnny Walker geht.« So kann Werbung nebenbei die Volks-Kreativität entfachen.

Einer der nachhaltigsten Werbeslogans der letzten sechzig Jahre stammte von der Deutschen Bahn: »Alle reden vom Wetter. Wir nicht.« Heute müsste er heißen: »Alle reden vom Wetter. Wir besonders.« Damit begann auch der Punkt seinen rasanten Siegeszug in der deutschen Werbesprache. Es wurde ungeheuer modern, kurz und knapp zu formulieren und dazwischen Punkte zu setzen. Der Punkt ist der König des Satzes, er setzt den finalen Gongschlag. Kein Wunder, dass die Werber ihn zu ihrem Liebling kürten. Der brave Slogan eines Berliner Möbelhauses »Ich soll Sie schön grüßen von Möbel Hübner« läse sich im Duktus der deutschen Werbesprache heute so: »Ich soll. Dich. Von Hübner grüßen.« Die Interpunktiomanie erreichte auch die F.D.P. Bis heute klebt der Punkt im Kopf der Creativ Directors.

Mein Favorit der damaligen Zeit war die Werbung einer Mineralölgesellschaft für ihr neues Benzin: »Pack den Tiger in den Tank.« Endlich fand – mittels einer lustig gezeichneten Tigerfigur – auch mal der Humor Zugang zur Werbung. Er, den die Deutschen verdächtigten, mit seiner oberflächlichen Art den Produkten die Seriosität zu nehmen und damit den ganzen kostbaren Werbe-Etat null und nichtig zu machen. Diese Kampagne war also mutig, hatte aber auch zur Folge, dass beim Autofahren noch mehr aufs Gas getreten wurde, als es sowieso schon passierte. Leider verschwand der Tiger auf sanften Pfoten vom Markt und wurde auch von keinem anderen Tier mehr ersetzt. Heute stünde diese Werbung bei den Tierschützern im Fadenkreuz. Einen kompletten Tiger in einen Blechtank zu sperren, das wäre ja so, als pferche man Hühner in einen winzigen Käfig, nur um ihnen ihre Eier abzupressen. Wer macht denn so etwas?

Eine weitere Legende unter den Werbesprüchen war: »Peter Stuyvesant, der Duft der großen weiten Welt.« Die junge Generation wird jetzt sicher denken, hierbei handelte es sich um eine Bodylotion oder ein Deodorant, aber voll daneben. Es war eine Zigarettenmarke. Mit »Duft« warb man damals für ein Produkt, dem heute der Gestank von Fäulnis und Verwesung anhaftet. Peter Stuyvesant aber kam mit schmissiger Musik und bunten Szenen aus pulsierenden Weltmetropolen daher und vermittelte einem den Geist von Freiheit und Lebensfreude, die man quasi mit jedem Lungenzug einatmete. Das waren die goldenen Zeiten der Tabakindustrie. Heute ist sie vom fröhlichen Reisebegleiter zum Sterbebegleiter geworden. Ein echter Absturz.

Spielte die Musik in der Werbung damals bereits eine untermalende Rolle, so war es aber eine echte Revolution, dass den Slogan gesungen wurde, wie bei »Schmuuusewolle macht Perwoll aus Wolle«. Das war neu.

Dieser schmusig geträllerte Text hängt mir bis heute in den Ohren. Auf den Plakaten dieser Kampagne waren hübsche Models, Marke Hausfrau, mit weißen Angorakaninchen im Arm, die in einem bunten, wolligen Wämslein steckten. Später kursierte das Gerücht, dass man ihr Wams mit Papier ausgefüttert hatte, damit es optisch auf die gleiche Höhe mit dem luftigen Fell des Tieres kam, sonst hätte es wie ein großer, flauschiger Knochen ausgesehen. Außerdem sollen diverse Tierchen vor Schreck an einem Herzschlag verstorben sein, weil beim Fotoshooting hinter ihrem Rücken Topfdeckel zusammengeknallt wurden, damit die Rammler auch hübsch ihre Ohren hochstellten. Ein Kaninchen mit Hängeohren ist halt kein richtiges Kaninchen. Oh ja, die Werber sind zu allem fähig, wenn es um die Realisierung ihrer Ideen geht. Und was ist heute aus der Werbung geworden? Heute brüllen und schreien sie dich wie frisch gefoltert in den Werbespots an und wiederholen sich wieder und wieder, bis du wie ferngesteuert in den Laden gehst und das Produkt kaufst – obwohl du's gar nicht brauchst. Sie haben dir dein Hirn mit penetranten Versprechungen und einem Sperrfeuer an kurzen Bildschnitten und visuellen Effekten weichgehämmert. Das alles ist so schrill, bunt und aufdringlich, platzt in Spielfilmen oder Unterhaltungssendungen ungefragt zu dir hinein, zersägt Zusammenhänge, romantische oder erotische Szenen, Dialoge, Landschaften, mit der Konsequenz, dass ich beim Fernsehen immer aufwache und danach immer völlig verstört bin.

Überwiegend dreht sich heute in der Werbung alles um den Preis und um das magische Wort »billig«. »Billig« war früher eher den Bananen- und Aalverkäufern oder den periodischen Sommer- und Winterschlussverkäufen vorbehalten. »Billig«, ein Wort mit fatalem Doppelsinn, einerseits meint es günstiger, andererseits wertloser. Jeder Wirtschaftsfachmann wird bestätigen, das Eine ist ohne das Andere nicht zu haben. Oder, wie mein Vater immer nüchtern sagte: »Keiner hat was zu verschenken.«

»Geiz ist geil!«, diese kranke Kampagne einer Hamburger Werbeagentur im Dienste einer großen deutschen Handelskette hat die tiefen Abgründe der Menschen wie ein Geschwür aufgebrochen und sämtliche Ängste, Raffgier und alles Misstrauen aus ihnen herausquellen lassen. Jeder glaubte jetzt, ständig übervorteilt zu werden, zu viel zu bezahlen und darum wie eine Sau im Boden des Marktes grunzend nach dem allerbilligsten Trüffel zu wühlen, bis er ihn endlich gefunden hatte. Aber auch dann noch wälzte er sich nachts schweißnass in seinem Bett, weil ihn die Zweifel quälten, ob er vielleicht nicht doch noch ein günstigeres Angebot übersehen hatte. Die Leute waren wie von Sinnen. Aus den notorisch Geizigen wurden jetzt krankhaft Geizige, aus den ehemals Großzügigen wurden nun »Schnäppchenjäger«. Der Begriff Schnäppchen kommt von sich etwas schnappen, so wie sich das Krokodil den fettesten Happen schnappt, schnappt der Konsument und die Konsumentin sich den magersten Preis. In Wahrheit ist das Schnäppchen nur eine niedliche Krawatte für einen hässlichen Geizkragen. Sie alle wollten nur noch geil geizig sein. Ein Mann verschaffte seiner Geliebten erst einen Orgasmus, wenn er ihr ins Ohr hauchte, dass sein Hemd nicht mal zehn Euro gekostet hat. Beim Preis seiner Socken kam sie dann gleich noch einmal.

Der Markt reagierte panisch und brach teilweise völlig zusammen. Billigprodukte überschwemmten das Land, und die Käufer und Käuferinnen machte es offenbar noch geiler, als sie erfuhren, dass kleine Mädchen in Bangladesch in feuchtheißen Kellerräumen im welken Neonlicht für den Lohn von wenigen Cent am Tag ihr Hemd und ihre Socken genäht hatten.

Die Menschen veränderten sich, Geiz war eine Droge. Manche Menschen kauften sich eine Pfeffermühle fünf Mal, nur, weil sie so geil billig war. Da half es auch nicht, dass diese unselige Werbekampagne nach einiger Zeit auslief. Der Geist war aus der Flasche. Moralische Aspekte spielten jetzt keine Rolle mehr, dank des Internets konnte man nun unendlich vergleichen und sich beim örtlichen Einzelhändler eine Stunde lang umfassend beraten lassen, um sich das Produkt dann für drei Euro weniger im Netz zu bestellen. Schlechtes Gewissen war gestern. Das brachte auch die Kirchen auf den Plan, die sich von Haus aus dafür zuständig fühlen. Sie meldeten sich zu dem Thema von ihren Kanzeln und gaben mahnend zu bedenken, dass Geiz eine Todsünde sei. Das hatte weiter aber keine Auswirkungen, was auch daran liegen mag, dass die Kirchen selber ihren Reichtum horten und ganz selten mal ein paar Millionen für die Renovierung einer Bischofsresidenz raushauen, also als Vorbild nicht unbedingt ganz so gut geeignet sind.

Gestern kam ein Nachbar zu mir ins Haus. Ob ich vielleicht ein lustiges Büchlein zum vierzigsten Geburtstag hätte. »Ja«, sagte ich, »da hab ich was für dich.« Er setzte sich gemütlich hin, genoss den Kaffee, den ich ihm angeboten hatte, blätterte ausgiebig in dem Buch, las und amüsierte sich und fragte nach zehn Minuten: »Gefällt mir. Was soll es denn kosten?« Ich sagte: »Offiziell 9,80 Euro. Für dich zum Selbstkostenpreis von 5 Euro.« Er schaute mich kurz an und sagte: »Vier!« Ich sagte darauf: »Da ist die Tür!«

»Aber man kann es doch mal versuchen«, meinte er leicht verschämt.

»Dann kriege ich von dir 10 Euro für den Kaffee«, sagte ich

Fünfzig Prozent

»In dieser Woche sind viele Modelle heruntergesetzt«, sagt die junge Schuhverkäuferin zu mir. Sie greift einen Schuh aus dem Regal: »Der hier zum Beispiel, absolutes Markenprodukt.« Er gefällt mir, ich probiere ihn an. »Sie müssen sich drin wohlfühlen«, sagt sie. »Das hängt vom Preis ab«, antworte ich grinsend.

Sie, vergnügt: »Auf diesen Schuh gibt es 50 Prozent Rabatt!«

»Stark«, sage ich, »was hat er denn vorher gekostet?«

»180 Euro«, sagt sie, »das heißt, für Sie … heißt das … Sie bekommen ihn 50 Prozent billiger, also für nur noch … also 50 Prozent …«

Ich strahle sie erwartungsvoll an. Sie kratzt sich die Nase und murmelt: »Also 180 Euro hat er gekostet, jetzt dann nur noch … für Sie … ähm …«

Hoppla, was ist denn da los, denke ich, bei Facebook können die doch alle prima teilen.

Sie schaut an die Decke: »70 Euro … nein, Quatsch, also jetzt Moment mal … echt, ich bin heut viel zu früh aufgestanden … also … das macht für Sie nur noch …« Sie schwitzt leicht.

»Nur noch?«, setze ich nach.

»50 Prozent!«, stößt sie aus.

»Wunderbar. Und das wäre?«, frage ich. Nein, ich will sie nicht quälen, sie erledigt ihren Job kompetent und freundlich – aber sie wird doch wohl 50 Prozent von 180 herausbekommen? Mir fallen die vielen Kommentare von Leuten ein: »Die können doch heute alle nicht mehr rechnen.« Ich will es nicht glauben.

»Dann zahlen Sie nur noch … also … das sind dann …« Sie kämpft immer noch und dreht sich nach allen Seiten um. »Wo ist denn bloß mein Handy?«

Erbarmen. »90 Euro?«, sage ich augenzwinkernd.

Sie stöhnt erleichtert, als hätte ich sie von Fesseln befreit. »Oh my god! 90 Euro, ganz klar, 90 Euro!«

Ich sage: »Cooler Rabatt, aber nein, leider, der Schuh ist mir im Spann doch etwas zu eng. Sorry.«

Sie seufzt.

»Hat leider nur 80 Prozent gepasst«, sage ich.

»80 Prozent?«, stöhnt sie. »Oh Gott, wovon?«

Und es geschah

Gott, der Herr, hatte an diesem legendären Tag im großen Himmelssaal verkündet, er hätte da eine geile Idee. Es wurde gemurmelt und geraunt: »Na, da bin ich ja mal gespannt« oder »Was hat er denn nun schon wieder?« Gott erklärte, er habe ein Produkt entwickelt, dass sich selbstständig bewegen könne und über eine eigene Energieversorgung und ein Steuermodul verfüge. Es solle in zwei Grundversionen auf den Markt kommen, Modell »Frau« und Modell »Mann«. Auch eine Special Edition in Vielfalt und Sonderausstattung wolle er ins Programm nehmen. Auf die Frage, wie er denn auf die ulkigen Namen »Frau« und »Mann« gekommen sei, meinte Gott nur, die seien ihm eingefallen, als er nachts mal raus musste. Und dann sprach er von seiner grandiosen Idee, die beiden miteinander über eine sogenannte »künstliche Intelligenz« kommunizieren zu lassen. Da war im Saal richtig was los. »Reicht denn da die Speicherkapazität?«, fragte einer, ein anderer meinte, die müssten dann auf jeden Fall kompatibel sein, da sei er aber sehr gespannt, wie Gott das hinkriegen wolle. Bis jetzt hätte mit ihm ja wohl alles geklappt, antwortete Gott erbost und verwies auf seine erfolgreichen Natur- und Tiermodelle und erntete dafür Applaus. Und dann kam er mit dem größten Knaller: »Unsere Modelle Frau und Mann besitzen die Fähigkeit, sich untereinander zu vermehren. Wir brauchen uns also um nichts mehr zu kümmern! Die Modelle produzieren sich quasi gegenseitig!«, rief er begeistert. Im Saal war der Teufel los. »Und wie soll das funktionieren?«, brüllte jemand. »Die ersten Versuche sind hoffnungsvoll verlaufen, sodass wir schon morgen in die Produktion gehen können«, antwortete Gott strahlend. »Kann man das mal sehen?«, kam die Frage. »Erst ab achtzehn«, antwortete Gott mit erhobenem Zeigefinger. Den Rest kennen wir ja.

Immer mit der Ruhe

Beim Thema Sex scheiden sich die Geister. Für manche ist es der Sinn des Lebens, für andere nur eine Anstrengung. Beide Einstellungen lassen sich in dieser Reihenfolge im schleichenden Entwicklungsprozess auch in jeder Partnerschaft beobachten. Daraus leitet die junge Generation ab, dass Alter und Sex sich ausschließen.

Schon frühzeitig versuchen junge Frauen, ihrem jugendlichen Rammler behutsam zu vermitteln, dass Tempo und Ausdauer wohl Fähigkeiten sind, mit denen Mann Gewicht verlieren oder was gegen die garstige Winterkälte tun kann, dass sie selber dabei aber vorrangig die Zimmerdecke studieren und unter partieller Langeweile bis hin zu Ermüdung leiden und nur aus reiner Höflichkeit stimulierende Lustlaute von sich geben – von sexueller Erfüllung ist also nicht zu reden.

Warum die Natur nun den Teilnehmern/innen heterosexueller Lust so unterschiedliche Lustkurven verliehen hat – der eine will's gleich, die andere lieber später – kann nur mit der göttlichen Bestimmung zu tun haben, dass die Menschen sich auf Erden auch quälen sollen.

Eine besondere Lektion erhielt ich diesbezüglich als junger Mann im prallen Selbstbewusstsein meiner jugendlichen Potenz von einem über sechzigjährigen Herren, von dem ich fest annahm, er würde mit Frauen nur noch kochen und Karten spielen. Er hatte sich zu meiner größten Verblüffung selber beim Geschlechtsakt auf Band aufgenommen und protzte nun vor mir mit einem Tondokument von über zwei Stunden Dauersex. Es war nicht nur ziemlich anstrengend, sondern auch entsetzlich langweilig, dem ganzen Gestöhne der beiden Akteure zu lauschen, noch schlimmer, sich dabei den fülligen Mann vorzustellen, der da im Sessel mit hochrotem Koipf neben mir saß und mich ständig mit dem Ellenbogen anstieß, wenn er mich auf eine besonders pikante Passage hinweisen wollte. Da es sich bei ihm um einen Vorgesetzten handelte, lobte und pries ich seinen akkustischen Privatporno und verkniff mir die Frage, was in der Entwicklung seiner Sexualität so verdammt schiefgelaufen war. Was mich jedoch, zugegeben, schon etwas beeindruckte, war das verdorbene Vokabular, das die beiden benutzten. Solcherart Beschimpfungen während des Geschlechtsverkehrs kannte ich bis dahin nur aus der Konfliktwelt, an dieser Stelle waren sie mir bis dahin völlig fremd.

Heute verstehe ich natürlich genau, was der Mann mir mit seinem Tondokument demonstrieren wollte: Gut Sex will Weile haben! Eine Erkenntnis, die den älteren Menschen zu Gute kommt, aber nicht verbergen darf, dass es auch Frauen gibt, die beim allzu ausdauernden Sex ungeduldig werden, entweder, weil sie noch Termine haben, oder einfach des monotonen Geschiebes in ihrem Körper langsam überdrüssig werden. Von dem siebzigjährigen Vater eines guten Freundes erhielt ich die diskrete Kunde, dass der angeblich »es noch drei Mal die Woche haben muss«. Na, das googel ich mal.

Paarhaft

»Ja?«, hörte ich Toni aus dem Telefon. Eigentlich hasse ich es, wenn ich jemanden anrufe und er sich nicht mit seinen Namen meldet. Zugegeben, sicher ein Erbe meiner konservativen Erziehung. Ich sage launig: »Eurolottozentrale, guten Tag. Gestern war der letzte Tag, um Ihre 20 Millionen abzuholen«, aber er identifizierte mich leider gleich an meiner Stimme, obwohl ich sie verstellt hatte. Wir kennen uns halt schon länger. »Hö-hö, sehr witzig! Was geht, Mann?« »Alles cool, Alter«, antwortete ich wahrheitsgemäß, »allerdings, ich wollte dich mal was fragen.« Er hüstelte komisch. »Bist erkältet?« »Nö, nö, alles gut.« Und hüstelte wieder komisch. Ich frage: »Sage mal, hast du noch Kontakt zu dieser Tina, du weißt schon, die mit den beiden großen …« »Augen?« schoss er raus. Gerade wollte ich ihn fragen, seit wann er denn bei den Frauen vorrangig auf die Augen schaut, da sagte er: »Du, sorry, ich kenne keine Tina.« Irgendwie klang er seltsam steif. Ich sagte: »Echt? Ja, bin ich denn jetzt völlig blöd? Ich dachte, du hättest mit der mal …« »Wie geht's eigentlich deinen Söhnen?«, fragte er. Ich war leicht irritiert, ich frage ihn nach Tina und er mich nach meinen Söhnen? »Du, also … prima geht's denen, alles super, aber ich wollte dich doch nach …« »Ist der Jüngste schon mit seinem Studium fertig?« Hä? Hat Toni vielleicht etwas Falsches geraucht? »Ja, hat er mit Erfolg abgeschlossen«, bestätigte ich ihm widerwillig und wollte gerade einen letzten Versuch starten, ihn nach Tina zu fragen, da hörte ich aus dem Hintergrund die Stimme seiner Frau Katherina: »Grüße die Jungs mal von mir.« Verdammt, ich hasse Paare, die über Lautsprecherfunktion dual telefonieren. Vielleicht trifft man sich mit seinem Freund lieber um Mitternacht im Park, um mal ungestört ein ungehemmtes Männergespräch führen zu können, zum Beispiel über Tina mit den herrlichen Hupen. Ich schrieb ihm dann auf seine persönliche Mailadresse und fragte ihn auf diesem Weg noch mal nach Tina. Kurz danach kam die Antwort: »Toni kennt leider keine Tina. LG Katherina.«

Neue Väter

Hört mal, Frauen. Überall sehe ich eure Männer jetzt den Kinderwagen schieben. Daneben oder dahinter, gern mit etwas Abstand – wahrscheinlich, um das Gespann besser im Blick zu haben – schreitet ihr, die Mütter, aufrecht, stolz, mit einem souveränen Lächeln im Gesicht, die Arme zufrieden auf dem Rücken verschränkt. Gut, Wagen zu fahren ist die angeborene Lieblingsrolle des Mannes, ihn zu schieben ist für ihn allerdings neu, das tat er bislang nur, wenn die Batterie leer war. Und nun das. Aber fasst die Mutter von heute denn keinen Kinderwagen mehr an? Hat sie ihren Kinderwagenführerschein abgeben müssen? Und warum, Männer, wirkt ihr auf mich dabei immer so demonstrativ superväterlich, als hättet ihr das Kind geboren und eure Frau wäre dabeigewesen? Eure neue Beflissenheit befremdschämt mich. Früher fing euer Interesse an eurem Kind doch erst mit der Volljährigkeit an, heute kokst ihr schon an seiner Windel. Darf ich fragen, wer kümmert sich jetzt eigentlich um die Feinde, schleppt das erlegte Wild nach Hause und verlegt das Laminat? Sie? Das will ich sehen. Mit den Fingernägeln kann sie dir doch höchstens den Rücken kratzen und mit den Wimpern Frischluft zufächern. Okay, Männer, ihr wollt es nicht anders? Dann legt doch wenigstens den Kinderwagen tiefer, zieht dicke Socken auf und zeigt auf der Überholspur, was ihr an Power draufhabt. Oh, das geht nicht? Weil Sie sich sofort ängstlich einmischt? Ich bitte euch, das macht sie beim Autofahren doch auch.

Auseinander zusammen

Immer, wenn sie vom Einkaufen zurückkehrte, stellte sie ihre vollen Taschen vor der Eingangstür auf den Boden, schloss die Haustür auf und rief: »Lenny? Bist du da?«

»Nein!«, antwortete er.

»Ich hab frischen Spargel erwischt!«

»Lass ihn nicht entkommen!«

Nach ihrer Trennung hatten sie sich einvernehmlich das Haus geteilt, sie unten, er oben, sie als Extra den Garten, er den Balkon. »Sprichst du etwa mit deinen Pflanzen?«, hatte er sie mal gefragt. Sie bestritt es. Nichts Neues für ihn, sie hatte in Konflikten immer rigoros bestritten, dass sie dies oder das gesagt hatte. Einmal hatte er so eine Situation heimlich mit seinem kleinen Diktiergerät mitgeschnitten und es ihr als Beweis vorgespielt. Sie antwortete nur: »Schmeiß du mal nicht immer deine welken Blüten vom Balkon in meinen Garten.« Was soll man darauf noch antworten?

Da beide nun ihre eigene Welt hatten, konnten beide einfach die Tür hinter sich zumachen. Er teilte sich seine Wohnung noch mit Frida, seiner dreifarbigen Katze, bei der Michaela sofort kurzatmig wurde und rote Flecken am Hals bekam. Hatte sich Frida mal wieder heimlich in ihre Wohnung geschlichen, drehte Michaela durch. »Deine scheiß Katze ist wieder bei mir! Hol sie sofort hier raus! Sofort!«, brüllte sie nach oben.

Er war sich sicher, dass ihre Allergie an den toxischen Teesorten lag, die sie täglich kannenweise in sich hineinschüttete, womöglich schlug sich auch die Ausbeutung der Teepflückerinnen auf Michaelas Psyche nieder und brach sich über ihre Haut Bahn, immerhin war sie ja Sozialarbeiterin. Er ging runter, griff sich die schnurrende Frida und trug sie zu sich nach oben. Von der Treppe gehörte übrigens schon die erste Stufe von unten zu seinem Revier, darauf hatten sie sich geeinigt. Sollte sie von ihm nichts hören, war sie nicht befugt, ohne Ankündigung einfach nach oben zu kommen, selbst wenn sie annahm, er wäre tot. Erst nach drei Tagen verlöre ihre Vereinbarung ihre Gültigkeit und dürfe sich der Sorge unterordnen. §1 im Gesetzbuch ihres Zusammenlebens besagte: Der Lebensbereich des Mitbewohners/der Mitbewohnerin ist unantastbar.

So klar strukturiert kann eine Beziehung sein, wenn sie mit »Aus! Aus! Aus! Ab heute machst du deinen Scheiß alleine! Quäle in Zukunft andere Männer!« beendet wurde. Ja, das hatte er gebrüllt. Er ließ sich viel gefallen, war friedfertig und sachlich, aber irgendwann riss ihm der Geduldsfaden. Danach hatte er keine neue Beziehung mehr gehabt, brauchte Erholung und wieder sich selbst, sie aber – er hatte es zufällig mitbekommen – war aktiv auf ELITE PARTNER unterwegs und hatte sich dort als »Geerdetes Wesen mit sinnlicher Verehrung des Schönen und Guten, bewegungsfreudig und naturverbunden, ehrlich, offen und wahrhaftig« beschrieben, auf der Suche nach einem »aufrichtigen, gefühlvollen Mann, der Mut hat zu lieben und sich lieben zu lassen und gemeinsam auf dem Lebensweg zu pilgern.« Es fehlte eigentlich nur noch »... und Freude daran hat, gemeinsam durch Kräuterbeete zu wandeln und mit Kresse zu parlieren.«

Und was heißt »pilgern«? Sie pilgerte ja nicht mal gerne zum nahegelegenen Supermarkt. Bei »wahrhaftig« musste er sofort an die Männer denken, mit denen sie ihn wahrhaftig betrogen hatte und ihr frevelhaftes Tun erst dann gestand, als es wirklich kein Schlupfloch mehr für sie gab. Absolut, er war auch kein Kind von Traurigkeit gewesen, sie hatten sich nichts geschenkt, aber ihre Affären hatten seine weit in den Schatten gestellt. Fand er.

Er nahm nun vermehrt ihre potentiellen Elite-Partner wahr, die vor der Tür parkten. Professoren, Prinzen oder Paschas waren nicht darunter, das sah er auf den ersten Blick, immerhin hatte er ein gutes Fernglas. Einmal stieß er im Erdgeschoss auf einen Bartträger, der in der Diele aus der kleinen Gästetoilette trat und sich gerade hastig den Hosengürtel schloss. Der Mann kam ihm bekannt vor. »Hallo? Der gute Herr Mildenburger von der Sparkasse! So spät noch Hausbesuche?«, sprach er ihn an.

»Kundenbindung ist unsere Leidenschaft. Ach, wo ich Sie gerade sehe, sagt Ihnen Video-Banking etwas?«

»Elite-Banking?«

»Video-Banking! Ab Anfang nächsten Monats, Audiovision in unserer Filiale. Willkommen auf Terra Futura! Keine Schalter, keine Menschen mehr, Sie und eine unserer Mitarbeiterinnen kommunizieren life über einen großen Bildschirm, Auge in Auge in einem schallisolierten Raum. Intensiver kann persönlicher Service nicht sein.«

»Darkroom?«, fragte Lenny.

»Das ist Service-Optimierung, ohne Hautkontakt, ohne Aerosole, ohne Viren, ohne Bazillen, kurz und gut: Business Health.«

»Apropos, haben Sie sich denn die Hände gewaschen, Herr Mildenburger?«

»Video-Banking, ich sage nur Videobanking.«

»Weswegen sind Sie eigentlich hier, Master Futura? Hier unten auf der Toilette meiner Mitbewohnerin. Haben Sie keine eigene?«

»Ha-ha, der ist gut, der ist gut.«

Lenny trat einen Schritt zurück. »Bisschen Abstand, Herr Mildenburger, ich darf doch wohl bitten. Ich frage noch mal, haben Sie sich eigentlich die Hände gewaschen?«

Mildenburger zeigte ihm seine offenen Handflächen, drehte sie nach allen Seiten, sagte »Mein Termin, Sie verstehen. Ich muss!« und strebte zurück in Michaelas Wohnung.

Lenny ging in den Wirtschaftsraum, um seine Wäsche aus dem Trockner zu nehmen. Seine Boxershorts wurden von Mal zu Mal kleiner, obwohl sie laut Herstellerangaben nicht kleiner werden sollten. Lügenschneider! Er hasste es, wenn die Nähte ihm beim Sitzen einen Hoden abklemmten. Das tat weh, so ein latenter Schmerz macht alles kaputt. Welche historischen Momente der Weltgeschichte mögen ihre banale Ursache im zentralen menschlichen Unterleib, in einer zu kleinen Unterhose gehabt haben? Er mochte gar nicht darüber nachdenken, welch gravierenden Einfluss ein mieser Schneider auf den Lauf der Welt gehabt haben mochte.

Waschmaschine und Trockner benutzten Michaela und er zusammen, darauf hatten sie sich geeinigt, auch zum Essen kam er hin und wieder zu ihr runter. Sie kochte leidenschaftlich gut und gerne, aber sehr ungeduldig. Dafür aß er ungeduldig, was sie wiederum aufregte. Manchmal fühlte er sich als Versuchskaninchen, wenn sie wieder Rezepte von Freundinnen oder aus Frauenzeitungen an ihm ausprobierte, aber bis auf eine Magenkolik war es immer gutgegangen. Ihre Mutter besaß auch diese umtriebige Dominanz, und einen derben Kommandoton. »Komm aus'm Quark, Jungchen!«, so hatte sie ihn oft angemacht. Eine echte Wildsau und ursächlich für die größten Schäden in Michaelas Seele verantwortlich. Sie war im dritten Stockwerk ihrer Zweizimmer-Stadtwohnung beim Gießen ihrer knochentrockenen Geranien kopfüber vom Balkon gestürzt, zusammen mit der Gießkanne und einem Blumenkasten. Tot, kurz und schmerzlos. Das sah unten auf der Straße wie arrangiert aus. Die Leute hatten Selfies gemacht und die Bilder sofort ins Internet gestellt. Die Sozialen Netzwerke überschlugen sich begeistert.

»Arbeitest du?«, hörte er Michaela von unten rufen.

Er antwortete nicht. Nur so konnte er ihr diese Unsitte abgewöhnen, immer zu ihm nach oben zu brüllen. Er betrachtete ihre beiden Wohnetagen als zwei getrennte

Welten. Sie kann ihn anrufen, wenn sie was von ihm wollte. »Arbeitest du?« bedeutete, sie wollte wissen, ob er ihr eventuell zur Verfügung stand, um ihr bei irgendeinem Problem zu helfen, Als Gegenreaktion auf sein Schweigen spielte sie laut »Ich liebe das Leben«, ihr Lieblingslied von Vicky Leandros. Sie wusste, dass er dieses Stück, ja generell deutsche Schlagermusik, abgrundtief hasste – noch viel mehr, wenn sie mitsang. Sie hatte ihn mal mit dem Fliesenleger, der ihnen das untere Bad gefliest hatte und den ganzen Tag sein MAKITA-Bauradio dudeln ließ, betrogen. Männerschweiß und Schlagermusik weckte in ihr anscheinend den Wunsch nach Vermehrung. So was machte in der Handwerkskammer schnell die Runde. Er war sich sicher, dass sie mit Kunzelmann von gegenüber auch mal ein Verhältnis hatte. Der grinste ihn hinter seiner Schutzmaske immer so an, während er in seinem Garten mit seiner Motorsense alles köpfte, was den Kopf einen Millimeter aus dem Boden streckte. Die letzten Widerstandsnester fackelte er mit einem Flammenwerfer ab. Frau Kunzelmann, die zwei Mal in der Woche in einem rosafarbenen Overall die Fenster putzte, hatte ihre Gartenmauer mit selbstgefertigten, buntbemalten Riesenwürmern aus Gips bestückt, auf die Lenny letzten Sommer in der Abenddämmerung aus dem Dachfenster mit seinem Luftgewehr geschossen hatte. Es war wie auf der Kirmes. Nachweisen konnten sie ihm nichts.

Er hörte, wie Michaela unten einen Getränkekasten auf den Dielenboden knallte, ein Mineralwasser, das mit

»aus dem Schoß von Mutter Natur« warb. Demzufolge trank Michaela den Urin einer Millionen Jahre alten Dame, und zwar täglich mindestens drei Liter. Diese Perversion aus dem Hirn eines zugekoksten Werbetexters löste bei Lenny regelrecht Ekel aus.

Sein Telefon klingelte. Michaela rief an. Er nahm den Hörer ab und sagte: »Siehste, geht doch, musst nicht so brüllen.«

»Hast Lust, Spargel zu schälen?«, fragte sie.

»Nein.«

»Ich klingle dann drei Mal durch, wenn der Spargel fertig ist.«

»Einmal reicht, ist billiger«, sagte Lenny. Stimmt doch, dachte er.

»Ich hab mich übrigens für einen Kettensägen-Kurs angemeldet!«

»Wie jetzt? Um Spargel zu ernten?«

»Carla hat den auch gemacht und sogar eine Urkunde bekommen!«

»Willst du jetzt in den Regenwald gehen?«

»Ich klingle drei Mal durch.« Sie legte auf.

Er setzte sich auf seinen Lieblingssessel und legte die Beine hoch. Das Signal für Frida. Sie sprang auf seinen Schoß und rollte sich darauf ein. Er kraulte ihr flauschiges Fell und genoss ihr wohliges Schnurren. Ein entspannter Mann und eine entspannte Muschikatze. Das Leben kann so schön sein. Dann nickten sie beide wohlig ein.

Französisches Drehbuch

22:15 Uhr, ZDF, »Montagskino«. Auf dem Platz hatte die alte Mainzer Dame mal durchaus interessante Filme gezeigt, inzwischen ist auch er zum Tummelplatz für blutrünstige Blockbuster verkümmert. Aber was sehe ich da? Heute Abend: »Ein leichtes Mädchen«, französische Produktion. Voila! Den zieh ich mir rein. Ich liebe das französische Kino. Aaaah, geht los – ich sehe zwei junge Mädchen, Madelaine, eine äußerst wohlgebaute, mit allen Wassern gewaschene, und Jasmine, junge Unschuld, die beide in Cannes wohnen und abends an der Promenade an den Luxusyachten vorbeischlendern. Na bravo! Endlich werden sie von einem Bootseigner angesprochen und eingeladen, an Bord zu kommen. Kann losgehen. Man trinkt und plaudert und es wird Nacht. Spätestens, als Madelaine mit einem Typen ins Schlafzimmer geht, gehe ich davon aus, dass sie gewürgt und gequält wird und am nächsten Morgen aufgeschlitzt im Meer schwimmt. Aber sie sitzt quietschvergnügt am Frühstückstisch. Meine Hoffnung, dass wenigstens Jasmine zumindest zu Sex gezwungen und als Geisel genommen wird, erfüllt sich auch nicht. Sie geht einfach unberührt zu ihrem Freund nach Hause. Eine letzte Hoffnung für alle blutgeilen Krimiglotzer: Der Yachtbesitzer und seine Crew laden die Mädchen am nächsten Abend zum Essen ein. Endlich! Gangbang mit anschließendem Gemetzel. Nichts davon. Man unterhält sich. Jetzt vielleicht? Beichten aus der Hölle des Seins, schulisches Versagen, eheliche Gewalt, priesterlicher Missbrauch? Nichts. Man philosophiert, flirtet, lacht, trinkt und schaut melancholisch auf den leuchtenden Mond über dem Meer. Am Ende des Films fällt Jasmine in die Arme ihres Freundes und Madelaine fliegt entspannt zu ihrer Familie nach Paris. Es ist kein Tropfen Blut geflossen, nichts Schändliches, Grausames, Perverses, Krankes geschehen. Nichts! Unglaublich. Also, diese herrlichen Franzosen. Verdammt, ich habe in letzter Zeit einfach zu viel Netflix gesehen.

Goldene Worte

Auf einer Vernissage lernte ich eine faszinierende Künstlerin kennen, eine, die sich als Restaurateurin auf Kirchen und Klöster spezialisiert hatte. Unbekümmert sprach sie dem Wein zu, geriet immer mehr in Fahrt und erzählte mir ausufernd von alten Deckengewölben und Malereien und deren Farbmischungen und enorme Strahlkraft. Gerade als ich ein wenig unkonzentriert zu werden drohte, hörte ich sie sagen: »… sagte er etwas, was ich von diesem Moment an zu meiner persönlichen Lebensmaxime gemacht habe.« Ihre Worte weckten in mir schlagartig den ewig Suchenden, der zeitlebens nach der einen Lebensformel durstete, die für alle Fälle des Lebens gilt. Heimlich griff ich mir eine Serviette und meinen Kugelschreiber, den ich genau für solche bedeutenden Sekunden des Lebens ständig parat habe, um mir ihre Zauberformel zu notieren. Keine einzige Silbe sollte mir entgehen.

»In hundert Jahren kräht kein Haar danach«, sprach sie und schickte ihrem Satz noch einen großen Schluck aus ihrem Weinglas hinterher.

»In hundert Jahren kräht kein Haar danach«? Der Satz durchlief meine neuronalen Schaltkreise und blieb dann an der Qualitätskontrolle hängen. Irgendetwas war komisch. Seit wann können Haare krähen? War es vielleicht möglich, dass irgendwo auf der weiten Welt, in irgendwelchen Ecken oder Nischen, die zu erforschen meine Lebenszeit nicht ausreichen würde, nicht doch ein Haar existierte, das zu krähen in der Lage war? In ihren Augen las ich den drängenden Wunsch, ihr doch möglichst bald zu bestätigen, dass sie damit mein tiefstes Inneres erreicht hatte.

Ich stammelte nur: »Großartig!«

Meinem Charakter entsprechend hatte ich sofort das dringende Bedürfnis, ihr ebenfalls einen ganz persönlichen, gut abgehangenen Satz meines Lebens zu schenken, fragte aber sicherheitshalber vorher: »Wenn ich dem noch die Essenz meiner Lebenserfahrung hinzufügen dürfte?«

»Aber ja, ja, nur zu«, sagte sie und fixierte in brennender Neugier meine Lippen, aus denen sie nun gleich Großes entfahren würde.

»Die Einträge kommen näher!«, sprach ich mit erhobenem Finger.

Die Wucht meiner Worte ließ sie taumeln, doch sie hielt sich geschickt an ihrem Weinglas fest. »Nein! Das ist ja unglaublich! Genau! Oh Gott, wie schön ist das denn? Entzückend!! Das muss ich gleich meinen Freundinnen erzählen!«, sagte sie und drehte sich beseelt zu einer hinter ihr stehenden Gruppe Frauen um.

Ich nutzte die günstige Gelegenheit, mich in Richtung Bar zu entfernen, hörte aber noch, wie eine ihrer Freundinnen sagte: »Ich sage immer, Vertrauen ist gut, Klorolle ist besser.«

Ich brauchte jetzt was Härteres.

Warm oder kalt?

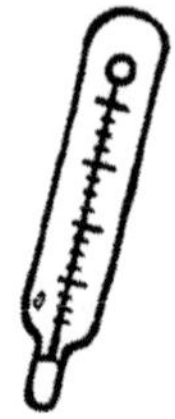

Alarm! Sie steht vor ihrem Kleiderschrank und weiß natürlich wieder nicht, was sie anziehen soll. Das ist für mich ein weibliches Naturgesetz. Sie blättert die Bügel durch, hin und zurück, zieht mal hier eine Bluse raus, da ein Kleid, hält sich den Stoff vor den Körper, dreht und streckt sich. Manche Kleidungsstücke hängt sie unwirsch, manche zögerlich zurück in den Schrank. Diese Beurteilung kann jederzeit wechseln. Sie ist ernst dabei, sehr ernst. Die richtige Entscheidung für das optimale Kleidungsstück ist eine essentielle und keine lustige Angelegenheit. Hier ist kein Raum für launige Kommentare. Mode kann bunt und lustig sein, beim Kauf setzt sich das aber nicht eins zu eins in den Anschaffungsprozess um, denn wer kennt sie nicht, die Paare in den Boutiquen und Modehäusern, das weibliche Wesen tief versunken und hochkonzentriert mitten im Modewald, sich von Stange zu Stange hangelnd, wie entrückt. Sie hat kein System, denkt ihr Mann, der sich bereits vor Stunden innerhalb von fünf Minuten für drei gleiche Hosen entschieden hat und nun wie eine missratene Schaufensterpuppe mit seiner Tüte unbeholfen herumsteht. Betreutes Shoppen, nennt man das. Er bewahrt und hält ihre Kleidungsstücke, die sie bereits anprobiert, aber erst in die erste Vorauswahl genommen hat und ihm zur vorläufigen Aufbewahrung über den Arm legte, um erneuert, wie ein Delfin in einen Sardinenschwarm, in die Tiefe des Sortiments abzutauchen. Inzwischen wird sein Arm lahm vom Gewicht der gehäuften Kleidungsstücke. Sie nimmt ihn längst nicht mehr wahr, scheint unerreichbar, selbst sein linkischer Ruf »Steht dir, Schatz!« erreicht sie nur flüchtig und lagert sich in ihrem Bewusstsein als unscharfe Wahrnehmung ab, dass er irgendwo anwesend ist.

Aber hier nun, zu Hause vor dem eigenen Kleiderschrank, kommt abgesehen von ihrer qualvollen Entscheidungsfindung noch eine weitere Frage an mich hinzu:

»Ist es kalt draußen?«

Bei dieser Frage würde ich auf jeden Zug springen, wenn er entsprechend langsam an mir vorbeifahren würde. Es ist ein akuter Fluchtreflex, weg, nur weg, weit weg. Warum, verdammt noch mal, fragt sie mich das? Bin ich ein Thermometer? Warum steckt sie nicht selber mal die Nase aus dem Fenster? Warum zwingt sie mich mit ihrer Frage in die Verantwortung für ihr Wohlbefinden? Ich hab doch genug damit zu tun, die Frage für mich selber zu beantworten, bin ich mir doch auch nie sicher, ob ich die richtige Kleidung für das richtige Wetter gewählt habe. Entweder bin ich garantiert zu dick oder zu dünn angezogen. Wegen meiner geringen Trefferquote habe ich für mich im Laufe meines Lebens die sogenannte Zwiebellösung entwickelt, das heißt, ich trage mehrere Kleidungsstücke übereinander, sodass ich damit auf sibirische Kälte, gleichwohl für karibische Strände vorbereitet bin. So praktisch das auch ist, so schwer ist es, diese einzelnen Schichten in einheitlicher Mode zu konzipieren, von dem Gesamtgewicht der Stoffschichten mal ganz abgesehen. Man muss im Leben halt Kompromisse machen und wenn es dem körperlichen Wohlgefühl zugutekommt, sind mir sogar Stilbrüche egal. Ich will doch nur in Harmonie mit den Temperaturen leben. Ist das denn verwerflich?

So sehr ich mir auch schon den Kopf zerbrochen habe, um den Ursprüngen meiner Bekleidungsmacke auf die Spur zu kommen, zu einem vernünftigen Ergebnis bin ich noch nicht gekommen. Klar ist aber, dass mir einst in jungen Jahren irgendwann etwas passiert sein muss und ich vermute – bis dahin bin ich schon gelangt – es hatte etwas mit Frieren zu tun. Ich muss irgendwann mal schrecklich gefroren haben. Nein, nein, weder war ich jemals in Sibirien oder in Alaska, bin in eine Gletscherspalte gefallen oder von einer Lawine begraben oder als Geisel in einem Kühlschrank gehalten worden, nichts dergleichen. Meine Eltern waren auch keine armen Leute, die kein Geld hatten, mir Kleidung zu kaufen, ich bin in jeder Hinsicht gut versorgt worden. Wenn sie, oder andere Mitglieder meiner Verwandtschaft, darauf eine Antwort wüssten, es wäre zu spät. Fast alle Zeitzeugen sind bereits verstorben. Bis auf meinen älteren Bruder, und von dem weiß ich, dass er mich immer mit zum Rodeln genommen hat. Zum einen, um der Auflage meiner Mutter Folge zu leisten, dass es ohne den kleinen Bruder an der Hand für ihn, »den Großen« aus dem elterlichen Gefängnis keinen Freigang gab, zum anderen, dass ich als Zusatzgewicht für seinen Schlitten, fein austariert auf seinem Rücken sitzend (er fuhr immer auf dem Bauch, also wie beim Bob die Piste runter), ideal den Schwerpunkt optimierte. Immer, wenn ich dann im Anbruch der Dunkelheit heimkehrte, waren mir Unterhemd und Hemd fast bis zum Kinn hochgerutscht und um meine nackte Taille hatte sich ein Ring aus gefrorenem Schnee gebildet, so wie ein Zuckerring, wie man ihn von manchen Cocktails kennt. Und ich erinnere mich noch, dass es meine Mutter angesichts meines Schneegürtels geschaudert hat und sie, während sie mir die Eiskruste vorsichtig abkratzte, immer ganz entsetzt rief: »Kind, frierst du nicht? Du musst doch frieren?« Wenn ich verneinte, meinte sie, das könne gar nicht sein, ich müsse doch frieren, untenrum sei ich doch eiskalt. Das hat danach zum Glück im weiteren Leben keine Frau mehr zu mir gesagt. Jedenfalls kann ich mich nicht erinnern. So weit ging aber meine Mutterliebe nicht, dass ich ihr zuliebe so tat, als würde ich untenrum frieren, obwohl ich meine Mutter sehr geliebt habe. Dieser historische Hintergrund gibt also als Ursache für meine Kältephobie nichts her, eigentlich im Gegenteil, beweist er doch eher, dass ich als Kind Kälte überhaupt nicht kannte. Ich weiß also beim besten Willen nicht, woher meine Angst stammt, zu erfrieren.

Was ich damit verdeutlichen wollte, ist, dass ich umfassend damit beschäftigt bin, für meine eigene, klimagerechte Bekleidungswahl eine Entscheidung zu fällen – und nun soll ich noch einen anderen Menschen in dieser komplexen Frage beraten. Das überfordert mich völlig. Hilft mir aber nicht weiter, denn sie nimmt keine Rücksicht drauf, nervt so lange, bis ich zu dem Thema etwas gesagt habe.

»Ich glaub, es ist warm draußen.«

Also geht sie mit einer leichten Bluse aus dem Haus. Sekunden später bleibt sie wie erstarrt stehen und schreit mich an: »Oh Gott, ich bin ja viel zu dünn angezogen!«

Danach folgen die schwersten Vorwürfe, wie ich sagen konnte, es wäre warm draußen:

»Du hast doch gesagt, es sei nicht kalt draußen!! Das hast DU gesagt! ich hab dich extra gefragt! Und? Saukalt ist es, saukalt! Ich bin doch viel zu dünn angezogen! Wie kommst du darauf, zu sagen, es sei draußen nicht kalt?« Das geschieht selbstverständlich auch andersherum: »Meine Güte, ist das warm! Ich bin ja viel zu dick angezogen! Du hast doch gesagt, es ist kalt draußen! Ich hab dich noch extra gefragt! Wer hat dir denn gesagt, es sei kalt draußen?«

Um gegen diesen Terror besser gewappnet zu sein, studiere ich immer intensiver die Wetterprognosen und Wetterlagen, checke meine Wetter-Apps, besonders »Regen-Radar«, wo man jedes Wolkenband zeitnah verfolgen kann, berechne den Weg der Winde und Strömungen und kalkuliere immer den Faktor launisches Wesen Natur mit ein. Zweitens mache ich mich in der Praxis kundig, in dem ich aus dem Fenster schaue, um zu prüfen, was die anderen Leute so tragen. Eine große Hilfe ist das leider nicht, im Gegenteil, es macht mich noch unsicherer. Das Spektrum der Bekleidungspräferenzen anderer Menschen hat nämlich eine extreme Bandbreite, von Tüll bis Bärenfell, alles ist drin. Ich bin immer total beeindruckt. Oft sind es blutjunge Mädchen im hauchzarten Hemdchen mit grandiosem Dekolleté, denen ich, eingepackt in wattierter Jacke und Strickmütze, begegne, was mir dann immer entsetzlich peinlich ist. Die denken sicher, ich sei schwer krank. Als Richtlinie für eine nach Orientierung wimmernde Frostbeule wie mich ist diese Klima-Analyse nach Sicht also unbrauchbar. Auch in meinem Freundeskreis sehe ich diese Unterschiede im Temperaturempfinden. Manche Leute schlafen sogar im Winter bei offenem Fenster. Für mich undenkbar. Allein schon wegen meiner Größe hängt bei mir immer irgendein Körperteil raus, meistens die Füße. Da hilft auch keine noch so überlange Bettdecke, weil ich ein Strampler bin. Frieren aber meine Füße, was sie bei Minusgraden im Zimmer auf natürliche Art und Weise tun, friert auch mein ganzer Körper. Das bedeutet, dass ich schlecht schlafe, mitunter auch Albträume habe, in denen es meistens ums Erfrieren geht. In einem lenkte ich nur in einer bunten Badehose schnatternd vor Kälte einen Hundeschlitten über einen zugefrorenen See, aber die Hunde waren alle warm eingepackt, hatten sogar Fellmützen auf. So ein surrealer Scheiß kommt dabei heraus, wenn ich im Bett friere. Ich bin davon überzeugt, dass der Hauptgrund für die meisten Scheidungen von Paaren exakt ihre gegensätzliche Vorstellung von der Raumtemperatur ihrer Schlafzimmer ist.

Als sie mich da letzte Mal wieder fragte »Sag mal, ist es kalt draußen?«, antwortete ich nach einem kurzen Blick nach draußen mit fester Stimme: »Es schneit.«

Darauf sie, gereizt: »Ich habe dich gefragt, ob es kalt draußen ist, und nicht, ob es weiß draußen ist!«

Modisch gezeichnet

Einen Mann wie meinen Freund Rainer hätte Karl Lagerfeld persönlich erschossen. Nun galt Karl der Große ja auch als eine modische Ikone, Gottvater des geschneiderten Fadens. Ich würde zu gerne dabei sein, wenn Rainer morgens vor seinem Kleiderschrank steht und darüber nachdenkt, was er anzieht. Was geht da in seinem Kopf vor? In welchem verrückten, neuronalen Prozess entwickelt sich seine Entscheidung für die Wahl seiner Kleidungsstücke? Ist es ein Spiel? Entscheidet er sich mit verbundenen Augen? Das Resultat ist auf jeden Fall grauenvoll, mit tödlicher Sicherheit schreit jeder, der nur über einen Hauch von Stilbewusstsein verfügt: »Tu's nicht! Nein!« Nicht Rainer. Er ist völlig schmerzfrei, greift zu und zieht an, was seine Hand gerade erwischt. Ein Beleg schlimmster Unterwerfung seiner Extremitäten, die einfach nicht den Mut haben, sich solchen Stoffen zu verweigern. Alle seine Freunde haben aufgegeben und wundern sich längst nicht mehr über seine hohe Scheidungsquote. Nur eine Blinde würde es länger mit Rainer aushalten. Damals, als wir mit unserer Clique nach Schweden in ein Haus am See gereist waren, ging Rainer gleich am ersten Morgen in einer handgestrickten Badehose ins Wasser, die anschließend, als er dem See entstieg, wie ein baumwollener Keuschheitsgürtel kiloschwer an seinen Lenden klebte. Selbst ein sexuell ausgehungertes Wesen hätte angesichts dieses Anblicks fluchtartig das Weite gesucht. Die Fotos dieses Urlaubs liegen sicher in meinem Stahltresor.

Ich persönlich habe Zeit meines Lebens ein Faible für Karos, vermutlich bin ich schon mit einem karierten Hemd auf die Welt gekommen. Kombiniert mit einer Jeans war ich stilistisch damit immer auf der sicheren Seite. Holzfäller-Look ist wohl nicht jedermanns/-fraus Sache, auf jeden Fall aber zeitlos und Bäume wird es immer geben. Trotzdem gibt es auch für mich gelegentlich Momente modischer Unsicherheit. In einem speziellen Fall lautete die Frage: Welche Socke passt zu meiner Sandale? Eine Sandale, das Sommerfußleder und nationale Identifizierungsmerkmal aller Deutschen im Ausland, die auch berühmte Leute wie Jesus und Ben Hur trugen. Sie ist so verdammt bequem, dass sogar meine Riesenfüße sich darin wohlig tummeln und es mir mit Schmerzfreiheit danken. Tragen tue ich sie natürlich nur in mondlosen Nächten und mit der Kapuze über dem Kopf. Mögen es die sommerlichen Mittagssonnenstrahlen oder meine extrem frischluftgierigen Füße gewesen sein, ich weiß nicht mehr, was mich geritten hat, auf jeden Fall ist mir in diesem Moment anscheinend die Kontrolle über mein Leben entglitten. Ich entschied mich nämlich tatsächlich nicht nur für Sandalen, sondern auch noch für weiße Socken und darin – am hellen, sonnigen Tag! – unter die Menschen zu gehen. Schon als ich aus der Haustür trat, hatte ich das Gefühl, alle

Passanten tuschelten und starrten auf meine Füße. Immer im Schatten der Hauswände bewegte ich mich zügig zu meinem Lieblingscafé, in dem alle Tische drinnen und draußen mit Menschen dicht besetzt waren. Mittendrin Toni, der schwule Wirt, ein feiner Mensch, der mit der Ausstattung seiner Restauration einen Beweis kultiviertester Stilsicherheit und erlesenen Geschmacks dokumentiert hat. Sein Blick auf meine Füße wird mir unvergessen bleiben. In seinem Gesicht las ich blankes Entsetzen, tiefste Abscheu, sowie aufsteigende Übelkeit und einen massiven Absturz seiner Wertschätzung mir gegenüber. So viel Zeche kann ich zu Lebzeiten gar nicht mehr bei ihm machen, um meinen Ruf wiederherzustellen.

Der Dominator

Keine Ahnung, wann genau er das erste Mal im Fernsehen erschien, doch irgendwann war er da. Groß, kräftig, schwarz gekleidet, Wollmütze: Torsten Sträter! Ein Meister des geschliffenen Wortes. Anfangs sah ich ihn als Gast in irgendeiner Unterhaltungsshow, er saß in einem Ohrensessel mit einem großen Buch und las wohlklingend und prononciert daraus vor. Dicker Brocken, feine Seele. Von seiner guten Stimme wusste er. Der lauscht seinen eigenen Worten immer verschmitzt hinterher, dachte ich. Dass ihn seine Wollmütze, die er sich sogar bis über die Ohren zog, in der Hitze nicht am Kopf juckte, ging mir nicht in meinen. Ich würde mich totkratzen. Torsten war scheinbar gegen Scheinwerfer und Baumwolle immun. Was war eigentlich unter der Wollmütze? Nichts. Glatze. Aha. Eine, die er dann mit steigendem Erfolg mutig mehr und mehr offenbarte. Und der stellte sich zügig ein. Wenn man einmal im Geschäft ist, ist man im Geschäft. So läuft das. Die Unterhaltung braucht neue Köpfe, mit oder ohne Haar. Alte Modelle laufen aus, ermüden und entschwinden in ihre – wenn sie in den fetten Jahren clever waren – balearischen Fincas. Nun stand da Torsten. Der ehemalige Schneider, nun Wortschöpfer. Eine verbale Macht. Ich liebte ihn. Zu meiner großen Freude erschien er jetzt öfter im Fernsehen, hatte sich erhoben, seinen Ohrensessel verlassen, das Buch immer seltener in der Hand, er sprach jetzt frei. Den Automatismen des Erfolges entsprechend wurde er mehr und mehr zu Comedy-Shows, Talkshows, Rateshows und Kochshows eingeladen. Das volle Programm. Omnipräsent! Willkommen im Club, Torsten. Er bekam nun eine eigene Show und noch eine und noch eine. Jetzt lud er Kollegen zu sich ein, war nicht mehr aufzuhalten. Und Torsten blieb stur beim Schwarz. Schwarz macht schlank. Ich sah ihn im Geiste in der Badehose und verstand ihn. Seine Wollmütze wurde zum Kultobjekt. Er verschenkte sie jetzt an seine Gäste. Mehr und mehr trug er seinen Schädel auch mal offen, auch mal Hut. Ich sah ihn nun täglich. Als Gast oder Gastgeber. Torsten war überall. Las jetzt die Nachrichten vor, präsentierte die Wetterkarte, moderierte den Night-Talk »Später Sträter«, die »Germanys Next Top-Comedien«, das »Satire-Camp« und die »Deutschen Comedy-Granaten«. Er bekam endlich eine eigene Kochsendung »Sträter brät« und das neue Pure-Man-Magazin »Nähen mit Torsten«. Ich gehe nun abends mit »Torsten liest Gute-Nacht-Geschichten« ins Bett und wache früh mit »Schwarzer Kaffee mit Torsten« wieder auf. Längst hängen in meinem Kleiderschrank nur schwarze Klamotten und Wollmützen. Letztere verwende ich, wegen meiner Allergie gegen Wolle, jedoch nur zum Einkaufen. Vielleicht lasse ich mir aber eine Wollmütze als Tattoo stechen? Ja, ich bin ein Strätie.

Musenmord

So sehr man sich als Kreativer in die Riege der Millionen von fleißigen und oftmals auch einfallsreich arbeitenden Menschen unspektakulär und voller Anerkennung einreihen möchte, unterliegt die Arbeit eines Cartoonisten, der täglich vor einem weißen Blatt Papier, also vor dem Nichts sitzt, einem wesentlichen Unterschied: Die Suche nach einer möglichst außergewöhnlichen IDEE. Hinter diesen lächerlichen vier Buchstaben steckt die Entwicklung unserer gesamten Menschheit. Was hätte ich dafür gegeben, diesem Augenblick beigewohnt zu haben, wo ein Neandertaler auf die Idee kam, mit einem wie wild geriebenen Hölzchen und trockenem Stroh eine Flamme zu entfachen. Wie kam er bloß darauf? Wahrscheinlich haben sie ihn für diesen Spuk erst mal gesteinigt, nach dem ersten gegrillten T-Bone-Steak dann sicher posthum verehrt. Ideen allerdings sind hochneurotisch, will man ihnen Befehle erteilen, kommen sie gar nicht. So also wartet der Kreative täglich angespannt auf ihre Gunst und spürt an geheimnisvollen, inneren Schwingungen, wenn sie ihm gewogen sind. Diese wohlwollenden Signale gehören wohl zu den kostbarsten, die so ein Mensch empfangen kann. Es ist jedoch die Tragödie des Kreativen, dass sein Umfeld sich um diese Empfindsamkeiten einen Dreck schert. Punktgenau in diesen Zauber hört man dann: »Wir müssen in einer Stunde bei Oma sein!« oder »Der Hund muss raus!«. Als brutalen

Mord an der hochsensiblen Muse habe ich bis heute immer die tägliche Post empfunden. Eine einzige Heizkostenabrechnung oder eine Zahlungsaufforderung vom Finanzamt – diese Störfelder killen alles. Danach geht gar nichts mehr. Wo eben noch Leichtigkeit und strahlender Einfallsreichtum, herrscht dann dumpfe Leere: Realität frisst Träume. Längst bin ich darauf eingestellt und verweigere mich zeitlebens der täglichen Post. Alle Vierteljahre mache ich mich dann an den Haufen. Igor und Wladimir vom Inkassobüro sind inzwischen echte Freunde geworden. Igor hat mir letztens sogar beim Kolorieren einer Zeichnung geholfen.

Zement mal

Alles im irdischen Dasein steuert einem Ende entgegen, irgendwann mal ist verbindlich Schluss. Das ist in unserem persönlichen Leben wohl eine Tragödie, im universalen Zyklus jedoch ein völlig emotionsloser Prozess. Auf diesem unaufhaltbaren Fließband des Seins lässt uns das Leben allein. Wir sollen gefälligst zusehen, dass wir unsere Zeit selber gestalten, sagt es, und dass wir etwas aus unserem Leben machen und nur im Notfall mal die Notbremse ziehen. In welchem Maße wir dafür unseren Körper und Geist nutzen, also unsere vom Hersteller standardmäßig ausgelieferte Hardware und Software, auch dies bleibt uns überlassen. Manche tun das mehr, einige weniger. Einer wird Champions-League-Sieger mit seinen Beinen, der andere Nobelpreisträger mit seinem Kopf, so sind, grob gesagt, die Unterschiede. Aber für beide gibt es auf den kräftezehrenden Straßen zu den kleinen oder großen Zielen einen Rastplatz, und der heißt: Wiederholung. Diese bedeutet paradoxerweise Bewegung mit Stillstand. Wir erleben, hören oder sehen etwas, was wir bereits schon kennen, Bekanntes, das uns nicht mehr überrascht und fordert, wir können uns also völlig entspannen, sogar dabei einschlafen; nichts kann uns verloren gehen. Für den Künstler heißt Wiederholung Lähmung, und vor nichts fürchtet er sich mehr als davor. Ein echter Künstler ist immer auf der Suche nach Inspiration, nach neuen Wegen, und die verfolgt er im Wechselspiel zwischen Euphorie und Depression, bis seine Kräfte eines Tages versiegen. Der falsche Künstler gibt sich von Anfang an mit dem zufrieden, was er irgendwann mal erreicht hat, ab da wiederholt er sich bis zum Tod.

In einer Ausstellung sah ich mal nur Porträtbilder, auf denen Männer oder Frauen mit vier Augen abgebildet waren. Zwei normal, zwei auf der Stirn. Mir wurde ganz übel. Der Künstler wiederholte diese grandiose Idee durchgängig und erklärte sie mit seinem Bedürfnis, damit das zweite Ich des Menschen zu visualisieren. Die ganze Wucht dieser Erkenntnis hätte ihn eines Nachts geweckt, woraufhin er sofort nackt in sein Atelier gestürzt sei, um mit der Produktion seines Vier-Augen-Zyklus zu beginnen. Auf meine Frage, was so ein Bild kosten würde, antwortete er: »3000 Euro.« Da ich ihn nicht richtig verstanden hatte, wiederholte ich meine Frage. Daraufhin antwortete er: »2.500 Euro.« In so einem Fall kann also eine Wiederholung auch von Vorteil sein. Wahrscheinlich hätte ich nach weiteren Nachfragen das Bild von ihm umsonst bekommen.

Wo die Wiederholung eigentlich nur als kurze Überbrückung dienen soll, damit wir uns sammeln und neu orientieren können, ist es für andere eine Freude, sich ihrer ohne Kopfschmerzen permanent zu bedienen. Die Werbung betreibt Wiederholungen exzessiv, wahrscheinlich auch aus Kostengründen. Ein Werbespot kostete schließlich einen Haufen Geld, es wäre schlicht unbezahlbar, in Dutzenden Publikationen oder Fernsehanstalten fortwährend neue Anzeigenmotive und Spots zu platzieren. Mehr ist zur Verteidigung dieser Monotonie jedoch auch nicht anzuführen, ansonsten ist es unglaublich, wie stoisch der moderne Mensch dieses grenzdebile Stakkato an eintönigen, immer gleichen Schlägen auf sein geschändetes Hirn scheinbar akzeptiert hat. Am meisten Freude bereitet mir immer die Platzierung der Werbung innerhalb eines Spielfilmes. Mitten im Zenit des größten Spannungsbogens, in dem sich die Liebenden der ersten Berührung entgegentasten, ihre erregten Gesichter sich im Gegenlicht der glutroten Abendsonne zueinander drehen, zwei bebende Lippenpaare sich zitternd aufeinander zubewegen, es noch wenige Millimeter bis zum sinnlichsten aller körperlichen Kontakte sind, man vor Aufregung schon anfängt, sich selber zu beißen – da knallt es wie ein Fallbeil rein: »Herpes muss kein Schicksal sein!« Tataaaaaaa!! Der nächste Werbeblock ist da, Spots, die man schon den ganzen Abend gesehen hat, randvoll mit dampfenden Tütensuppen, blitzenden Klobrillen, glänzenden Autos, sahnigen Hautcremes. Immer dieselben Sätze, dieselben Szenen, die selbe Musik, wie der Meißel eines Steinmetzes hämmern sie sich in dein Hirn – damit du am nächsten Tag wie in Trance in den nächsten Laden gehst, um dir all diese Produkte zu kaufen, von denen du bis gestern gar nicht wusstest, dass sie dir fehlen. Das ist die Aufgabe der Werbung und dafür geben die Konzerne ein Vermögen aus, um damit ein Vermögen zu verdienen.

Im Öffentlich-Rechtlichen konzentriert sich die Werbung auf die Zeit vor zwanzig Uhr. Dort balzt ein kleiner Kreis von Herstellern um sein zielgruppen-spezifisches Publikum und drängelt sich so dicht wie möglich bis zur letzten Sekunde an die Tagesschau, der Oma aller deutschen Nachrichtensendungen. Lange Zeit dominierte einen der vordersten Plätze ein Schlankheitsmittel. Eine Bikini-Frau in Zeitlupe ließ auch mich anfangs immer wieder hinschauen, aber auch hier fraß die stupide Monotonie der Wiederholung mit der Zeit meine Aufmerksamkeit. Zu viel Fleisch, weiß man, ist außerdem ungesund. Am schlimmsten aber war ein kränklich wirkender Mann mit Augenrändern, der im schneeweißen, sterilen Ambiente einer Pillenboutique in der Rolle eines Apothekers noch einige abschließende Worte zu dem Produkt sagte. Jeden Abend, über Wochen. Immer dieselben Worte. Ich erwog irgendwann, das Erste Deutsche Fernsehen vor dem Bundesgerichtshof wegen schwerer Körperverletzung zu verklagen.

Doch auch im Alltag stoßen wir auf permanente Wiederholungen. Der Klassiker: »Schön' Tag noch!«, der stereotypische Abschiedssatz aller Verkäufer/innen – auch wenn einen draußen das letzte Dreckswetter erwartet – gehört längst zum gängigen Höflichkeitsritual, importiert aus den USA, von dort, wo wir in historischer Verehrung alles freudig kopieren.

In meinem dörflichen Kaufmannsladen vollendete die Verkäuferin jede ihrer Handlungen stereotyp mit

»Siehstewoll!«. Kaum hat sie die Brötchen in die Tüte gelegt, sagte sie: »Siehstewoll!« Dem lag wohl ihr Wunsch zugrunde, hinter ihrer abgeschlossenen Tätigkeit einen verbalen Schlusspunkt zu setzen. Siehstewoll.

Abseits des öffentlichen Sprachraums gibt es natürlich noch den privaten Bereich, in dem ich mit Mühe eine Aggression unterdrücken kann, wenn Freunde oder Bekannte, alles ausgewiesen liebevolle Menschen, sich im inflationären Maße der immer gleichen Sprüche bedienen. Mein über alles geliebter Bruder, zu meinem größten Leidwesen vor einigen Jahren gestorben, einer der humorvollsten und phantasievollsten Menschen, die ich kannte, spulte allerdings in immer gleichen Situationen dieselben Sprüche runter. Kam ich zu Besuch steuerte er jahrelang mit weit ausgebreiteten Armen auf mich zu und rief: »Mensch, da issa ja!« Ich konnte es schon synchron mitsprechen. Irgendwann kam ich ihm zuvor und rief: »Na, wen haben wir denn da?!« Daraufhin antwortete er: »Ja isses denn?!« Das lief bis zum Schluss so. Wollte mein Bruder kurz um Aufmerksamkeit bitten, rief er immer »Zement mal!« Hielt er auf unseren innerfamiliären Fahrradtouren mal an, um einer drängenden Notdurft nachzukommen, dann musste er immer seine »Anaconda würgen«. Seit seiner frühesten Jugend würgte er in diesen Momenten seine Anaconda. Ich kannte es nicht anders. Bei seiner Beerdigung hätte ich beinahe, als der Pfarrer sagte, mein Bruder sei sehr tierlieb gewesen, um ein Haar »Zement mal!« gerufen.

Nachsorge

Ein Blick auf die Wetter-App macht mich froh. Endlich mal wieder Unwetter, endlich ist Sturm mit Orkanböen angesagt. Draußen dröhnt die Naturgewalt, die Böen zerren an meinem Haus und lassen die Ortgangbleche am Dach scheppern. Die Bäume biegen und schütteln sich und selbst das letzte, hartnäckige Herbstblatt muss jetzt endgültig loslassen. In unserer Straße entwurzelt sich eine Birke. Ich schaue sorgenvoll auf die alte Apfelbaum-Oma in meinem Vorgarten, aber die knorrige alte Dame hat schon alle Unwetter überlebt, wird wahrscheinlich auch mich überleben. Kaum ist der Sturm vorbei, erklärt sich, warum ich diese Naturgewalt so liebe: Plötzlich melden sich nämlich alte, oftmals verschollen geglaubte Freunde und fragen nach Jahren einfach mal so unverbindlich nach: »Alles gut bei dir?« Ja, sie hätten da in den Medien gelesen, was da oben im Norden abgegangen ist und – Bing! – hätten sie irgendwie plötzlich an mich gedacht. Was wird wohl der Butschi machen? Mensch, ruf ihn doch mal an. Diese sensationsgeilen Schweinebacken wollen doch nur hören, dass mir mein Dach weggeflogen ist und ich mich im Unterhemd in den Orkanböen an meine Habseligkeiten klammerte. Stoff, den man wunderbar im Freundeskreis verbreiten kann. Bei der Gelegenheit möchten sie auch gleich hören, wie es mir denn sonst so geht? Rücken? Cholesterin? Zucker? Gedächtnis? Soweit alles im grünen Bereich? Ich äußere mich zufrieden und dankbar, weiß aber nicht, ob sie das befriedigt, denn sie hatten mehr Negatives erhofft. Als ich an ihrer Stimme merke, wie unzufrieden sie sind, werfe ich ihnen meine nachlassende Sehkraft und partiellen Nackenverspannungen als Futter hin – und schon verbessert sich ihre Laune. Einem Freund aus Bayern habe ich sogar mal gebeichtet, dass ich nur noch fünf Mal die Woche Sex habe. »Du Armer«, meinte er …

Speisekleber

Vor Jahren hatten wir mal Besuch von Johannes, einem lieben Bekannten. Er aß bei uns zu Mittag. Es gab mein Leibgericht: Quark mit Kräutern und Salzkartoffeln. Wir speisten und plauderten dabei über dies und das und gerade, als Johannes sich in tiefenpsychologischen Analysen über den Zustand unserer Gesellschaft erging, klatschte er sich unachtsam einen Streifen Quark ans Kinn. Der klebte nun dort wie träge Farbe über den Eimerrand und ließ sich auch von seinem regen Mundwerk nicht abschütteln. Keiner hörte ihm mehr zu, alle starrten auf den Quarkstreifen. Wer denkt bei so einem Bild nicht sofort an Loriots Nudelsketch? Die Situation war nicht minder peinlich, obwohl es nur sämiger Quark und keine feste Teigware war, sie musste umgehend gelöst werden. Meine Hoffnung, dass unsere auf seine Kinnpartie fixierten Blicke ihm ein Hinweis dafür sein könnten, dass in seinem Gesicht etwas nicht in Ordnung war, erfüllte sich nicht. Johannes merkte nichts, philosophierte munter weiter und steckte sich dabei immer wieder eine volle Gabel mit Quark und Kartoffel in den Mund. Sein Quarkstreifen am Kinn blieb davon unbehelligt, ja es schien, als fühle er sich dort sauwohl und wolle noch eine ganze Zeit dort verbleiben. Vielleicht das weitere Leben mit Johannes verbringen, wenn möglich, sogar eine engere Bindung zu ihm aufbauen? Da machte ihm aber Petra einen Strich durch die Rechnung, sie ertrug diesen Anblick nicht mehr und zischte: »Jetzt mach dir doch endlich mal diesen blöden Quark da weg!«

»Was? Wo?« Johannes fummelte sich völlig verunsichert mit der Serviette im Gesicht herum.

»Am Kinn!«

»Am Kinn? Quarkstreifen? Na sage mal. Hier?« Er tippte mit dem Finger auf sein Kinn.

»Er ist immer noch da.«

Johannes tippte jetzt hier und dort, aber der Quarkstreifen war hartnäckig. »So? Jetzt?«, fragte er und streckte demonstrativ sein Gesicht nach vorne. »Weg?«

»Nein!« Petra hielt es nicht mehr aus und wischte ihm mit ihrem Daumen zackig den Quarkstreifen vom Kinn. »Jetzt!«, sagte sie.

Puh! Endlich konnten wir uns wieder aufs Essen konzentrieren. Ich sagte noch augenzwinkernd zu Johannes »Genuss ohne Reue« und war überzeugt, dass ihm meine Worte in diesem peinlichen Moment gut taten. Ein feines Gespür für Menschen und Momente wird mir ja lobend nachgesagt und sollte, so hatte ich mir schon überlegt, vielleicht auch einen Platz auf meinem Grabstein finden. Kurz und knapp, immerhin ist ja nicht allzu viel Platz vorhanden und teuer sind die Steinmetze auch. Ich dachte da an: »Seine Empathie war einzigartig.« Alternativ auch: »Toller Mensch.« Oder nur: »Mensch.« Müssen meine Söhne entscheiden.

In letzter Zeit weisen mich Freunde oder Bekannte verstärkt darauf hin: »Da hängt dir was am Kinn.« Unglaublich. Ich tu dann immer so, als gehörte das zu meiner Esskultur, antworte lakonisch »Weiß schon, Danke« und lasse den Bereich demonstrativ unbearbeitet. Etwas später wische ich mir dann wie beiläufig über den Mund, in der Hoffnung, dass der Fall sich damit erledigt hat. Weit gefehlt. »Weiter rechts« und »Etwas mehr oben« muss ich mir anhören, als wäre ich ein Blinder. Erst dann, nach erfolgreicher Nachbesserung erhalte ich endlich das erlösende »Ja, jetzt ist gut!« und darf wieder ein kultiviertes Mitglied unserer Gesellschaft sein.

Aber ist es wirklich gut? Ich finde, nein. In mir macht sich nämlich ein Panikgedanke breit: Du wirst alt! Spürst nicht mehr, wie sich die Speisereste an dein Kinn klammern, komm, gibs doch zu. Ich tröste mich mit dem Gedanken, dass schließlich schon die kleinen, topfitten Kinder um die Mundpartie aussehen wie Sau und auch nichts davon bemerken – und wunderbar und ohne von Häme behelligt damit leben können. Scheinbar ist der Bereich unterhalb des Mundes unempfindlicher? Damit streitlustige Menschen eine widerstandsfähige Zone haben, wo sie sich gegenseitig k.-o.-schlagen können? Wer weiß schon, was sich die Evolution so alles ausgedacht hat.

Es ist auch ein Unterschied, ob am Kinn nur ein Kuchenkrümel oder ein ganzes Stück Fleisch oder gar eine halbe Banane haftet, aber ab wann wird es bedenklich?

Wo ist die Toleranzgrenze? In letzter Zeit geschieht mir das jedenfalls auffallend häufiger und verstärkt meinen Verdacht, hier die ersten Signale von Alterstrotteligkeit zu verspüren. Neuerdings achte ich bei altersgleichen Freunden oder Bekannten nun verstärkt auf solche Vorkommnisse. Johannes war lange nicht mehr bei uns zu Gast, ja wir hatten den Eindruck, er ginge unseren Einladungen bewusst aus dem Wege, weil er Angst hatte, wir könnten ihm wieder Kräuterquark servieren.

Wie ich später hörte, war er nach diesem Vorfall kurzzeitig in Traumabehandlung.

Letzten Freitag, am Frühstückstisch, klebte am rechten Mundwinkel meiner Lebensgefährtin Honig. Mit diebischer Freude warf ich ihr den Satz entgegen: »Dir klebt da ja eine ganze Bienenwabe am Mund!« Grade ergötzte ich mich noch an ihrer ungelenken Suche nach dem Objekt, da traf mich schon ihre Retourkutsche: »Du wisch dir mal lieber die Butterflocke von der Nase!«

SHOWTIME

Die Einladung von Bobby lautete sinngemäß: »Würde mich freuen, nächsten Samstag, zu meinem siebzigsten Geburtstag, kleines Fest, in unserem Garten, für Essen und Trinken ist gesorgt, bringt gute Laune mit.« Kein Problem, umsonst essen und trinken bewirkt bei mir automatisch gute Laune, also gingen meine gute Laune und ich am Samstag zu Bobby – und wir waren keineswegs alleine; Der Garten war rappelvoll mit Gästen, von denen ich viele kannte. Bobby wirkte aufgekratzt und hielt eine kurze Rede, in der er, auch im Namen seiner Frau, die Gäste begrüßte und zum Ausdruck brachte, wie rasend schnell die Zeit doch vergangen sei. Er redete über Vergänglichkeit und Freundschaften und wie schön es doch sei, wieder mal zusammenzukommen und zu feiern. Er hätte anfänglich, wegen der stattlichen Zahl 70, mit dem Entschluss, ein Fest zu veranstalten, ein wenig gerungen, sich dann aber dazu entschlossen und sei nun glücklich, dass trotz des kurzfristig anberaumten Termins so viele seiner Einladung gefolgt seien. Dann eröffnete er das Buffet mit der Aufforderung: »Nehmt euch, seid so gut!«

»Gut« zu sein fällt mir nicht schwer, das braucht man mir nicht zweimal zu sagen. Ich nahm also von allem Guten gut, soll heißen: reichlich. Irgendwann war ich richtig satt und der Alkohol wärmte mir wohlig meine Sinne. Ich gesellte mich launig zu diesem oder jenem Grüppchen von Gästen, warf gelungene Bonmots in ihre Gespräche und sprach den Frauen Komplimente aus, bis ihnen das Blut in die Köpfe schoss.

Als ich zur Toilette schlenderte, stand in der Eingangstür, breitbeinig wie ein Türsteher, ein männlicher Festteilnehmer, der, als ich ihm auf seine sehr energische Frage, wohin ich denn wolle, »Klo!« antwortete, mich freundlich zwinkernd passieren ließ. Auf meine Gegenfrage, was der Grund seines Wachdienstes sei, erklärte er mir, er passe auf, dass Bobby nicht hereinkäme. »Witzig«, sagte ich und klopfte ihm jovial auf die Schulter. Im Flur stieß ich auf Bobbys Ex, eine lebenslustige Frau, die mit einem Manuskript auf und ab ging und dabei vor sich hinmurmelte. Auf meine Frage: »Alles okay, Katja?« antwortete sie erheitert: »Aber ja. Ich übe nur noch ein wenig.« Sie wolle in Kürze vor der Geburtstagsgesellschaft ein kleines, selbst gereimtes Gedicht vortragen, das sie extra für Bobby geschrieben habe. Sie sei sehr nervös. Ich sprach ihr Mut zu und fragte: »Soll ich dich abfragen?« Sie war entzückt und fragte mich: »Das würdest du tun?« »Sehr gerne«, flötete ich in zeitgemäßer Höflichkeit und legte noch einen drauf: »Sehr, sehr gerne.«

Wir übten auf ihren Wunsch einige kritische Passagen, bis ich den Eindruck hatte, sie fühlte sich sicher. Bei der Zeile »Charakterlich als Fels gebaut, hat Bobby selten was versaut«, sagte sie allerdings hartnäckig immer wieder »charakterlich als Mensch versaut«, was vermutlich mit ihrer damaligen Scheidung von Bobby, die ziemlich hässlich über die Bühne gegangen war, im Zusammenhang stand.

Irgendwann hatte sie es endlich drauf, wobei ich ihre erste Version nicht unbedingt gelungen fand, allein schon, weil auch ich Bobbys charakterliche Werte nicht in diesem ausufernden Ausmaß gepriesen hätte – er schuldete mir nämlich seit Ewigkeiten eine größere Summe Geld –, verkniff es mir aber, an ihrem großartigen Poem herumzumäkeln. Gerade wollte ich die Badezimmertür öffnen, da vernahm ich aus dem gegenüberliegenden Wohnraum Stimmen. Neugierig öffnete ich die Tür einen Spalt und traute meinen Augen nicht. Mitten in dem großen, abgedunkelten Raum stand hoch bis an die Zimmerdecke ein riesiges Objekt aus Pappmaschee, das Bobby erstaunlich ähnlich sah. »Pscht«, zischte Beate, eine Arbeitskollegin von Bobby, und zog mich rasch ins Zimmer. »Überraschung«, raunte sie mir ins Ohr.

»Der Wahnsinn«, flüsterte ich und starrte beeindruckt auf das Monster aus Pappe.

»Bobby, quasi als trojanisches Pferd«, sagte sie, »stell dir vor, wir passen alle rein.«

»Ihr seid vielleicht verrückt. Bekommt ihr das Riesending denn überhaupt aus dem Zimmer?«, fragte ich noch völlig benommen.

»Na klar, durch die Terrassentür«, sagte sie. »Pfiffig, pfiffig«, attestierte ich ihr. »Bobbys Nase ist ja besonders gut getroffen«, gluckste ich, »was für ein Riesenkolben.« Beate kicherte. »Warst du denn schon im ersten Stock?« Ich verneinte. »Na, dann geh' mal heimlich hoch«, sagte sie und grinste mich an. Ich ließ mich nicht zweimal bitten. Sie schob mich sanft raus und zog die Tür leise hinter mir zu. Geduckt schlich ich mich die Treppe zum ersten Stockwerk hoch. Von draußen klang das dröhnende Lachen Bobbys. So lachte er immer, wenn er einen verdorbenen Witz erzählte. Na, dir wird das Lachen noch vergehen, dachte ich feixend. Oben angekommen, hörte ich Stimmen aus dem Schlafzimmer, öffnete vorsichtig die Tür – und erstarrte. Ich stand vor einer gewaltigen Abschussrampe einer mit riesiger »70« bemalten Rakete. Über ihr war das Dach partiell geöffnet, man konnte den Himmel sehen. Ich stotterte: »W-w-was ist das denn?« »Bobbys Geburtstagsrakete«, sagte ein Typ in einem weißen Kittel leise, der augenscheinlich Ahnung von Raketentechnik hatte, denn er tippte geschickt auf einem Laptop herum und ließ Unmengen von Daten über den Bildschirm rollen: »… öffnet sich in hundert Metern Höhe und streut Unmengen roter Herzen über dem Haus aus.«

»So was von irre«, stöhnte ich. »War 'ne ganz schöne Arbeit, dafür das Dach zu öffnen. Musste ja schnell und vor allem leise gehen, Bobby durfte doch nichts merken.« »Ich glaub es nicht«, stammelte ich.

»Das ist noch gar nichts, nebenan warten siebzig weiße Schwäne darauf, dass sie im richtigen Moment freigelassen werden. Und du? Hm? Was hast du für Bobby vorbereitet?«, fragte er mich.

»Ich?! Äh … ich, ähm … hab ihm eine Flasche seines Lieblingsgrappas mitgebracht. Auf das Etikett hab' ich eine goldene Siebzig geklebt«, sagte ich leicht verlegen.

Es riss ihn fast um. »Mann, das is' ja der absolute Knaller! Wie irre ist das denn? Ein Etikett mit seiner Geburtstagszahl?« Er konnte es gar nicht fassen und kriegte sich überhaupt nicht mehr ein.

»Mein Gott«, sagte ich lässig, »für einen guten Freund muss man sich halt auch mal was ganz Besonderes einfallen lassen.«

Forever young?

Vor ein paar Tagen bekomme ich auf WhatsApp ein Foto von den Rolling Stones mit dem Text: »Gesund leben, gut schlafen, nicht rauchen, kein Alkohol, braven Sex und keine Drogen, das ist der Schlüssel für ein langes Leben.« Unter jedem Stone steht das Alter: Bill Wyman: 87, Keith Richards 80, Mick Jagger 80, Ron Wood 77 – und dazu groß: »Ha-ha-ha!« Das ist witzig. Soll heißen, genau das Gegenteil hält jung. Daraufhin werfen sich nun junge Menschen hemmungslos auf Fleisch, Zigaretten, Alkohol und Kokain und gehen nur ins Bett, um sich sexuell hemmungslos zu verlustieren. Ansonsten dancen sie die Nächte durch unter dem Motto: Will auch 78 werden! Freunde, lasst euch nicht verarschen. Ein langes Leben hängt einerseits von einem günstigen Genpool ab, andererseits von Glück, Geld und guten Ärzten. Habt ihr das alles? Das Management der vier glorreichen Unsterblichen wird alles tun, um ihre Wehwehchen zu verheimlichen. Ein Mick Jagger mit Potenzproblemen? Ein Keith Richard mit Arthrose? Ein Bill Wyman mit Bypass? Ein Ron Wood mit Morbus Crohn? Wer könnte sich das vorstellen? Keiner. I can't get no sickness, da-da-dadadaaa…! In Wirklichkeit sind alle unsere Heroes Menschen wie du und ich. Ich weiß von einem berühmten Künstler, eine Ikone deutscher Biertrinker, dass er schon eine Ewigkeit lang nur noch Kräutertee trinkt. Und seine Fans denken immer noch, er kriecht jeden Abend besoffen ins Bett. Ich könnte die Liste fortsetzen, mein Anwalt riet mir aber davon ab. Aus Frust habe ich mir gleich einen Hagebuttentee gegeben.

Völlig krank

Krankheiten sind gemein und böse. Es wäre völlig sinnlos, ihnen Opfergaben zu bringen, sie mit hymnischen Liedern wohlgefällig zu stimmen oder ins Abendgebet einzubetten. Das hält sie weder auf, noch lenkt es sie davon ab, gesund und brav Lebende perfide zu überfallen und Lasterhafte wiederum zu verschonen. Oder umgekehrt, je nach Lust und Laune. Wenn wir uns das bewusstmachen, können wir uns diesen Schweinehund leichten Herzens zunutze machen, ihn als Vorwand missbrauchen und uns listig hinter ihm verstecken. Er hat es nicht anders verdient. Ich zum Beispiel sehe nur noch, was ich sehen will, alles andere erkläre ich mit meinen schwächer werdenden Augen. »Och, das habe ich gar nicht gesehen« ist meine Begründung dafür, warum ich das Radfahrverbotsschild missachtet habe oder den schmutzigen Abwasch nicht bemerke. Bei Anfragen, ob ich mal beim Umzug mit anpacken könnte, verweise ich auf meinen kaputten Rücken, Steuerzahlungstermine oder Rechnungen vergilben durch meine Vergesslichkeit und wenn ich mich in die Hecke eines Vorgartens entleere, gebe ich meiner schwachen Blase die Schuld. Das zerrissene Knöllchen geht auf Kosten meines Tatterichs und den »Affenarsch!« schiebe ich auf mein Tourette-Syndrom. Für meine Libido ist der hohe Blutdruck verantwortlich und nach der runtergefallenen Bananenschale kann ich mich wegen meiner Knie nicht bücken. Was ich nicht gerne esse, schiebe ich auf meinen Cholesterinspiegel und meinen Bierkonsum definiere ich als verordnete Nierenspülung. Gestern meinte mein Hausarzt beim alljährlichen Gesundheitscheck, dass meine Leberwerte schlecht wären. Ich hab mich bedankt und bin fröhlich aus der Praxis. Hören tue ich nämlich auch nicht gut.

Zum Totlachen

Ich scheue mich, es ihnen ins Gesicht zu sagen, aber sie haben sich verändert. Wenn ich sie früher besuchte, sprachen wir über alles, nur nicht über Krankheiten. Die hatten wir nicht oder sie spielten keine Rolle, weil die Lebensfreude einfach dominanter war. Heute liegen bei ihnen Salben und Säfte herum, in den Schubladen wimmelt es von Medikamenten und auf der Vitrine, wo früher der Aschenbecher stand, steht jetzt das Blutdruckmessgerät. Sie lesen mir ihre neuesten Blutwerte vor, wir sichten Röntgenaufnahmen und EKGs, blättern in ihren Rezept-Sammelalben und reden ausgiebig über Knochendichte und spröde Gelenke. Ich weiß nun auch endlich, was sie nicht mehr essen und trinken oder vergessen und zu welchem Arzt sie gerne oder weniger gerne gehen. Sie konkurrieren förmlich miteinander.

Prahlt er mit seiner Arteriosklerose, wirft sie ihre Osteoporose in den Ring, gibt sie stolz an, vier Mal nachts auf die Toilette zu gehen, geht er fünf Mal. Sie zeigen mir dann ihre neuesten Beckenbodenübungen und was man alles gegen Verstopfung tun kann. Er brüstet sich mit seinen Rückenübungen und seinen dreißig Liegestützen. Wir sehen gemeinsam Videos von ihren liebsten Physiotherapeuten und über das Wunder der Nahrungsergänzungsmittel. Habe ich endlich alles über ihren Gesundheitszustand erfahren, gehen wir die neuesten Herzinfarkte, Hirnschläge und Schlaganfälle in ihrem Umfeld und Bekanntenkreis durch. In der Regel sind auch immer zwei oder drei völlig unerwartete Todesfälle dabei. Meinen zaghaften Versuch, ihnen von meinem steifen Nacken zu erzählen, kontern sie mit ihren kaputten Hüften. Am Ende meines Besuches spazieren wir immer noch ein bisschen über den nahegelegenen Friedhof und besichtigen ihre zukünftige Grabstelle. Letztes Mal baten sie mich um Beratung in Sachen Inschrift. Ich schlug ihnen »Ohne Beschwerden« vor. Sie wollten das noch mit ihrem Sterbeberater diskutieren.

Das Finale

Unser Leben hat ja irgendwann mal angefangen, folglich muss es auch mal aufhören, eine unumstößliche Tatsache, vor der sich die meisten Menschen zutiefst fürchten. Schuld daran ist zum einen die Kirche, die uns das Passwort fürs Himmelreich nur rausrückt, wenn wir unser sündiges und fehlerhaftes Leben bereuen, zum anderen unser Gesundheitssystem, in dem man nun den blassen Schwächlingen von einst in die Hände fällt, die man früher auf dem Schulhof gepiesackt hat und die eines Tages plötzlich durch ihren spießigen Fleiß Arzt geworden sind. Jeder von uns hat in sich finale Horrorbilder, ich zum Beispiel sehe mich eines Tages mitten auf einer belebten Straße tot umfallen, Influencerinnen reißen ihre Handys hoch, Spatzen fallen über meine Einkaufstüte her, wildfremde Menschen leeren meine Taschen, fleddern meine Kleidung, verhöhnen mein welkes Fleisch, kichern über meine ALDI-Unterhosen, wühlen in meiner Brieftasche und lesen laut meinen zerknitterten Einkaufszettel vor: »Bier. Chips. Vollmich-Nuss. Viagra.« Solche Schreckensbilder verderben einem gehörig die Freude auf ein würdiges Finale.

Für einen alten »Indianer« (die aus den Büchern meiner Kindheit) war der Tod kein Thema. Er kletterte mit seiner Lieblingspfeife auf seinen Lieblingsbaum und wartete dort geduldig, bis Manitou ihn in die Ewigen

Jagdgründe rief und die Bisons in den saftig grünen Tälern bei seiner Ankunft vor Freude mit dem Schwänzen wackelten. Heute tippt er auf die Notrufnummer seines Handys und ein Konvoi von hochgerüsteten Krankenwagen rast heran, von oben stürzen sich die Notärzte per Fallschirm aus den Rettungshubschraubern und schon ist er verkabelt und vergurtet und im Postkasten seines Zeltes sammeln sich Tage später die fetten Rechnungen der Rettungskräfte und Krankenhausbetreiber.

Will man also dem heiklen Thema Tod aus dem Wege gehen, sollte man auf keinen Fall seine älteren Freunde oder Bekannten »Na, wie geht's?« fragen. Darauf erhält man in der Regel ein »Muss ja!«, »Nutzt ja nix!«, »Muss man durch!« oder »Wenn's besser wär, wär's nicht zu ertragen!« Wer klug ist, verabschiedet sich jetzt unverzüglich, alle anderen werden anschließend von Geschichten über Blutwerte, Brüche, Entzündungen, Geschwüre, Operationen, künstliche Gelenke, schlechte Ärzte*innen, schlechte Krankenhäuser, schlechte Krankenkassen und natürlich die neuesten Todesfälle aus dem Bekanntenkreis geflutet.

So unbeliebt wie der Tod auch ist, für die deutschen Drehbuch- und Krimiautoren*innen ist er der allerbeste Freund. Jeden Tag dreht wohl irgendwo in Deutschland jemand einen Krimi, in dem Menschen erstickt, erwürgt, erstochen, erschossen, ertränkt, zerstückelt, missbraucht oder vergiftet werden. Kriminalkommissare*innen beugen sich über grauenhaft entstellte Leichen, die heute, dank der digitalen Techniken, bis auf den kleinsten Blutstropfen und die grausigsten Schuss- oder Stichwunden, perfekt real wirken. Hier ist die perverse Phantasie inzwischen so ausgereizt, dass die Autoren sich immer weniger mit dem eigentlichen Plot eines Krimis, nämlich der Suche nach dem Täter oder der Täterin, beschäftigen, sondern sich mit der Dramatik ihres Filmes ganz auf den eigenwilligen Charakter und das Privatleben des Kommissars/der Kommissarin, bzw. deren sexuellen Begehrlichkeiten im Kollegen*innenkreis fokussieren. Auf dem Buchmarkt schießen inzwischen die Krimis wie Pilze aus dem Boden, keine Region, die nicht ihren eigenen Krimi hat: Chiemgau-Krimi, Westerwald-Krimi, Titisee-Krimi, Sauerland-Krimi, Spreewald-Krimi, Harz-Krimi. Lübecker-Bucht-Krimi …

Der Tod aber bleibt das letzte große, mystische Abenteuer, das ultimative Out-Life-Erlebnis, das jeden Wing-Suite-Sprung in den Schatten stellt. Wo lande ich? Muss ich warme Sachen mitnehmen? Badeklamotten? Gibt es Toiletten oder muss ich mich in der Natur lösen? Was für Bier wird ausgeschenkt? Gibt es dort WLAN? Fürchtet euch nicht, alles wird gut. Fürchten solltet ihr euch jedoch vor eurer Beerdigung, wo andere Leute über euch Sachen erzählen werden, die hinten und vorne nicht stimmen. Dem könnt ihr vorbeugen, indem ihr noch zu Lebzeiten für diesen Fall beim Notar eure

Wünsche und eine fertige Abschiedsrede hinterlegt und darin die Hinterbliebenen verpflichtet, sie wortgetreu vorzulesen. Ihr könnt euch aber auch einen bekannten Synchronsprecher engagieren, ich z.B. hätte gerne den deutschen Sprecher von Tom Hanks, vermute aber, das Honorar werden sich meine Söhne lieber selber in die Tasche stecken: »Schluss jetzt, hat sowieso sein Leben lang die Kohle zum Fenster rausgeworfen!«

KONKURSBUCH.DE

Impressum

PF 1621, D – 72006 Tübingen, Telefon: 0049 (0) 7071 66551
0049 (0) 172 7233958, gehrke@konkursbuch.com
Titelillustration und Vignetten: Niko Härtel

Dieser ersten Auflage von 555 Exemplaren liegt eine limitierte, signierte und nummerierte Cartoonpostkarte bei.

ISBN: 978-3-88769-988-8. Auch als E-Book
Gerne schicken wir Ihnen auch unser gedrucktes Gesamtverzeichnis.